우남 이승만 전집 6

역주 옥중잡기

우남이승만전집발간위원회
연세대학교 이승만연구원 편

연세대학교 출판문화원

이승만의 한성 감옥 동지들. 왼쪽 끝에 서 있는 인물이 이승만이다.

1904년 이승만(중앙)과 함께 감옥에서 성경 공부를 했던 옥중 동지들. 중앙에 서 있는 어린이는 아버지 이승만을 찾아온 아들 봉수이다. 왼쪽 위의 영문은 이승만의 친필이다.

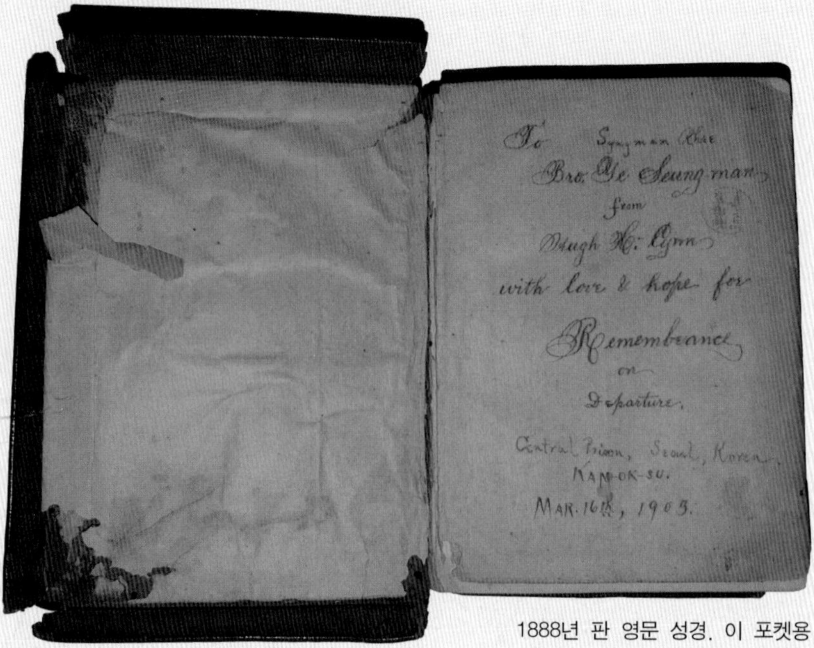

1888년 판 영문 성경. 이 포켓용 성경책은 이승만의 배재학당 동창생 신흥우(申興雨)가 한성 감옥에서 이승만과 함께 영어 생활을 하다가 1903년에 먼저 출옥하면서 이승만에게 증정한 것이다.

이승만이 한글을 가르쳤던 제중원 의사 화이팅(Georgiana E. Whiting)과 그녀의 여동생. 설명문은 이승만의 친필이다.

1900년 이승만은 한성감옥서 수감 중 『중동전기본말(中東戰記本末)』 및 『중동전기(中東戰記)』를 저본으로 삼아 청일전쟁의 원인, 경과, 영향을 우리말로 번역 저술했다. 사진은 1917년 하와이에서 출판된 『청일젼긔』 표지.

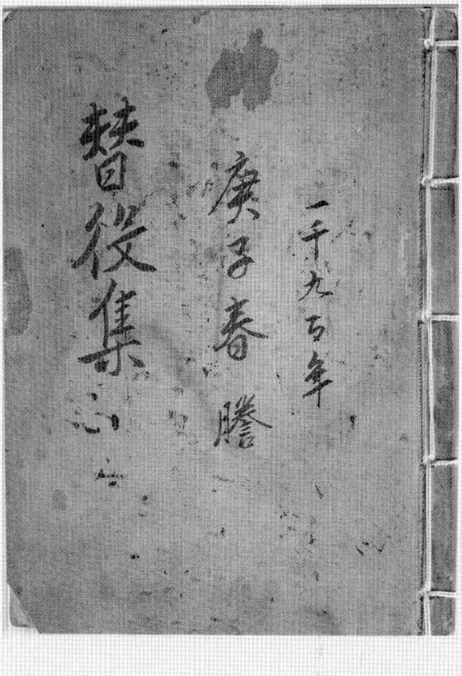

『체역집(替役集)』은 이승만이 한성감옥서에 갇혀 있던 1900년 봄부터 1903년 9월 15일까지 지은 한시 모음집이다. 사진은 한시를 정서하여 편집한 필사본 표지.

이승만은 러일 전쟁 발발 직후인 1904년 2월 19일 집필을 시작해 6월 29일에 『독립정신』을 탈고했다. 1910년 2월 미국 로스앤젤레스의 대동신서관(大同新書館)에서 출판되었다.

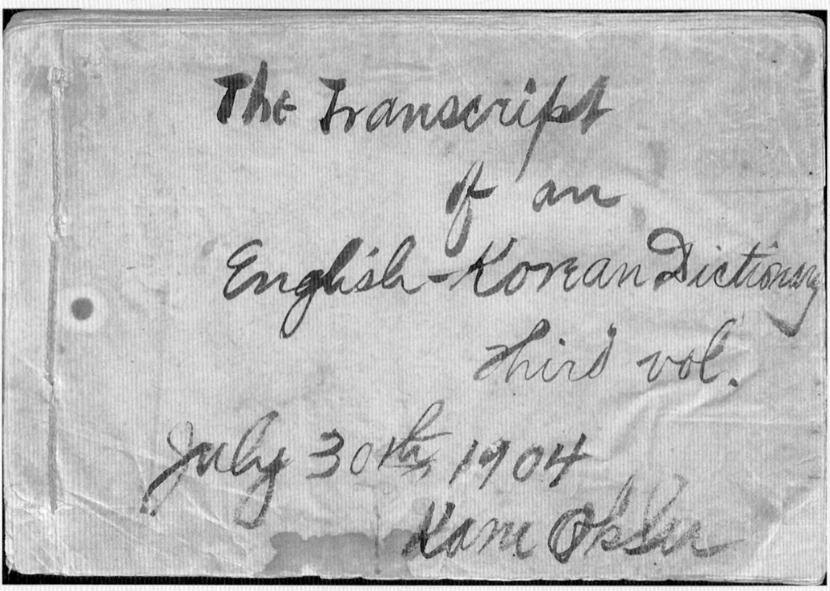

『신영한사전』 세 권의 묶음 중 세 번째 묶음의 맨 앞장. 이승만은 1903년 4월부터 1904년 2월까지 영한사전 편찬을 진행하다가 러일전쟁 발발 후 『독립정신』 집필을 위해 잠시 중단했고, 1904년 6월 『독립정신』 탈고 후 사전 편찬 작업을 재개했으나 8월 9일에 석방되어 사전 편찬을 완료하지 못했다. 한국인이 만든 최초의 영한사전이다.

*자료출처: 연세대학교 이승만연구원

우남 이승만 전집 6

역주 옥중잡기

유영익 · 이명래 · 최연식 역주
유영익 해제

연세대학교 출판문화원

우남 이승만 전집 6

역주 옥중잡기

유영익 · 이명래 · 최연식 역주 / 유영익 해제

우남이승만전집발간위원회 / 연세대학교 이승만연구원 편

연세대학교 이승만연구원

전화 02)3216-7742 / smrhee@yonsei.ac.kr

발 행 연세대학교 출판문화원
주 소 서울특별시 서대문구 연세로 50
http://www.yonsei.ac.kr/press
ysup@yonsei.ac.kr
전 화 02)2123-3380~2
팩 스 02)2123-8673
등 록 1955년 10월 13일 제9-60호
인 쇄 (주)동국문화

2022년 10월 7일 1판 1쇄

ISBN 978-89-6850-674-1 (94080)
978-89-6850-274-3 (세트)

값 20,000원

발간사

이승만! 한성감옥에서 기독교입국론을 꿈꾸었다.

예기치 못한 코로나19 사태로 인해 지난 2년 동안 우남이승만전집발간위원회도 암중모색을 해야 했습니다. 그러나 최연식 연세대학교 이승만연구원장에 의해 《옥중잡기》를 출간하게 된 것은 너무나 고마운 일입니다. 총 35권으로 계획된 우남이승만전집 중 이번에 6권 및 7권을 발간하게 되었으며, 앞으로는 발간 속도가 더 빨라질 것입니다.

이승만은 가장 비극적인 절망 속에서 "이제 나는 어디로 가느냐"라며 절실하게 물었고 하나님은 그에게 응답하셨습니다. 이것으로 그의 인생에 큰 변화가 일어났습니다. 캄캄한 감옥이 빛으로 밝혀지고 배재학당에서 들은 설교 말씀이 떠올랐습니다. "네가 너의 죄를 회개하면 하나님께서는 지금도 용서할 것이다." 이승만은 즉시 나무 칼에 머리를 숙이고, "오! 하나님, 나의 영혼을 구원해 주시고 이 나라를 구해주세요."라고 외쳤습니다. 그동안 냉소했던 기독교의 복음은 그의 근저를 흔들었고 그는 죄 사함을 받게 되었습니다.

하나님을 만났을 때, 내면으로부터 기쁨과 평안이 솟아났고 모든 두려움과 공포가 사라졌습니다. 선교사들과 기독교에 대한 오해와 편견들이 사라졌고, 그 자리는 감사와 신뢰, 앞날에 대한 소망으로 채워졌습니다. 후일 당시의 사건에 대해 "첫째는 깨달음이요, 둘째는 감사한 일이다. 나는 그 감옥에서 얼마나 감사했는지 잊을 수 없다"라고 고백한 이유입니다.

조선의 세계관에 대한 한 맺힘은, 배재학당을 통해 배운 근대교육으로 인해, 급진적이고 혁명적인 성품과 행동으로 나타났습니다. 그러나 한성감옥에서 하나님을 만난 후에 그는 품고 있던 증오와 냉소를 버렸습니다. 삶의 태도가 변화되었고 사상이 바뀌었습니다. 그것은 성경 사도행전 9장에서 바울이 다메섹에서 예수를 만나고 회심한 사건과 다름이 없었습니다. 복음화의 도구가 된 것입니다.

한성감옥에서 5년 7개월간의 수감생활(1899.1~1904.8), 그곳은 350명 정도의 정치범들이 수감된, 생지옥과 다름없는 곳이었습니다. 변화된 이승만은 간수들의 눈을 피해 성경과 서적들을 읽기 시작했습니다. 그러나 긴 시간이 지나지 않아 그에게 감동을 받았던 감옥서장 김영선의 배려로 자유롭게 독서를 하게 되었고, 신문 기고, 논설 집필 등 저술 활동도 할 수 있었습니다.

옥중에서 75편의 논설을 써 면회 온 동지를 통해 『제국신문』과 『신학월보』 등에 기고했으며, 이렇게 쓰인 글이 훗날 50여 편의 묶음으로 발간되었습니다. 그 내용은 근대화를 경험하지 못한 백성들의 고질적인 구습을 혁파하고 교육으로 교화시켜 독립정신을 갖게 하는 데에 있었습니다.

이승만은 한성감옥에서 개화독립사상과 건국사상의 출발점인 『독립정신』, 청일전쟁 전후의 동아시아 국제관계사를 순 한글로 번역한 『청일전기』, 스윈턴(William Swinton)의 *Outline of the World's History*의 내용을 순 한문으로 발췌해서 번역한 『만국사략(萬國史略)』, 한역 기독교 교리서 『주복담도(主僕談道)』를 번역한 『주복문답(主僕問答)』, 기초영문법,

한시 모음집 『체역집(替役集)』과 초보자용 산수 교과서인 『산술(算術)』 등도 만들었습니다.

그는 한성감옥에서 세계 최초 감옥 도서실도 만들었고 감옥에 갇혀 있던 정치범들은 한 해에 2,020권을 대출할 수 있었습니다. 이를 통해 특별히 이상재를 비롯한 민족의 지도자 약 40여 명을 기독교로 개종시킬 수 있었습니다. 1903년 1월 19일 자 『황성신문』은 옥중 학교가 개설되었을 때, "옥수교육(獄囚教育)"이란 제목의 기사를 내보냈습니다. 이승만이 옥중학당을 열어서 영어 공부를 시켰으며, 한성감옥 안팎에서 그 감옥을 복당(福堂, Blessing room)이라 불렀다는 내용이었습니다. 당시 한국사회의 놀라움이 컸던 것입니다.

이승만은 『신학월보』 1903년 5월호 사설 "옥중전도"라는 기고문에서 자신의 교육이념이 지식의 전달에만 있지 않다는 것을 밝혔습니다. 교육을 통한 인간개조를 설파하고 신행일치(信行一致), 지행일치(知行一致)를 강조했습니다. 믿음과 행함, 지식과 실천을 나눌 수 없다는 것을 강조했습니다. 영혼 구원과 나라 구원의 일이 나뉠 수 없다는 것도 밝혔습니다. 그는 이러한 확신에 따라 그의 삶 전체를 하나님께 드렸습니다.

1902년 8월 연해주에서 발생한 전염병 콜레라가 한성을 덮쳤습니다. 옥중에서 매일 17여 명씩 죽어 나갔을 때, 이승만은 사망자의 숫자를 매일 기록하는 치밀함을 보여주었고 간수도 두려워하는 시체들을 수습했습니다. 여자 죄수들까지도 돌보았으며 하나님이 도와주시길 간절히 기도했습니다.

특별히 깜짝 놀랄 일은 배재학당에서의 공부와 6년의 한성감옥 수감 중에 기독교입국론을 준비했다는 것입니다. 미국이 세계 최고의 부강한 나라가 된 것이 기독교 때문이라는 것을 발견했기 때문입니다. 그는 기독교입국론을 기초로 하여 한국이 미국과 같은 나라가 되기를 소망했습니다. 그의 건국사상은 바로 여기에서 시작된 것입니다.

이승만은 1904년 8월 7일 고종황제로부터 사면 소식을 들었고, 그로부터 이틀 뒤 5년 7개월간의 모진 옥중 생활을 마감할 수 있었습니다. 알렌과 아펜젤러 등 미국 선교사들을 비롯해 민영환, 한규설 등의 건의로 특사 조치가 이루어진 것입니다. 그때 그의 나이는 29세였습니다.

《옥중잡기》 발간을 즈음하여 잊지 못할 분들을 생각합니다. 특히 거동이 불편하신 가운데서도, 속히 우남이승만전집의 출간을 기대하시는 이화장의 이인수 박사님과 조혜자 여사님의 건강을 기원합니다. 앞으로 전집 출간이 계속 이루어지기를 소망합니다.

2022년 9월 우남이승만전집 발간위원장

이 규 학 감독(Bishop)

목차

일러두기

1. 《옥중잡기》의 번역과 원문 교감은 유영익, 『젊은 날의 이승만』(연세대학교 출판부, 2002)에 부록으로 실린 '국역 「옥중잡기」'와 '「獄中雜記」 원문'을 활용해 전면 수정·보완한 것이다.
2. 원문에서 판독할 수 없는 글자는 '□'로 표시했다.
3. 원문에 없는 제목이나 문구를 번역자가 원문 또는 번역문에 삽입한 경우, '[ ]' 안에 넣었다.
4. 저자의 오기(誤記)로 판단되는 원문 문구를 수정한 경우, 수정한 문구를 '{ }' 안에 넣었다.
5. 저자의 오기로 판단되는 원문 문구를 그대로 둔 경우, '[*sic*]'을 추기(追記)했다.
6. 저자의 원문 기록 중 삭제할 문자는 '〈 〉' 안에 넣었다.
7. 날짜는 양력을 기준으로 하되 음력으로 표기한 경우, 날짜 앞에 '음력'이라고 표기했다.
8. 외국의 고유명사(인명과 지명 등)는 외국어 발음대로 표기했다. 단 중국의 고유명사(인명과 지명 등)는 관행에 따라 한자음대로 표기했다.
9. 원문의 작은 글씨로 적힌 2행(行)의 협주(夾註)는 각주로 처리하고 '原註'라고 표시했고, 번역문에서는 '원주'라고 표기하여 번역자의 각주와 구별했다.

역주 목차

바. 세계 인문 지리에 관한 문건들

사. 기타

가. 이승만의 영어(囹圄) 생활에 관련된 문건들

1. 읽은 책들의 목록
기해년(己亥, 1899) 6월부터 시작하다.

가. 동문(東文)

『신약[성경](新約[聖經])』

『덕혜입문(德惠{慧}入門)』(單)

『묘축문답(廟祝問答)』

『로득개교실기(路得改敎實記)』(一)

『자서조동(自西徂東)』

『암실등주(暗室燈註)』

『성화박의(醒華博議)』(一)

『구구신론(九九新論)』(一部 二卷)

『좌교휘편(左敎彙編)』(一)

『태서신사(泰西新史)』

『중동전기(中東戰記)』[1)]

국한문(國漢文)『중동전기(中東戰記)』

『서유견문(西遊見聞)』

---

1) 이승만은 옥중에서 임락지(林樂知, Young John Allen)와 채이강(蔡爾康)이 공동 저술한 『중동전기본말(中東戰紀本末)』 및 현채(玄采)와 유근(柳瑾)이 국한문으로 초역(抄譯)한 『중동전기(中東戰紀)』를 읽고 순 한글로 『청일젼긔』를 저술했다. 그러나 이승만은 「읽은 책 목록」에서는 『중동전기본말』과 『중동전기』를 각각 '漢文中東戰記,' '國漢文中東戰記'로 표기했고, 「번역하고 저술한 책 목록」에서는 『청일전기』를 '中東戰記 純國文譯'으로 표기했다.

『박물신편(博物新編)』

『공법회통(公法會通)』

『약장합편(約章合編)』(單卷 一覽, 謄書)

『평산냉연(平山冷燕)』(再覽)

『구운몽(九雲夢)』

『척독합벽(尺牘合璧)』

한문(漢文)『만국공보(萬國公報)』(二卷; 五卷; 二件)

『신학월보(*Sin Hak Woll Bo*)』(6권)

나. 서문(西文)

[단행본류]

『신약[성경](新約[聖經])』

『천로역정(天路歷程)』(再覽)

『만국약사(萬國略史)』(Peter Parley, *Universal History*)

『만국사략(萬國史略)』(William Swinton, *Outline of the World's History*)

『조선사기: 안처사국(朝鮮史記: 顔處士國)』(William E. Griffis, *Corea: The Hermit Nation*)

『영문(英文) 산학(算學)』

The Junior History of Methodism (Studied and translated)

English Grammar Material Primer (Translated, April 9th, 1902)

Over Sea and Land (Good for young, 1 vol.)

The Young Men of India

Young Men's Christian Association (1 vol.)

Leaves from the Tree of Life (Dr. Avison's prize)

Love Thy Neighbor as Thyself (1 vol.)

Closer Walk (1 vol.)

The Two Servants (1 vol.)

Pleasant Hours (1 copy)

On Lookers [*sic*] (2 copies)

Women's Work for Women (1 vol.)

World Wide Missions [*sic*]

[신문류]

The Independent (2 vols.; 1 vol.)

London Times (20 copies)

North Chinese Herald (5 vols.)

Japan Tribune/Times (1 [vol.]; 2 copies)

Cobe [*sic*] *Chronicle* (3 copies □□□)

[잡지류]

Gospel in All Lands (1 vol. with □□□; 8 vols.)

Missionary Review [*of the World*] (2 vols.)

The Epworth Herald (1 vol.)

Our Own Magazine [*for Young People*] (1 vol.)

Northwestern Christian Advocate (2 vols.)

The Christian Advocate (1 vol.)

The Bible Society Monthly Reporter (Published in London, 1 vol.)

Christian Advocate (4 vols.)

The Assembly Herald (1 vol.)

The American Monthly Review of Reviews

Scribner's Magazine (1 vol.)

The Korea Field (Published in Chung Dong, 1 vol.)

『영문월보(英文月報)』(六十卷; 七卷)

『영문잡지(英文雜誌)』(五十卷; 十五卷)

2. 번역하거나 저술한 책들의 목록

『중동전기(中東戰記)』 순(純) 국문역

『주복문답(主僕問答)』 순 국문역

『만국사략(萬國史略)』 순 국문역

『체역집(替役集)』 1권 저 율시(律詩)

『산술(算術)』 1권 순 한문 저(著)

『적주채벽(摘珠採璧)』 저(著)

양력 6월 18일, 즉 임인년(壬寅, 1902) 5월 13일까지의 서역(書役) 총계

3. 1902~1903년간 한성감옥서 사망자 기록

사망자

[1902년] 1월 24일 김칠성: 종신형 기결수, 6년간의 징역 끝에 사망

1월 25일 2명 기결수

2월 16일 1명 기결수

3월 31일 1명 기결수

4월 6일 1명 기결수, 3년 형기 중 1년 반 마침

4월 11일 1명 기결수

4월 20일 1명 기결수. [이날] 감옥이 종로로 이전되다.

4월 27일 1명 혹은 2명 기결수

5월 3일 1명 기결수, 7년간 수감 중

5월 7일 1명 기결수

5월 15일 1명의 기결수, 2년 반의 징역형 선고를 받은 지 이틀 후 심한 고문으로 사망

5월 16일 1명의 미결수

5월 17일 1명의 미결수

5월 18일 1명의 기결수

5월 20일 1명의 기결수, 인하산, 탈옥 후 잡힘

5월 29일 1명의 기결수

6월 2일 1명의 기결수

6월 6일 1명의 기결수, 간통죄 반복

6월 9일 1명의 기결수

6월 14일 1명의 기결수
6월 16일 1명의 기결수
6월 27일 1명의 기결수, 12살 소년, 그의 석방 원인은 □□
6월 27일 1명의 기결수
7월 6일 1명의 기결수, 3년 징역형
8월 9일 1명의 기결수
8월 10일 1명의 새로운 기결수
8월 11일 1명의 기결수, □□ 손남규
8월 12일 1명의 여자 기결수, 콜레라로 사망 추정
8월 12일 1명의 기결수
8월 12일 1명의 미결수
9월 12일 1명의 기결수, 종신형을 선고받은 위조범
9월 12일 1명의 남자 기결수, 두 살짜리 여자아이를 두고 □□
9월 12일 즉시 1명의 기결수와 1명의 미결수
9월 12일 1명의 여자 기결수
9월 12일 3명의 기결수
　하루아침에 총 10명이 콜레라로 사망
9월 12일 1명의 기결수, 종신형, 16세 소년, 8시 정각 사망. 총 11명 사망
9월 12일 3명. 이 중 2명은 기결수. 1명은 사형수, 모두 9시 45분 사망. 총 15명 사망
9월 12일 1명의 기결수, 위조범. 하루에 16명 사망
9월 12일 1명의 기결수, 소년. 하루에 17명 사망
9월 13일 1명의 기결수, 아침 8시 정각 4명 더, 하루에 총 7명 사망
9월 13일 1명의 미결수, 오후 1시 정각

9월 13일 1명의 기결수, 오후 10시 15분 박함옥

9월 14일 1명의 미결수, 오전

9월 14일 1명의 기결수, 오후 10시

9월 15일 1명의 기결수, 오전 7시

9월 15일 1명의 기결수, 오전 1시

9월 15일 1명의 기결수, 오전 8시 10분

9월 16일 5명. 이 중 김봉진이라는 사형수 포함

9월 16일 1명의 미결수, 오후 10시

9월 17일 1명의 미결수, 오후 10시

9월 18일 새벽에 3명의 기결수

9월 19일 2명의 기결수

9월 19일 3명. 불확실, 정오

9월 20일 1명의 기결수, 정오

9월 21일 2명. 1명은 기결수, 다른 1명은 미결수

9월 22일 1명의 기결수, 정오

9월 27일 1명의 기결수

10월 8일 윤 총리 관련 1명의 미결수. 콜레라로 51명 사망

10월 14일 1명의 기결수

12월 3일 1명의 기결수, 82세, 왕실 묘역에서 벌목한 죄

12월 4일 새로운 기결수, 김세은, 3년의 징역형 후

12월 21일 1명의 기결수

총 84명 [*sic*]

1903년 1월

1월 15일 1명의 기결수

2월 10일 1명 사형 영장

2월 15일 1명의 기결수, 김학부

3월 10일 1명의 미결수, 소년

3월 15일 1명의 기결수, 정□□

4. 한성감옥서 서장에게 부치는 서한

여기 올리는 소박한 기록을 굽어보시면 아시겠지만, 그 안에는 등불 켜는 것을 허락해달라고 요구하는 구절도 있습니다. 그러나 참으로 득롱망촉(得隴望蜀)[1]하려는 생각에서 꺼낸 말은 아닙니다. 이미 은혜를 입었지만, 자세한 심정을 말씀드리는 것이 혼자서 겉으로 맴도는 것보다는 나을 것입니다. 용서하고 헤아려주시리라 생각합니다. 죄수의 신분으로 망령되이 옥정(獄政)을 논하며 감히 관장(官長)께 글을 올리는 것은 도리에 어긋나는 듯하옵니다. 의지하고 믿는 것은 각하께서 반드시 저를 벌하지 않으리라는 생각입니다.

서역(書役)을 시작한 이후로 무릇 학문 등에 관계된 책 몇 질은 그동안 이미 번역을 완료하여 바야흐로 간행을 논의 중입니다. 또한 수고에 보답하는 뜻으로 돈까지 주시며 부모 봉양에 보태게 하셨으니, 이 [어찌] 특혜가 아니겠습니까? 그러나 이목(耳目)이 많아서 남들의 시비 논란을 면하기는 어려울 것입니다. 그런데도 각하께서는 홀로 지론(持論)을 고집하시며 계속 돌보아 주셨습니다. 실로 입이 백 개라도 감사함을 이루 다 말할 수 없으니 죽는 날까지 은혜를 갚으리라 다짐합니다. 직접 만나 뵐 길이 없어 삼가 편지를 빌어 만 분의 일이나마 조그만 정성을 담아 말씀드리니 통촉하여 주시기 바랍니다. 예를 다 갖추지 못하고 사뢰옵니다.

무릇 감옥을 설치하는 것은 사실 백성 가운데 선량하지 못한 자를 개과천선(改過遷善) 시키기 위함입니다. 그러므로 서양의 옥정(獄政)을 살펴보건대, 인애(仁愛)와 관서(寬恕)에 관한 여러 조항 외에도 지선(至善)이라는

1) 득롱망촉(得隴望蜀): 농(隴)나라를 얻고서 촉(蜀)나라까지 취하려 한다는 뜻으로, 만족할 줄 모르고 계속 욕심을 부리는 경우를 비유적으로 이르는 말.

한 가지 조항이 더 있습니다. 이는 실로 우리 한국이 마땅히 빨리 본받아 시행해야 할 일입니다.

그 [감옥 설치의] 취지를 대략 논해보겠습니다. 실제로 백성들이 본분을 어기는 일은 태반이 직업을 잃어 의지할 곳이 없는 자들에게서 나오는데, 이것은 역시 교화(教化)가 미치지 못하기 때문입니다. 백성 위에 있는 사람은 몸소 보살피기를 생각하지 않고, 다만 그 죄를 미워하여 번번이 법으로 다스리려고만 합니다. 그 결과 저들 사사로운 인정에 휘둘리거나 혹은 무지(無知)로 인해 함부로 행동하여 하루아침에 금령(禁令)을 범하는 자들을 사형에 처하지 않으면 감옥에서 일생을 마치게 하니, 이것은 백성을 버리는 것입니다. 제영(緹縈)[2]이 말한 "다시는 재물로 죄를 갚을 수 없으며, 허물을 고쳐서 스스로 새로워질 수도 없다"라는 것이 이것을 두고 하는 말 아니겠습니까?[3]

만약 이처럼 된다면, 백성을 자식처럼 여기는 임금의 덕에 크게 흠을 남기게 되는 것입니다. 그렇다면 "형정(刑政)에서는 형벌 없애기를 기약하는

---

2) 원문의 '提嬰'은 '緹縈'의 오기이다.

3) 서한(西漢) 문제(文帝) 13년(B.C. 167) 5월에 제(齊)나라의 태창공(太倉公) 순우의(淳于意)가 죄를 지어 육형(肉刑)을 받기 위해 장안(長安)으로 압송된 사건이 있었다. 당시에는 죄를 범하면 신체를 불구로 만드는 육형에 처하게 되어 있었다. 그러자 순우의의 막내딸인 제영이 아버지를 구하기 위해 조정에 다음과 같이 상소했다: 저의 아버지는 관리일 때, 제나라 사람들로부터 청렴하고 공정하다는 칭찬을 받았습니다. 그런데 지금은 법을 위반해 형벌을 받게 되었습니다. 제가 슬퍼하는 것은 죽은 자는 다시 살아날 수 없고, 육형을 받은 자는 [몸의 떨어진 부위를] 다시 붙일 수 없게 되어, 잘못을 고쳐서 스스로 새롭게 되고자 해도 그 방법을 찾을 수 없다는 것입니다. 청컨대 저를 관비(官婢)로 들여 아버지의 형죄(刑罪)를 대신 갚게 하고, 아버지가 스스로 일신(一新)할 수 있게 되기를 바랍니다(『사기(史記)』, 권10, 효문본기(孝文本紀): 妾父爲吏 齊中皆稱其廉平 今坐法當刑 妾傷夫死者不可復生 刑者不可復屬 雖復欲改過自新 其道無由也 妾願沒入爲官婢 贖父刑罪 使得自新).

것이[4] 어진 정치"라는 이상은 어디에서 찾을 수 있다는 것입니까? 그러므로 반드시 그 진상을 몸소 살펴서 매번 여러모로 참작하여 형량을 줄이고 살리기를 좋아하는 은혜를 베풀어야 합니다. 또 별도로 기술을 익히는 공작소(工作所)를 왕옥(王獄)에 설치하여 죄수복(罪囚服)에 포승줄을 두른 자들이 각자 재능에 따라 기구를 제작하거나 물건을 팔게 해야 합니다. 그리하여 파리 머리만큼의 이익이라도 거두면 남는 것을 모아 관청에 저축하고 점차 적립하며 후일 죗값을 치르는 벌금으로 삼게 해야 합니다.

본래 재능은 있지만, 사업을 벌일 자본이 없는 자는 반드시 관에서 법을 만들어 대신 처리해 주어야 합니다. 또 배우지 못하고 기술도 없는 자는 감옥에 교습소를 설치하고 교사를 초빙해 가르치고, 배움이 성취되면 즉시 일을 시켜야 합니다. 그리하여 감옥에는 한 사람도 하는 일 없이 앉아서 고생하는 자가 없게 하고, 한 사람도 그 안에서 춥고 배고픔을 호소하는 이가 없게 해야 합니다. 어찌 반드시 관청에서 주는 음식에 의지해서 살아가게 하며, 또 어찌 도둑질하거나 토색질하는 악습에 젖어 들게 해야겠습니까? 또 선행을 좋아하고 사람을 사랑하는 인사들을 이따금 어질고 착한 도리로 깨우친다면, 저들도 목석(木石)이 아니거늘 하늘이 부여한 양심이 저절로 드러나고 악의 뿌리가 나날이 제거되어 염치를 알게 될 것입니다. 이에 따라서 [천성이] 감발(感發)하여 악행을 싫어하고 범법(犯法)을 두려워하게 될 것입니다.

대저 백성의 마음이란 이익으로 인도하면 복종시키기 쉽습니다. 그들에게 일정한 직업을 갖게 하면 일자리를 잃을까 두려워할 것입니다. 돈을 벌어서 죄를 갚는 방법을 가르치면 심력(心力)에 미치는 영향은 참혹하게

4) 형기우무형(刑期于無刑): 이 표현은 『서경(書經)』, 우서(虞書), 대우모(大禹謨)에 보인다.

무거운 형벌을 가하여 한 번에 육체에 고통을 주는 것보다 훨씬 나을 것입니다.

이 때문에 죄의 가감(加減) 여부는 반드시 하는 일의 부지런함과 나태함을 살펴서 결정해야 합니다. [그 경우] 먼저 기한을 정해 보증을 받아 석방하고 보증인에게 그 죄수의 작업과 행동을 상세히 기술하고 수시로 와서 보고하게 해야 합니다. [혹 보증인이] 사정(私情)에 기울었을까 염려된다면 다시 순검(巡檢)을 보내 별도로 정탐케 해야 합니다. 만약 그 죄수가 직업을 즐기고 본분에 안도(安堵)한다면 비로소 죄인 명부에서 이름을 삭제하고 선량한 사람으로 간주해야 합니다. 만일 그렇지 않으면, 다시 구금(拘禁)하여 힘겨운 노역(勞役)을 추가해야 합니다. 이로 말미암아 선행을 좋아하고 과거의 잘못을 뉘우치며, [법망(法網)을] 피해 요행히 [형벌을] 면하려는 마음이 저절로 싹트지 않게 될 것입니다.

우리의 옥정(獄政)을 살펴보건대, 본래는 이러한 제도를 적용하려 했습니다. 그러나 결국 정부가 옛것에 빠지고 상례(常例)에 익숙해진 폐단 때문에 진정으로 실행한 것은 열에 두셋도 없었습니다. 형리(刑吏)가 사욕을 챙기고 농간을 일삼아 시비(是非)가 뒤집히는 등 온갖 병폐는 제외하더라도, 다만 죄수를 감금하고 구속하여 옷가지와 먹을 것을 지급하는 것만으로도 은혜를 베푸는 것이라고 합니다. 그래서 정작 가르치고 지도하고 권유하고 깨우치는 방법은 전혀 마음에 두지 않고, 오직 악을 경계하여 벌을 내리는 것만 목표로 삼고 있습니다. 어리석은 백성이 어떻게 개과천선할 길을 찾을 수 있겠습니까? [형정을] 은혜로 여기지 않고 도리어 원망을 품고 입을 맞추어 비방하며, 심지어 혼란을 좋아하고 재앙을 즐기는 자까지 있어 감히 하늘을 원망하기도 합니다. 이는 곧 백성을 인도하여 교화(敎化)하는 좋은 법을 [도리어] 백성을 함정에 빠트리고 재앙을 기르는 폐단의 구덩이로 바꾸는 것입니다.

작년 겨울부터 다행히 각하께서 이 감옥서에 부임하시어 무릇 예전의 구속하고 속박했던 여러 불미한 절차들을 하나하나 제거하시고 사람들의 마음을 어루만지고 보살펴 각자 기쁨을 얻게 하셨습니다. 감옥서에 새로 부임한 여러 관원과 임시로 부임한 순검들도 모두 죄수를 사랑으로 보살피고 마음으로 돌보며, 하인(下人)이나 사환(使喚)들조차 본받으니, 은근한 정성과 다정함이 이보다 더할 수 없습니다. 또 급식(給食)도 풍성하고 넉넉해져서 과거에 비하면 큰 차이가 있으니, 이는 실로 재소자의 큰 행복입니다.

본인은 재주가 얕고 식견도 짧아 졸렬하게 분수나 지키고 있습니다. 보고 들은 것은 한 모퉁이에 국한되어 있고, 족적(足跡)은 이역(異域)을 밟지 못해 시국에도 아주 어둡습니다. 그 나머지에 대해서는 더 말할 것 없고, 갑오년(甲午, 1894)의 난리 뒤로는 세상 물정이 크게 변해 글공부도 허사(虛事)로 돌아갔습니다. 이에 붓을 내던져 글쓰기를 포기하고 서양 글에 마음을 쏟은 지 몇 해가 지났습니다. 대략적인 조박(糟粕)[5]이나마 터득하여 백성의 고통을 살피고 시대의 어려움을 알게 되어 마음에 크게 깨달은 바가 있었습니다. [그래서] 결단코 "지위에 있지 않으면 정사(政事)를 도모하지 않는다"라는 낡은 관념이나 지키려고 국가의 어려움을 앉아서 보고 있을 수만은 없었습니다. 마침내 뜻을 같이하는 친구들과 함께 신문사를 세우고 외람되게도 주필(主筆)을 맡았습니다. 무릇 외우(外憂)와 내간(內艱) 가운데 응당 실행할 것과 응당 없앨 것을 듣는 대로 기재하고, 혹은 대신들에게 완곡하게 간언하거나 혹은 널리 공론에도 호소했습니다. 망령되이 당랑거철(螳螂拒轍)[6]의 고사를 본받아 기어코 견마지로(犬馬之勞)를 다하려 했습

5) 조박(糟粕): 학문이나 서화·음악 따위에서, 옛사람이 모두 밝혀서 지금은 새로운 의의가 없는 것을 이르는 말.

니다.

아! 성공은 절반도 이루지 못했는데 운명에 어그러짐이 많아 스스로 범죄에 얽혔으니 누구를 다시 원망하겠습니까? 집이 파산되고 몸이 망가진 것은 이미 지난 일이라 논하지 않는다고 하더라도, 부모님께 걱정을 끼치고 세상 사람들에게 신의를 잃는 불효(不孝)와 불충(不忠)은 몸이 백 개라도 속죄할 수 없을 것입니다. 나라의 정치가 나날이 어그러짐을 가슴 아프게 여기고 세월이 헛되이 흘러감을 한탄스럽게 여겼습니다. [이에] 역사책에 마음을 쏟고 문묵(文墨)에 재미를 붙여 부지런히 나날을 보내면서 울적함을 위로하며 잊으려 했습니다. 감옥서 관리들이 저에게 지필묵(紙筆墨) 사용을 특별히 허락해주어 더욱 감사하게 생각하며 스스로 죽는 날까지 잊지 않으리라 다짐합니다.

세월은 쏜살같이 흘러 기나긴 장마도 어느새 지나가고 소슬바람이 서늘한 기운을 몰고 와 정원의 나뭇가지에는 매미가 울어대고 있지만, 송옥(宋玉)[7]이 가을을 슬퍼했던 감정은 영영 느껴보지 못하게 되었습니다. 바야흐로 밤에 책을 읽는다는 때가 바로 지금이건만, 이 사람은 이때를 만나 비통한 마음이 두 배나 절실합니다. 사방 벽에서 흘러나오는 찌르륵 찌르륵 벌레 우는 소리가 서글픈 심회를 돋구니, 참으로 근심하는 사람이 잠 못 이룰 때입니다. 밤은 어찌 그리도 긴지, 앉으나 누우나 마음이 불안하여 책을 들고 창가로 가서 천벽(穿壁)[8]의 독서를 본받으려 했지만, 멀리 있는 등불의 희미한 불빛은 반딧불을 모아서 비추는 것에도 미치지 못했습니다. 이 몸만

---

6) 당랑거철(螳螂拒轍): 제 역량을 생각하지 않고, 강한 상대에게 덤벼드는 무모한 행동거지를 비유적으로 이르는 말.

7) 송옥(宋玉): 중국 전국시대 초나라의 문인.

8) 천벽투광(穿壁偸光) 또는 천벽인광(穿壁引光)의 준말. 벽을 뚫어 불빛을 훔쳤다는 뜻. 한(漢)나라 때 광형(匡衡)이 벽을 뚫고 옆집의 불빛을 훔쳐 책을 읽었다는 데서 유래.

그런 것은 아니라 저와 동병상련하는 사람이 한둘이 아닐 것입니다.

바라옵건대, 각하께서는 이러한 사정을 가엽게 여기시고, 겸하여 학교를 세워 학문을 권장하는 훌륭한 뜻을 본받으십시오. 특별히 방 한 칸에 학문에 뜻을 둔 사람들을 선발해 단체로 모여 수업받을 수 있게 허락해주십시오. 아울러 등불 켜는 것을 허락해주시면 필요한 화구(火具)는 모두 자력으로 갖추어 주야로 권면하여 절차탁마(切磋琢磨)하는 효과를 거둘 수 있을 것입니다. 겸하여 성취를 거두는 방법으로 책을 번역하여 비용에 충당하겠습니다. 훗날 감사 말씀을 올리게 된다면, 그것은 모두 각하가 베풀어주신 은혜를 기리기 위한 것입니다.

5. [성낙준(成樂駿)이 쓴] 한성감옥서 학당의 내력

대저 여항(閭巷)의 미천한 백성이 어려서 부모와 스승의 가르침을 잃고 길을 못 찾아 떠돌다가 액운을 만나면 대부분 이곳에 들어온다. 이는 그 사람의 불행만이 아니라 성세(聖世)의 교화에도 불행한 일이다. 세상 사람들은 이들을 모두 통렬히 미워하고 엄하게 배척해 마지않는다. 마치 못자리에서 가라지 풀이 자라고 향기로운 풀에서 누린내 나는 풀이 자라는 것처럼, 마침내 [그들은] 하늘이 내린 본래의 천성을 만회하지 못하고 자신의 성명(性命)을 해치고 만다. 이것은 진실로 인인(仁人)과 군자(君子)가 측은히 여기고 가슴 아파하는 일이다.

아! 여기는 인재(人才)가 잘 자랄 수 있는 곳이 아니다. 설령 이 추관[1](李樞官) 승만(承晩) 씨와 같은 개명·발전한 훌륭한 스승을 만난다고 하더라도, 중옥(重獄)[2]에서는 지척(咫尺)의 거리도 마치 천 리나 떨어져 있는 듯하여, 스승(函丈)의 자리를 마련해[3] 충신효제(忠信孝悌)의 말씀과 인의예지(仁義禮智)의 학설을 듣고자 해도, 어찌 들을 수 있겠는가! 더욱 불행한 것은 개연히 통탄해도 나아지지 않는다는 것이다.

이해 중추(中秋: 음력 8월)에 전(前) 통정대부(通政大夫) 김영선(金英善) 씨가 여러 해 동안 이곳에서 근무했는데, [죄수들을] 기민하게 경계하고

---

1) 추관(樞官): 중추원 의관(中樞院 議官).

2) 원문에는 중지(重地: 매우 중요한 땅)로 되어 있으나, 문맥상 중옥(重獄: 중죄인을 가두던 감옥)을 의미하는 것으로 생각된다.

3) 원문에는 장함(丈函)으로 되어 있으나, 바른 표현은 함장(函丈)으로 스승이라는 뜻이다. "음식을 대접할 손님이 아닌 경우에는 자리를 펼 때 자리의 간격을 한 길 정도로 한다"는 표현에서 왔다(『예기(禮記)』, 곡례 상(曲禮 上): 若非飮食之客 則布席 席間函丈).

삼가 엄중히 타이르는 직책을 맡아 자비(慈悲)와 애휼(愛恤)의 뜻을 펼쳤다. [그는] 질병에 시달리는 자를 보면 문득 "우리 임금의 적자(赤子)"라며 부지런히 돌봐주고, 시름에 잠긴(縵窖憂愁)[4] 자를 보면 반드시 "우리 시대의 동포"라며 극진히 위로하고 깨우쳤다.

무릇 이 구덩이에 빠진 사람은 어른과 아이들을 합하여 모두 4백여 명에 이른다. 대개 성인으로 몸이 튼튼한[5] 자는 각자 일정한 일을 맡아서 먹고 살아가게 했다. 이를 갈 칠팔 세 무렵의 뛰어나게 영특한 아이 중에 가르쳐 육성시킬 만한 자도 수십 명이나 된다. [김영선 서장은] 이들을 더욱 감싸고 가엾게 여겨 암흑을 버리고 광명으로 나가고 과거를 버리고 미래로 나가게 하고자 하며, 개명(開明)·인수(仁壽)한 곳으로 나가도록 이끄는 것을 공무 외 여가의 유일한 일로 삼고 있다. 그 근실하게 봉직하는 정성과 사람을 덕으로 사랑하는 마음은 사람들에게 감동의 눈물을 솟구쳐 흐르게 한다.

어느 날 [김영선 서장은] 좌우의 동료 관원인 박진영(朴鎭英)·이중진(李重鎭) 씨와 함께 많은 의연금을 내어 학당(學堂)을 설립할 계획을 확정했다. 이에 굴속 같은 집을 청소하여 강장(絳帳)[6]을 치고, 질곡(桎梏)[7]을 풀어 연참(鉛槧)[8]에 나가게 했다. [교과서로는] 국·한문 [서적] 이외에 서양 여러 나라의 역사책에서 나라를 이롭게 하고 백성을 편하게 할 수 있는 글

---

4) 만(縵)은 마음을 넓게 쓰는 모양이고, 교(窖)는 깊이 생각하는 모양이다. 『장자(莊子)』, 제물론(齊物論), 제1장.

5) 원문에는 완고(頑固)로 되어 있으나, 바른 표현은 완고(完固)다.

6) 강장(絳帳): 붉은빛의 휘장. 스승의 자리.

7) 질곡(桎梏): 옛 형구인 차꼬와 수갑을 아울러 이르는 말.

8) 원문에는 연참(硯塹)으로 되어 있으나, 바른 표현은 연참(鉛槧)이다. 글을 쓰는 데 필요한 납 가루와 널빤지라는 뜻으로, 붓과 종이를 비유적으로 이르는 말. 문필 활동을 비유적으로 이르는 말.

과 천문 · 지리 · 의방(醫方) · 산학(算學) 등 세상에서 시행될 수 있는 것들을 [채택했다]. 게다가 이 시대의 복사(腹笥)[9]인 이 추관(李樞官)이 그들의 스승이 되었으니, 무엇인들 다루지 못하겠는가?

[교수 방법은] 1주일에 한 번 면강(面講)[10]하는 방식을 택했고, 상벌(賞罰)의 규약을 정하거나 먹고 마실 것이나 종이와 필기구 마련에 드는 비용 지급 등은 모두 관에서 맡았다. 열흘도 못 되어 입속에 가시가 돋은 자들이 모두 국문과 동국사(東國史) 몇 줄씩은 깨우치게 되었고, 차차 어제가 잘못되었고 오늘이 옳다는 것을 깨닫게 되었다. 장차 이렇게 몇 달간 계속하면, 인재를 잘 육성했다는 평판을 얻게 될 것이다. 이는 참으로 천만고(千萬古)에 듣지 못했던 훌륭한 일이다. 잠긴 새장을 활짝 열고 꿩(山鷄)[11]이나 물오리를 평지 위에 풀어 놓는다는 것은 지극히 중대하고도 어려운 일이다.

이곳에 부임한 관리가 너그럽고 자애로운 도량이 없었다면 이러한 일을 할 수 없었을 것이다. 그렇다면 이곳에 들어와 이러한 관리를 만난 것은 참으로 불행 중 크게 다행한 일이다. 또 그는 밤이나 낮이나 싫증 내지 않고 친절하게 가르쳐[12] 옥돌을 다듬어 구슬로 만들었고 오리를 새기려다 고니로 완성했다.[13] 이는 지극히 어렵고 괴로운 일이다. 이곳에서 스승이 되어 가르치는 사람들이 세상을 다스리고 백성을 구제하려는 마음을 크게 펼치지

---

9) 복사(腹笥): 뱃속의 책 상자. 곧, 학문의 축적. 뱃속에 책벌레가 들어 있는 것처럼 박식한 사람, 즉 석학.

10) 면강(面講): 과거를 볼 때 응시자가 시험관 앞에서 글을 외어 읽던 일.

11) 산계(山鷄): 꿩의 일종.

12) 이제면명(耳提面命): 남의 귀를 끌어당겨서 알아듣게 직접 가르쳐 준다는 뜻으로, 친절한 가르침을 비유적으로 이르는 말.

13) 각목성곡(刻鶩成鵠): 『소학(小學)』의 "각곡불성상류목(刻鵠不成尙類鶩)"이라는 표현을 변형한 것이다. 고니를 새기다가 그르쳐도 오리는 닮게 된다는 뜻으로, 근칙(謹飭)한 선비를 본받으면 그를 따르지는 못할지라도 착한 사람이 될 수 있다는 비유.

않았다면, 이러한 일을 할 수 없었을 것이다. 그러므로 이곳에 들어와 이러한 스승을 만난 것은 또한 불행 중에 더욱 크게 다행한 일이다. 이렇듯 엎어지고 넘어져서 갈 곳을 모르던 무리가 갑자기 [이 같은] 두 가지 다행한 일을 만났는데도 학문과 덕행을 갖춘 사람의 경지에 이르지 못한다면, [그러한 자에 대해서] 족히 무슨 말을 하겠는가!

죄수인 이 사람 역시 중주(中州: 중부지방)의 길을 잃은 백성이다. 이곳에서 2년을 지내면서 가만히 이 감옥서의 관리들을 보고 느낀 것이 많았다. 그러나 이렇듯 학당을 세우는 성대한 조치에 즈음하여 어느덧 잠깐이라도 더 살아서 이 백성들이 개과천선하는 날을 보고 싶은 생각이 든다. 바라는 바는 이 일을 수행하고 이 백성을 가르침에 있어 처음과 끝을 한결같이 하여 마침내 성세에 교화의 큰 행복이 이루어지는 것이다.

임인년(壬寅, 1902) 양월(陽月, 음력 10월) 하순(下旬)에 죄인(罪人) 성낙준(成樂駿)이 감히 서(序) 하다.

6. [정해상(鄭海相)이 쓴 신학문을 권하는 글]

청주(清州) 서면(西面) 덕촌(德村)에 사는 선비 정공유(鄭公瑜)와 몇 달을 함께 지냈다. [그는] 신학문이 현재의 급무(急務)임을 깨닫고 그의 동생과 조카들에게 서신으로 [신학문을] 권했다. [이에] 내가 그의 수필(手筆)을 찾아서 베껴 옮겼다. [이승만 주(註)]

대저 사람의 세상살이에서 농경(農耕)·목축(牧畜)·도요(陶窯)·어채(漁採)로부터 격물(格物)·치지(致知)·성의(誠意)·정심(正心)·수신(修身)·제가(齊家)·치국(治國)·평천하(平天下)에 이르기까지 각자 본분을 지키면서 저마다의 일에 종사하고 있다. 요컨대 모두가 이 도(道)를 익혀 각자의 희망을 달성하고 있다. 진실로 희망을 달성하고자 한다면, 마땅히 먼저 현재의 정황(情況)을 살피고 시무(時務)를 두루 꿰어야 한다. 이는 재주가 뛰어난 선비들에게만 해당하는 일은 아니다. 비록 평범한 사람이라도 배워서 행하면 모두 가능한 것이다. 자세히 살펴보지 않을 수 있겠는가!

지금 전 세계의 형세는 종횡(縱橫)으로 연결되어 있다. 유럽의 영국, 미국 등과 같은 나라는 백 년 이래 사회의 풍교(風敎)가 크게 변했다. 그 [나라의] 정치와 교육은 완전히 혁신되어(咸與維新)[1] 학문에 종사하는 사람이 100명당 70여 명 남짓이나 된다. 어찌 경건히 우러러보고 부러워할 일이 아니겠는가! 나의 어진 조카들이여! 하늘에서 받은 성품이 이미 순수하고 밝으며 학자금도 부족하지 않은데, 어찌 스스로 해치고 버리려 하는가! 꽃다운 나이는 다시 오기 어려운데 시일을 끌고(荏苒)[2] 세월을 헛되이 보내다

1) 함여유신(咸與維新)이란 표현은 『서경(書經)』, 하서(夏書), 윤정(胤征)에 나온다.

2) 임염(荏苒): 시일을 자꾸 끎.

가 하등인(下等人)이 되려고 하는가! 저들 이른바 성리가(性理家)와 문장가(文章家)들은 단지 심리(心理)나 말하고 글귀나 더듬을 뿐이다. [그 가운데] 오만한 자는 고상한 이야기로 완고(頑固)하게 훈계하면서, 시국은 헤아리지 못하고 신학문을 비방한다. 또 이웃 나라에 모욕을 당하고 있는 줄은 까맣게 모르면서 말만 하면 반드시 양인(洋人), 왜인(倭人)을 들먹이며 "서쪽 오랑캐(西戎), 남쪽 오랑캐(南蠻)"라고 한다. 이 어찌 한탄스럽고 놀랄 일이 아니겠는가! 바라건대, 제현(諸賢)은 힘써 공부에 열중하여 문예(文藝) 배우기를 자기 소임으로 삼고 시무(時務) 알기를 당연한 일로 여겨 훗날의 쓰임을 기다리는 것이 어떠하겠는가!

이곳의 뜻있는 선비 한 분은 뜻밖에 재앙을 만나 법률에 얽힌 지 지금 6~7년이나 되었다. 그런데도 [그는] 학문과 교육을 자기의 소임으로 여겨 밥 먹고 쉬는 동안에도 부지런히 힘쓰며 게으름 피우지 않고 열심히 해나가고 있다. 이에 한국인들만 성심(誠心)으로 기뻐하고 탄복할 뿐 아니라 외국인들도 모두 한번 만나보고 싶어 한다. [이 사람은] 우리와 비교하여 조금도 이상하거나 별다른 사람이 아닌데도 이렇게 할 수 있는 것은 무엇 때문일까? 그것은 의지와 지혜가 먼저 정해져서 사악함과 욕망을 막았기 때문에 성공한 것에 불과하다. 우리도 오늘부터 깨달아 시행한다면 무슨 어려움이 있겠는가!

나 해상(海相)은 죄악이 하늘을 뚫을듯하여 이미 효도로 부모를 섬기지 못하고 또 예의(禮儀)를 자처(自處)하지도 못하여 문득 이 지경에 이르렀다. 어찌 통천(痛天)의 회한(悔恨)이 없겠는가! 그리하여 죽고 싶어도 죽을 수 없어 남쪽을 바라보고 통곡하니, 간장이 마디마디 끊어지고 피눈물이 샘솟는 것 같다. 어찌 불효의 죄를 갚고 세상에 다시 설 수 있겠는가! 그러므로 어떤 말이라도 꺼내면, 다만 앵무새처럼 말만 잘한다는 꾸지람이 돌아온다. 그러나 어진 조카들에게 한마디 말로 서로 경계하지 않을 수 없으므로 이처럼 거칠게 초안(草案)을 잡아서 멀리 보낸다. 바라건대, 괴이하게 여기지 말고 구습(舊習)을 통렬히 버리고 기한을 정하여 공부에 매진하거라. 그렇게 하는 것이 바로 천 리 밖에서 보내는 나의 하찮은 희망에 부응하는 것 아니겠는가! 반드시 천금(千金)의 비싼 값으로 팔릴 날이 있을 것이니 범연히 여기지 말거라. 소서(小暑)가 점차 가까워지는 요즘에 웃어른들은 두루 평안하시고 학업은 날로 증진하기를 기원한다. 마음이 산란하여 다 갖추지 못하고 삼가 적는다.

7. 가을밤에 잠 못 들다

종일 문을 닫고서 앉았다 누웠다 하며 책을 본다. 저녁 종소리가 막 그치자 작은 창틈으로 어둠이 스며든다. 관청의 심부름꾼 아이가 등불을 켜니 새어 나온 불빛이 희미하게 비친다. 모두 잠자리에 드니 고요하기가 승방(僧房)에 스님이 참선(參禪) 든 것 같다.

난간에 기대어 바라보니 뜰에 심은 나무가 을씨년스럽다. 약한 바람이 슬며시 불어와 볼에 스치고, 귓가엔 호소하듯 울어대는 귀뚜라미 소리가 요란하다. 뉘 집에선가는 시름에 잠긴 아낙네의 다듬이소리가 끊어졌다 이어졌다 하고, 담장 너머로는 야경꾼의 징 소리가 멀어졌다 가까워진다. 성긴 버들가지 사이로 서늘한 바람 불어오고 난초 향기 그윽하게 풍긴다. 밤은 어찌하여 이리도 깊은가! 멀리서 울리는 종소리 북소리는 누구의 시름인가!

하염없이 편지를 기다려도 임금님의 사면(赦免) 조서는 소식이 없다. 작년에도 올해도 백발은 늙음을 재촉하니 남은 날은 며칠이던가? 황가(皇家)에는 일 많은데, 이 한 몸은 왕옥(王獄)에 갇힌 신세. 그만두어라. 말한들 닿기나 하겠는가! 아! 목숨은 운수에 달렸거늘.

무릇 선비로서 어지러운 나라에 사는 자가 참으로 능통한 임기응변책으로 헤쳐나가지 못할 바에는 차라리 자기 한 몸이라도 잘 가누어 기미(機微)를 살피고 변화에 대처해야 한다. 걱정한들 무엇하랴. 나도 이제부터는 쉬겠노라.

8. 궁내부협판(宮內府協辦) 이봉래(李鳳來)에게 보내는 서한

1901년 11월 9일, 서울

각하[이봉래]의 관심을 끌 만한 긴급한 용건이 있어 저희가 각하의 귀중한 시간을 빼앗게 되었습니다. 용서해 주시기 바랍니다.

3년 전쯤에 이승만은 한국인 환자 치료를 위해 왕진(往診) 길에 나선 미국인 의사 서먼(H. C. Sherman) 박사를 돕고자 동행하던 중 경찰에 체포되어 한성감옥서에 갇혔습니다. 그 후 그는 재판을 받고 처음에는 종신형을 선고받았으나 나중에 형량이 10년 금고형으로 감형되었습니다. 체포될 당시 이승만은 인술(仁術)을 베풀려는 미국인 의사와 동행했기에 저희는 그의 사안에 특별히 더 관심을 기울였습니다.

지난겨울 언더우드(H. G. Underwood) 박사의 헌신적인 노력으로 황제 폐하께서는 이승만을 아주 가까운 기회에 사면 · 석방하겠노라 약속하셨습니다. 저희는 이 기회에 폐하께서 약속하신 커다란 자비와 선심에 깊은 감사의 뜻을 표하고자 합니다. 저희는 또한 각하께서 이 은전(恩典)의 소식을 저희에게 전달해준 사실을 기쁘고 흡족하게 기억하고 있으며, 각하께서 이 불행한 청년에게 베풀어주신 친절한 관심에 대해서도 감사드립니다.

저희는 아름다운 이 나라에 잠시 사는 모든 외국인과 더불어 존귀하신 황제 폐하의 50주년 탄신을 맞아 한국의 모든 충성스러운 백성들과 함께 축하를 드렸습니다. 신하들 사이에서도 자비롭기로 소문난 폐하께서는 이날 일정 범주의 모든 죄수를 전부 사면하셨습니다. 저희는 이 일반 특사 [대상]에 이승만과 같은 죄수도 [마땅히] 포함되어야 할 것으로 생각합니다.

폐하의 탄신을 기리는 이러한 성대한 행사가 진행되고 있고, 대한제국(大韓帝國) 정부의 모든 관리가 맡은 여러 가지 중대한 업무로 인해, 아마도 황제께서 이전에 저희의 친구 언더우드 박사에게 약속하셨고, 또 각하가 직접 전언(傳言)하셨던 사면 · 석방의 명령이 제대로 신속히 이행되지 않은 것 같습니다. 따라서 저희는 감히 이 문제에 관해 각하의 주의를 환기해 드리는 것입니다.

저희가 이같이 대담하게 말씀드리는 이유는 각하께서는 황제 폐하께서 언더우드 박사에게 하신 약속을 저희보다 더 상세하게 기억하고 계실 것이기 때문입니다. 다른 방도를 알지 못하기에 저희는 이렇게 각하께 직접 호소하여 황제께서 너그럽게 베푸시려는 사면 · 석방의 명령이 정부 당국자에게 전달되어 감옥에 갇힌 죄수가 조속히 그 혜택을 받게 되기를 기원합니다. 다시 한번 각하의 시간을 빼앗은 데 대하여 너그러운 용서를 구합니다.

이 기회를 이용해 각하께 최대의 경의를 표합니다.

당신의 충량한 신복(臣僕),

H. G. 아펜젤러, O. K.[*sic*] 애비슨, D. A. 벙커, 헐버트 및 게일 드림.

9. 신변사건 비망록(1902. 6. 11~1903. 6. 13)

아펜젤러 씨의 익사 사고, 1902년 6월 11일 발생.

언더우드 박사의 귀국, 9월이나 10월경 예상.

사설을 쓰는 작업, 임인년(壬寅, 1902) 정월 1일부터 시작.

계묘년(癸卯, 1903) 3월 20일(양력 4월 16일{17일}), 이 작업을 중단.

1903년 윤오월 12일(양력 7월 6일)에 이 작업을 확대.

논설은 [1904년] 양력 6월 13일(음력 4월 30일)에 시작.

10. 유학생이 생계유지를 위해 할 수 있는 일거리들

나무 톱질하기
석탄 운반
화로 불붙이기
잔디 깎기
집과 자동차 관리
상품 판매
우유와 신선한 농산품 배달
식당 웨이터
급사
장부 정리
속기
타자
활자조판
[신문] 보도 업무
신문 제작 업무
신문 기고
교정
야간 수업이나 공공기관에서 개인교수
오락지도
강의
교사

당신의 일거리는 [당신의] 재능과 기회에 달려 있습니다.

기회는 [당신이] 찾아야 합니다.

기회가 당신을 찾는 일은 거의 없습니다.

11. 미국 공사에게 보내는 서한

정중히 아룁니다. 제가 옥중에 있는 몸으로 존엄하신 공사(公使) 각하께 직접 서신을 올리는 것이 예의에 어긋날까 걱정됩니다. 그러나 관계가 가볍지 않은 사안이 있기에 염치를 무릅쓰고 번거로움을 끼치나이다.

요즘 듣건대 각하께서 저를 위해 일본 공사에게 보호를 요청하기도 하고, 또 외부(外部)에 석방을 요청하기도 했다는 소식이 여러 차례 신문 지상에 보도되었습니다. 저의 분수에 넘치는 감사함을 어찌 이루 헤아릴 수 있겠습니까! 그러나 세상 사람들은 제가 직접 혹은 간접으로 청탁했으리라고 의심하지 않을 수 없을 것입니다. 이는 저의 바람을 저버린 것이요, 또한 공인(公人)이신 각하의 체통을 훼손하는 일입니다. 더구나 한국인 죄수의 보호를 이웃 나라 공사에게 부탁하는 것은 우리 한국의 독립을 존중하는 본의에 어긋나며, 귀국과 우리나라의 우의(友誼)를 손상하는 것입니다. 제가 차라리 억울함을 품은 채 달갑게 죽을지언정 [이것만은] 참으로 원하지 않는 일이며 또한 차마 할 수도 없는 일입니다.

천만번 살피고 헤아려주시기를 깊이 바랍니다.

광무(光武) 8년 7월 18일, 즉 July 18, 1904.

나. 한문 논설들

12. 신문사 설립을 청원함

사람들은 불을 끌어안고 섶에 눕는 것을 천하에 가장 위험한 일이라고 말합니다. 그러나 지금 우리 대한의 형세를 보면 아마 이보다도 더 중대한 문제가 있는 것 같습니다. 현재 시행되는 정령(政令)의 병폐를 논하려 할 때, 의도가 [정부를] 헐뜯고 비난하는 것과 관계된다면 말해도 별 도움이 되지 않을 것입니다. [이 점은] 일단 내버려 둔 채 따지지 않기로 하고, 삼가 정세의 대강을 적어 고명(高明)[1)]의 물음에 답하고자 합니다.

하나는 외교(外交)를 도모하지 않는 것입니다. 사절(使節)이 없어 무역이 통하지 않는다는 것은 곧 교분과 우의가 두텁지 못하다는 것입니다. 대체로 외교라는 것은 어느 한쪽에 치우치거나 의지함 없이 성심으로 우호를 다지고, 만국의 공의(公議)를 두루 채택하여 진홍할 방도를 찾고, 명성과 인망(人望)을 보존하려 힘쓰며, 대중의 뜻을 거스르지 않도록 경계하고, 일을 만나서는 항상 공평하고 성실한 뜻을 잃지 않는 것입니다. 공법(公法)에 따라 책임을 다하고 환란을 예방한다면 국외(局外)의 나라들도 서로 칭송하며 [다음과 같이] 말할 것입니다. "한국이 비록 아직은 부강에는 이르지 못했다 하더라도 그 조치를 보면 바야흐로 정성껏 힘을 기울여 치세(治世)를 이루고자 하니 머지않아 개명(開明)할 것이다. 오직 우리 열국들은 마땅히 더욱 사랑하고 보호하여 정성을 다해 권하고 인도하며 사안에 따라 거들고 도와야 한다. 바라건대, 한국으로 인해 전쟁이 일어나지 않아야 각국도 능히 서로 편안하여 사고가 없을 것이며, 우의가 점차 돈독해지고 명성이 더욱 드러날 것이다."

---

1) 고명(高明): 식견이 높고 사물에 밝음. 상대편을 높여 이르는 말.

진실로 이렇게 된다면, 비록 욕심을 드러내고 횡포를 자행하려는 나라가 있어 틈을 엿보아 흔단(釁端)[2]을 연다고 하더라도 역시 반드시 공정한 논의에 따라 드러내놓고 성원하는 나라도 있게 될 것입니다. [나라의 입장이] 서로 부딪칠 때 망령되이 협박하는 것을 용납하지 않는 것은 형세가 그러한 것이지 억지로 되는 것은 아닙니다. 그러므로 영국이나 미국 같은 강대국도 항상 국가 간의 교류에서 조심하고 두려워하는 마음을 가지며, [타국의] 명예를 손상하거나 [우호 관계를] 깨지 않으려고 합니다. [그런데] 하물며 우리 한국과 같은 처지에 세상의 여론은 고려하지 않고 오직 내정(內政)은 외교와 무관하다는 말만 믿고 있습니다. [그리하여] 줄곧 편파적인 생각을 품고 시비(是非)를 전도(顚倒)시키며, 부끄러워하는 마음을 갖지 않고 스스로 업신여기고 스스로 해칩니다. 지난날 빗장을 걸고 자신만을 지키던 때보다 더욱 심해진 점도 있습니다. 그러면 저들 옆에서 관찰하는 자들은 처음에는 진실한 마음을 다해 충고하며, [충고가] 두 번 세 번까지는 이어집니다. 그러나 우리가 끝내 귀를 막고 듣지 않으면, 그들은 곧이어 우리를 흘겨보며 나무라다가 나중에는 점차 능멸과 모욕을 가하고, 이내 우리를 유럽의 튀르키예로 간주하며 변란이 일어나리라 예견할 것입니다. 어찌 그사이에 트집을 잡거나 침어(侵漁)[3]하는 일이 없겠습니까! 만약 이와 같다면 누가 다시 우리를 아끼고 보호해주려 하겠습니까! 가령 그러한 나라가 있다 하더라도 장차 무슨 말로 팔 걷어붙이고 [우리를] 돕겠습니까!

근래에는 각국이 손을 소매에 넣고 앉아서 바라볼 뿐 조금도 한국에 관심을 기울이지 않고 있습니다. 이것은 세상이 태평하여 분쟁이 없어서 그런 것이 아닙니다. 청(淸)나라를 안정시키는 일이 너무 중대해서 [한국을] 돌

2) 흔단(釁端): 서로 사이가 벌어져 틈이 생기게 되는 실마리.

3) 침어(侵漁): 침범하여 빼앗음.

아볼 겨를이 없기 때문입니다. 그러나 청나라의 난국이 진정되는 날에는 우리가 연루(連累)되는 것을 면치 못할 것입니다. 근자에 듣건대, 국외(局外)에서 사태를 논의하는 말 중에 청국 영토를 오이 쪼개듯이 나누자는 논의가 나와서 [열강 간에] 어지럽게 다투다가 결론짓지 못했으며, 앞으로도 어떻게 할지 알 수 없다고 합니다. 결국 한국도 이 사태로 인하여 어떠한 결말에 도달할지 모르겠습니다. 만일 생각지 못한 사태가 발생한다면, 장차 어떻게 [열강의 침략을] 방어하겠습니까! 그런데도 걱정거리를 살피지 않고 한갓 청나라의 힘만 믿고 태산처럼 의지하여 망령된 짓을 저질러 열강의 노여움만 격동시키고 있습니다. 아! 언제 녹을지 모르는 빙산(氷山)처럼 믿을 수 없는 청나라가 망하는 날에 다시 누구를 향하여 도움을 청하려고 하십니까? 이것이 바로 내가 말한 외교를 도모하지 못하고 있다는 점입니다.

지금 세워야 할 계책으로는 한성(漢城)에 신문사를 설립하는 것보다 시급한 일은 없습니다. 동서양 각국의 유명한 신문들, 이를테면 런던의 시사신문(時事新聞),[4] 워싱턴의 서타대보(西打大報)[5] 및 페테르부르크 · 베를린 · 파리 등 여러 수도에 있는 큰 일간지 한두 가지와 상해(上海)의 영자신문(英字新聞), 동경(東京)의 지지신분(時事新聞), 고베닛보(神戶日報) 등 시국과 관계있는 신문들을 널리 구해 긴요한 대목마다 베껴 써서 매일 매일 을람(乙覽)[6]하시도록 진달(進達)해야 합니다. 또 대소 관원들이 모두 구독하게 하고, 또한 널리 전파하고 보급하여 경향(京鄕)의 백성들이 모두 지피지기(知彼知己)하게 해야 합니다. 그리하여 정교(政敎) 중에 마땅

4) *The London Times*로 추정됨.

5) *The Star Press*로 추정됨.

6) 을람(乙覽): 임금이 밤에 책을 읽는 일. 임금이 낮에는 정사를 보고 자기 전인 을야(乙夜), 곧 밤 9시부터 11시까지 책을 읽는다고 하여 생겨난 말.

히 변혁해야 할 것과 습속(習俗) 중에 응당 고쳐야 할 것을 알게 해서 상하가 함께 노력하면 서로 화답하여 빠르게 효과가 나타날 것입니다. 그러면 저들 교화가 융성한 나라들도 필시 우리를 도와주려는 마음을 가지게 될 것입니다.

지금 이웃 나라에서 우리나라에 온 자들은 첩보(牒報)를 수소문한다며 우리의 궁궐과 민간에 두루 퍼져 세세한 사실 하나하나까지 빠뜨림 없이 보도하여 널리 퍼뜨리고 있습니다. 그리하여 우리의 사정을 손바닥 들여다보듯이 훤히 알고 있는데도 우리는 오히려 그러한 사실을 모르고 있습니다. 무릇 저들의 정책이 어떠한 것인지, 취지가 무엇인지, 정부의 견해와 민간의 논의에는 어떠한 변화가 있었는지 등을 까마득히 듣지 못하고 있습니다. 간혹 외국에 한두 사람의 세작(細作)을 파견해 틈을 타서 정보를 수집하게 하지만, 보통 저들의 함정에 빠지는 경우가 많습니다. 또 거기에 드는 자금은 반드시 거액을 쓰기 때문에 이러한 기회를 빙자하여 이익을 취하는 자도 적지 않으며, 여비를 톡톡히 타내어 유흥비로 충당하고 도리어 원수의 심복이 되는 사람도 있습니다. 간혹 그들의 정보를 비밀히 탐지하여 보고하는 자도 많이 있지만, 신발을 신은 채 발바닥을 긁는 격이어서(隔靴搔癢)[7] 정확성을 기하지 못하고 있습니다. 그런데도 도리어 이것을 의심 없이 믿고, 이어서 이것을 근거로 일을 처리하고 있습니다. 이보다 더 부끄러운 일이 어디에 있으며, 이보다 더 위험한 일이 어디에 있겠습니까!

신문사에서 정보를 수집하는 방법은 다른 나라의 신문을 베끼거나 번역하여 싣는 것 외에 대개 [외국에] 인원을 특별히 파견하는 방법이 있습니다. 또 그 나라의 관원이나 민간인, 또는 그 나라에 사는 믿을 만한 사람과 비밀

7) 격화소양(隔靴搔癢): 신을 신고 발바닥을 긁는다는 뜻으로, 성에 차지 않거나 철저하지 못한 안타까움을 이르는 말.

리에 계약을 맺어 다달이 보수를 주고, 그 사람이 듣는 대로 기록하여 보내게 하기도 합니다. 그러므로 조야(朝野)에 기밀로 분류되어 감추어두고 밝히지 않는 것도 우리가 하나하나 미리 알게 되는 것입니다. 이것 역시 신문사가 아니면 불가능한 일입니다.

하나는 민심(民心)의 준동(蠢動)입니다. 근래에[백성의] 도탄(塗炭)이 날로 심해져 괴롭고 병든 이가 수없이 많은데 탐관(貪官)의 학정(虐政)은 그치지 않아 돌아가 호소할 곳이 없습니다. 게다가 무거운 세금이 더해지니, 어찌하여 [백성들이] 격분하여 변혁을 생각하는 일이 없으리라 장담하겠습니까! 만약 백성들이 식견을 지니고 있어 [백성으로서] 당연히 해야 할 바를 안다면, 비록 불측(不測)한 마음을 품었다 하더라도 국가를 크게 위태롭게 하지는 않을 것입니다. [그러나] 지금 우리 한국인들은 외국 사정에 아주 어두워 폐단의 근원을 생각하지 않으며, 한갓 서로 미워하고 외국인을 원수로 여기며, 서양을 배척하고 왜(倭)를 배척한다는 말을 망령되이 지어내고, 한 사람이 선창하면 백 사람이 호응하여 저희끼리 서로 싸우고 있으니, 나라를 위태롭게 하고 세상을 어지럽게 하고서야 그칠 것입니다. 지난 갑오년(甲午, 1894)의 동학도(東徒)와 을미년(乙未, 1895)의 의병(義匪)이 모두 이러한 자들입니다. 또 지금 청(淸)나라의 권비(拳匪)[8], 즉 의화단(義和團)도 역시 같은 목소리로 호응하는 자들입니다.

은감(殷鑑)은 멀리에 있지 않습니다.[9] 생각해 보면, 다리가 떨립니다. 더구나 작년부터 동비(東匪)[10]의 잔당이 뱀처럼 똬리를 틀고 지렁이처럼

---

8) 권비(拳匪): 의화단을 달리 이르는 말. 중국 권법을 무기로 삼아서 반제국주의 운동을 일으켰던 비밀결사.

9) 은감불원(殷鑑不遠): 『시경(詩經)』, 대아(大雅), 탕(蕩)에 나오는 구절이다. 원문은 '은감불원(殷鑑不遠) 재하후지세(在夏后之世)'로 "은(殷)나라가 본보기로 삼아야 할 것은 먼 데 있지 않고 전대(前代)인 하(夏)나라에 있다"라는 뜻이다.

뭉쳐 산에 들어가 신에게 제사를 지내고 깃발을 들어 충의(忠義)를 칭탁(稱託)했습니다. 심지어 6~70명을 붙잡아 압송하여 사형에 처하거나 금고(禁錮)에 처했으며 나머지는 풀어주었습니다. 그러나 그 후에 이따금 들리는 말로는 아직도 [잔당의] 풀과 뿌리가 완전히 베어 없어지지 않았고 다시 만연하여 재앙을 일으킬 단서가 여러 차례 엿보였다고 합니다. 또한 을미년의 의괴(義魁) 유인석(柳麟錫)이 근간에 요동(遼東) 주변에서 각 고을에 격문을 보내 무리를 거느리고 국내로 들어오겠다고 공언했습니다. 이에 어리석은 백성들이 소문을 듣고 동요하고 있습니다.

아! 가슴에 있는 병은 더욱 굳어지고, 눈썹에 있는 화근[11]은 더 잘 드러나는 법입니다. 그러나 정부에서는 백성을 가르쳐서 교화시킬 방법은 생각하지 않고, 한갓 군대의 위세만 믿고 탄압하고자 하여 진위대(鎭衛隊)와 북방수비대(北方守備隊)를 설치했습니다. 저들 백성의 기름을 짜내는 자들은 [진위대와 북방수비대를] 금성탕지(金城湯池)처럼[12] 여겨서 더욱 가혹한 짓을 심하게 자행합니다. 이 어찌 속담에서 말한 바람을 보내서 물결을 진정시키려 한다는 것과 같지 않겠습니까!

동서양의 역사를 두루 살펴보건대, 옛날부터 백성을 탄압하여 나라를 안정시킨 예는 없었습니다. 더구나 깊은 물에 다다르고 얇은 얼음을 밟는 듯한 오늘날, 하루아침에 재앙이 일어나 물밀 듯한 기세로 밀려온다면 이를 장차 어떻게 막겠습니까! 또 오늘날 갑옷을 입고 창을 둘러멘 병사가 장차 사람을 살상하고 재물을 탈취하는 도둑이 되지 않으리라 어찌 장담하겠습

10) 동비(東匪): 동학의 무리.

11) 미첩지화(眉睫之禍): 눈앞에 닥친 재앙.

12) 금성탕지(金城湯池): 쇠로 만든 성과 그 둘레에 파 놓은 뜨거운 물로 가득 찬 못이라는 뜻으로, 방어 시설이 잘되어 있는 성을 이르는 말. 『한서(漢書)』 괴통전(蒯通傳)에 나오는 말.

니까! 이것이 바로 내가 말하는 민심의 준동입니다.

이러한 것에 근거해 논하자면, 역시 속히 신문사를 설립하여 관민(官民)과 사서(士庶)가 깊이 각성하게 해야 합니다. [그리하여] 새 제도를 일으키고, 국교를 돈독히 하여, 각자가 신민(臣民)의 분의(分義)가 어떠한 것이고, 만국(萬國)의 공회(公會)가 무엇인가를 알게 하며, 이로 인하여 학교(學校)를 널리 개설해야 함을 알게 해야 합니다.

무릇 부강(富强)할 계책은 교육(敎育)이 아니면 이룰 수 없습니다. 그러나 다만 국고만 믿고 학교를 세우려 한다면, 영국이나 미국 같은 나라의 부유함으로도 오히려 어렵고도 어렵다는 사실을 깨닫게 될 것입니다. 하물며 우리나라와 같이 재정이 궁핍한 나라의 경우에야 두말할 필요가 있겠습니까! 반드시 관과 민간이 힘을 합친 후에야 비로소 성과를 거둘 수 있습니다. 그리고 백성을 학문에 힘쓰게 하려면, 신문이 아니면 전혀 도움이 되지 않습니다.

통틀어 말하자면, 우리나라의 상황이 위기에서 안정으로 전환될 가망은 오직 신민(臣民)들이 각자 보람 있는 일을 하려고 하는가 안 하는가에 달려 있습니다. 그러나 시험 삼아 대중의 심리를 살펴보면, 모두가 "시절이 그렇다. 어쩔 수 없다"라고 말합니다. 이 때문에 사람마다 자포자기한다면, 마음을 가다듬고 개혁을 구상하여 국정을 도우려고 생각하는 사람은 많지 않을 것입니다. 국정을 도우려는 사람이 없는데 국가가 어떻게 스스로 부흥할 수 있으며 백성이 어떻게 스스로 소생할 수 있겠습니까!

이것은 모두 국내의 실정과 국외의 정세가 어떠한지, 치란(治亂)과 안위(安危)가 어디에서 연유하는지 모르기 때문입니다. [이러한 일은] 신문[의 힘]을 빌지 않으면 집마다 알릴 수 없습니다. 또 지금은 상하에 간격이 생겨서 초야에 묻혀 가난하게 사는 사람의 심정이 궁궐에 상달되지 못하고, 밤

낮으로 부지런히 나라를 걱정하시는 임금님의 심정이[13] 서민에게 전달되지 못하고 있습니다. 그리하여 임금님이 백성을 자식처럼 사랑하시는 은혜를 백성이 다 알지 못하니, 임금에게 충성하고 나라를 사랑하는 정성이 이로 말미암아 점점 사라지고 있습니다. 이 또한 신문이 아니면 마음을 소통시켜 교화를 실행할 수 없습니다.

이상은 모두 신문이 국가[의 흥망]에 긴밀한 관계가 있다는 대략적인 내용입니다. 엎드려 바라옵건대, 꼴꾼, 나무꾼의 말일지언정 굽어 받아들이시어 지극히 작은 정성이나마 보답하게 하여 주소서. 삼가 자본과 예산을 계산하여 아래에 별단(別單)으로 열거합니다.

월은(月銀, 월 지출액)

주필과 찬성원(贊成員) 2인 300원(元)

동문(東文) 번역인 1원(員) 20원

방사인(訪事人, 취재인) 3인 각 15원 합 45원

인쇄인 1원(員) 20원

채자인(採字人, 문선공) 2인 20원

기관소전륜인(機管所轉輪人, 윤전기담당자) 2인 20원

전파인(傳播人, 배달원) 4인 각 6원 합 24원

재단인(裁斷人) 1인 10원

외보(外報, 외국 신문)와 전보료 150원

종잇값과 인쇄비 합 150원

13) 소간병침(宵旰丙枕): 소간(宵旰)은 소의간식(宵衣旰食)의 준말로 미명(未明)에 일어나 옷을 입고 해가 진 뒤에 저녁밥을 한다는 뜻이고, 병침(丙枕)은 병야(丙夜: 자정)에 잠자리에 든다는 뜻이다. 모두 임금이 정사에 부지런함을 이르는 말이다.

하인 2명 12원

잡비 15원

활판가(活版價) 1,500원

신문사 수리와 기구비(器具費) 100원

이상 월 지출 조항의 합계는 786원(元)이요 활판과 필요한 기구비 역시 1,600원이 되니, 반년도 예산을 통틀어 계산해 보면 많아야 6천 원 내외에 불과합니다.

서울에서 360여 군(郡)에 특별히 명해 해당 각지의 지방관이 도시와 농촌에 게시(揭示)하여 구독과 열람을 권장해야 합니다. [그리하여] 민간에 널리 보급하여 1백 개소(所) 또는 몇십 개소 이상을 달성한 자가 있으면, 장려비를 주거나 명호(名號)를 덧붙여 주는 것을 조례로 정해야 합니다. 민간에 장려하여 반드시 널리 보급하게 되면, 반년이 지나지 않아서 크고 작은 고을을 평균 잡아 고을마다 신문을 구독하는 사람이 무려 100명에 달할 것입니다.

[그러면] 당해 연도 내의 수입으로 넉넉히 지출하고도 다소 여유가 있을 것이며, 이듬해부터는 매월 수입이 9,360원을 내려가지 않을 것입니다. 이 돈으로 학교와 출판사를 세우고 서양의 학문 서적을 번역하여 권하고 가르치면, 3년을 지나지 않아서 큰 성과가 나올 것입니다. 나라를 일으키는 방책으로는 이보다 나은 것이 없습니다.

13. 한국 사람의 전차 타기

최근 여론을 들으니, 한성(漢城)의 전차가 시국의 큰 문젯거리라고 한다. 모든 사람이 "미국인이 이치를 무시하고 우리 정부에 배상을 요구하고 있는데 반드시 들어줄 책임은 없다. 그러나 약한 자가 강한 자를 대적하기는 어려우니 형세로 보아 반드시 배상해야 할 것이다"라고 말한다. 혹자는 팔을 걷어붙이고 길거리에서 마구 떠들어대고, 혹자는 이론을 글로 써서 신문에 내고, 심지어 혹자는 욕을 해대니 차장이 물을 뿌려 소란을 저지하기도 한다.

[이에] 물의(物議)가 격앙되고 민심이 들끓어 전차를 타는 사람을 많이 볼 수 없게 되었다. 해당 전차회사는 손해를 입었다고 호소했고 미국 공사(公使)는 이권을 보호해 달라고 여러 차례 우리 조정에 조회했다. [우리 정부가] 물의를 일으킨 자를 잡아 가두고 징벌하기에 이르자 민심이 더욱 격분하여 [한미 간의] 우호(友好)는 더욱 깨지고 말았다. 여러 신문사의 주필(主筆)들은 단지 민심이 격발(激發)되도록 선동과 교사(敎唆)만 일삼고 그 원인을 살피지 않으니, 마침내 수모를 막으려다 도리어 분란을 일으키게 되지 않으리라 어찌 장담할 수 있겠는가!

[그러나] 나만은 아주 다르게 생각한다. 지금 우리 한국인으로서 누구인들 소매를 걷어붙이고 우리 조정을 보호하려 하지 않겠는가! 또 누구인들 열강이 우리를 핍박하고 우리를 능멸하는 줄 모르겠으며, 이를 걱정하고 한탄하고 분노하고 억울해하는 마음이 없겠는가! 그러나 잘못을 바로잡을 방법이 있다는 것은 생각하지 않고, 다만 틀어막고 억누르고자 할 따름이다. 이는 바람을 불어 물결을 가라앉히고 불을 부채질하여 물이 끓는 것을 막으려는 것과 같다. 내가 말하려는 아주 다르게 생각하는 점은 두 가지인데, 시

험 삼아 제군(諸君)을 위하여 간단히 진술하고자 한다.

우리 한국은 [외국과] 통상(通商)한 이래 지금까지 수호(修好)하고 교린(交隣) 함에 있어서 [외국을] 진심으로 대하지 않았고, 억지로 힘쓰고 억지로 대했다. [우리 한국은] 세상과 더불어 우호를 도모하는 것이 공익(公益)이라는 사실을 모르고, 빗장을 닫아걸고 자신을 지키는 것만 옳다는 편견(偏見)을 고집했다. 일이 닥치면 매번 배척하고 억누를 것만 생각하고, 분란이 생기면 번번이 거품만 걷어내고 미봉(彌縫)하려 했다. [그러다가] 바람이 잠잠해지고 물결이 가라앉는 것이 보이면, 바로 다시 자질구레한 일을 일으켜 세상의 신의를 잃고 이웃 나라와 원수가 되었다. 오늘날과 같은 사태에 이르자 세상 사람들이 마침내 우리를 신의도 없고 도리도 없는 사람들이라 지목하고, 우리가 만국의 공회(公會)에 참가하는 것도 허락하지 않았다. 이는 바로 우리에게 만국의 공익을 허락하지 않겠다는 것이다. 일찍이 외국 신문을 읽으니, "한국 정부는 신의를 버리고 자신[의 입장]만 지키려 한다. 각국은 마땅히 위력(威力)을 행사해야 한다"라고 한다. 중론이 하나로 모이면, 우리의 형세는 고립되기 마련이다. 부강함을 믿고 약한 나라를 능멸하려는 어떤 나라가 정의를 저버리고 우리를 괴롭힌다면, 다시 누가 그 일의 잘잘못을 따져주려 하겠는가!

바로 이러한 이유로 밖으로부터의 침모(侵侮)는 나날이 닥쳐오고 안으로부터의 근심은 더욱 깊어진다. 심지어 큰소리로 꾸짖고 핍박하며 호되게 책망하고 나무라면서 2천만 인민을 허수아비처럼 보고 3천 리 강토를 오이나 콩처럼 여기고 있다. 지금 철도 · 광산 · 전기 · 어채(魚採) · 삼림(森林) · 항해(航海) 등 여러 이권(利權)이 속수무책으로 어지럽게 남에게 넘어가는 것은 모두 이러한 이유 때문이다. 우리가 스스로 수모를 불러들인다고는 생각하지 않고 외국을 배척해야 한다는 주장만 고집하여 그 근본을 해결하지 않으니, 어떻게 대책을 찾을 수 있겠는가! 이것이 내가 다르게 생각하는 첫 번째이다.

또 지금 세상에서 통상하고 수호하는 이유는 어느 한두 강국만 이익을 가로채고 독차지할 기회를 포착하게 하려는 것이 아니라 바로 만방(萬邦)과 만인(萬人)이 함께 이익을 나누고 우호를 다지게 하려는 것이다. 어찌 우리 한국만 홀로 향우지탄(向隅之歎)[1]을 품은 채 쇠퇴하고 궁핍해져 그 피해가 오늘날처럼 심각한 지경에 이르게 되었는가!

제군이여, 제군이여! 시험 삼아 일본과 청국, 두 이웃 나라를 보라. 한 나라는 조그마한 섬나라로 제도를 바꾸고 자강(自强)에 힘쓴 지 30년 만에 대동(大東) 일대에서 무력을 드날리며 영웅으로 칭송되고 있다. 다른 한 나라는 영토가 방대한 대국으로 스스로 높이고 스스로 위대하게 여기며, 망연자실(茫然自失)한 채 혁신을 추구하지 않다가 거듭 패배를 겪으며 여러 차례 영토를 떼어주었고, 오늘날에는 자존(自存)도 기약하기 어려워졌다. 이 두 나라를 살펴보면, 누가 낫고 누가 못한지를 알 수 있다. 어찌 스스로 포기하고 스스로 쟁취한 차이가 아니겠는가! 어찌 열국이 일본에는 은혜를 베풀고 청국은 원수처럼 대했기 때문이겠는가! 외국과의 통상이 일본에는 이익을 주고 청국에는 손해를 끼치는 것이 어찌 이토록 현격히 다를 수 있는가!

아, 제군이여! 생각해 보라. 영국 · 미국 · 프랑스 · 독일 · 러시아 등이 일본이나 유럽의 스웨덴 · 벨기에 · 덴마크 등 여러 작은 나라에 이러한 침탈과 전횡을 자행했다는 말을 들어본 적이 있는가? 또 혹 열강이 중화(中華)라는 오래된 큰 나라의 정부와 인민을 어떻게 대우하고 있는지 들어본 적이 있는가? 그 정부가 과연 능히 세계로부터 신뢰를 받고 있고 그 인민이

1) 향우지탄(向隅之歎): 혼자만 상대하는 사람이 없어 구석을 향하여 탄식하는 일. 좋은 기회를 만나지 못한 것을 한탄함.

과연 능히 남들과 우호 관계를 유지하는데도, 오히려 그러한 능멸과 모욕을 걱정하겠는가? 더구나 동치(同治)[2] 이래로 갑오(甲午, 1894) · 무술(戊戌, 1898) · 경자(庚子, 1900)년의 참화는 모두 외국을 배척하고 새로운 것을 물리치는 고루한 식견과 망령된 생각으로 인하여 빚어진 것이다. 이것은 우리가 훤히 보아 두루 아는 사실이다.

또한 우리 한국의 동요(東擾, 동학란)는 바로 우리가 직접 겪은 난리이다. 아울러 복철(覆轍)[3]과 은감(殷鑑)이 되기에 충분한 만큼, 마땅히 잘못된 제도를 신속히 고치고 지나간 실패를 교훈 삼으려는[4] 생각에 겨를이 없어야 할 것이다. 어찌하여 아직도 어리석게 깨닫지 못하여 궁핍을 말할 때는 "통상이 초래한 일이다"라고 말하고, 쇠약을 논할 때는 "열강이 억누르기 때문이다"라고 말하고, 쇠퇴한 풍속을 보면, "개화(開化)가 남긴 재앙이다"라고 말하는가! "광산 · 철도 · 삼림 · 어장 · 전선 · 어업의 권리를 어떻게 빼앗겼느냐"고 물으면, 문득 성난 눈으로 쳐다보며 말하기를, "저들 전에는 듣지도 못했고 이제야 처음 보게 된 강한 진(秦)나라와 사나운 초(楚)나라 같은 나라들이 지혜로 탈취하고 무력으로 빼앗는데, 우리 같이 예의(禮義)를 지키는 작은 나라가 혼자 무엇을 할 수 있겠는가? 그대나 내가 역시 무엇을 할 수 있겠는가?"라고 한다. 저들 (이하 내용 없음)

---

2) 동치(同治): 청나라 목종의 연호(1862~1874).

3) 복철(覆轍): 엎어진 수레바퀴. 앞서가던 사람이 실패한 자취.

4) 개현역철(改絃易轍): 악기의 현(絃)을 새로 갈고 수레가 다니는 길을 고쳐 낸다는 뜻. 제도나 계획 등을 고쳐 바꿈을 이르는 말.

14. 새로 번역한 『[청일]전기』의 부록

요즘 세상일을 논하는 사람들은 우리 한국의 걱정거리는 요직(要職)에 있는 인사들이 시국(時局)에 매우 어두워 진흥책을 신속히 도모하지 못하는 데 있다고 한다. [그러나] 나만은 [걱정거리가] 관(官)에 있지 않고 민간(民間)에 있다고 생각한다. 동서양의 역사책을 두루 살펴보건대, 국민이 미개하고도 국가가 홍성하는 이치는 없다. 비록 훤히 알고 밝게 살피는 사람이 있어 하루아침에 정권을 잡고 과감하게 실행하며 반드시 개혁하려 해도, 백성들이 어리석어 나아갈 방향을 모르면 도리어 의심과 시기심만 생겨 재앙의 빌미를 조성하게 된다. 심지어 우리 한국의 동비(東匪)나 현재 청나라의 의화단(義和團)은 모두 서양을 배척하고 옛날로 돌아가자는 구호를 내세우며 의거(義擧)를 표방하다 천하에 웃음거리를 남기고 패망을 자초했다. 나라의 걱정거리가 백성의 어리석음에 있다는 분명한 증거가 아니겠는가!

다만 교육(教育) 한 가지만은 그 책임이 관에 있다. 이 책임을 맡은 사람이 만약 귀머거리에게 천둥소리를 듣게 하고 장님에게 해와 달을 보게 할 수 있다면 백성들의 생각이 바뀌어 나날이 새로워지고 다달이 성대해지는 발전이 부쩍 있을 것이다. 그러나 현재 눈앞에 보이는 바로는 세상에 그러한 사람은 거의 없다. 설령 때때로 그러한 사람이 한둘 있다 하더라도 역시 사사로운 인정(人情)에 얽여 구습에 따르거나 구차하게 안주함에서 벗어나지 못할 따름이다. [그러니] 백성이 어떻게 개명(開明)될 것이며, 백성이 개명되지 못하면 나라가 어떻게 부흥할 수 있겠는가!

그렇다면 우리 한국이 암흑을 지나 광명으로 나가고 위태로움을 편안함으로 바꿀 날은 끝내 오지 않는다는 말인가! 그렇지는 않다. 백성들이 반드시 서로 권면하여 하나의 재주나 하나의 기능(機能)이라도 앞다투어 익히고 남에게 뒤질까 염려하며 자기를 수양하고 남을 바로잡는다면, 다스림과 편안함을 함께 도모할 수 있을 것이다. 다만 그 성과가 다소 늦어짐을 피하기는 어려울 것이다. 그러나 그 노력의 성과가 나타나는 날이 오면, 시무(時務)를 살피지 못하고 종래의 제도나 묵수(墨守)하려는 사람이 하는 일 없이 자리만 지키면서 구차하게 봉록(俸祿)이나 타내려고 하더라도, 어찌 그렇게 할 수 있겠는가!

그러므로 지금 세워야 할 계책으로는 백성들이 관에 의지하지 않고 스스로 배움의 길에 나서고 배운 것을 그대로 남에게 전수(傳授)하는 것 만한 것이 없다. [그리하여] 심혈을 기울여 이룩한 훌륭한 배움의 경지를 한 명이 열 명에게 전하고 열 명이 백 명에게 전한다면 함께 문명(文明)에 도달하기도 어려운 일은 아닐 것이다. 속히 서둘러 힘써야 하지 않겠는가!

무릇 개명진보(開明進步)하는 길은 대략 네 가지가 있다. 하나는 학교(學校)를 세워 학문을 일으키는 것이요, 하나는 민회(民會)를 열어 토론하는 것이요, 하나는 널리 신문사(新聞社)를 설치하는 것이요, 하나는 출판사를 세우는 일이다. 이 네 가지 중에서 출판사를 세우는 일이 지금으로서는 가장 긴요하다.

시험 삼아 논해보건대, 학교와 학원을 설립하는 것은 나라의 근본이자 수만 가지 일의 시초이기 때문에 결코 늦출 수 없다. 그러나 반드시 정부에서 백성의 마음을 고무하고 격려해야만 백성들이 신학문을 현재의 급무(急務)로 알게 될 것이다. 그러나 지금 우리 정부는 이것에 힘쓰지 않고 있다. [그러므로] 비록 학교가 있다고 하더라도 백성들 역시 힘써야 할 바를 알지 못한다.

만약 우리 정부가 백성을 일깨워 학업에 힘쓰게 하려면, 모름지기 번화한 도시에서부터 시골 마을에 이르기까지 학교 없는 곳이 없어야 비로소 교화(敎化)가 크게 행해진다고 말할 수 있다. 그러나 현재는 국고가 바닥나서 관의 힘에만 의지하기 어렵게 되어 있다. 반드시 민간이 스스로 사재(私財)를 내어 자금을 모으고 학교를 세워 자식들을 가르쳐야 비로소 학문을 진작시키려는 본래의 의미를 잃지 않을 것이다. 그러나 관이건 민간이건 모두 이렇게 할 가망이 없으니 허상(虛像)과 망상(妄想)에 지나지 않을 뿐이다.

민회(民會)를 열어 토론하는 것은 서양 여러 나라에서도 시행하는 것으로 풍속을 아름답게 하는 요체요 관건이다. 경향(京鄕)이나 읍촌(邑村)을 막론하고 숲이 들어차듯, 바둑돌을 놓듯 [모여 토론하여] 식견을 넓혀야 한다. 남녀노소가 모두 스스로 해야 할 바를 알게 한다면 효과는 더없이 빠를 것이다. 그러나 지금의 시국에서는 만에 하나도 생각이 여기에 미치지 못한다.

신문사를 설치하는 목적은 무릇 안팎의 정세(情勢)와 크고 작은 폐단을 낱낱이 연구하여 나날이 이목(耳目)을 새롭게 하고 충애(忠愛)로 인도하여 불현듯 깨달아 낡은 것을 고치고 혁신시켜서 문명에 큰 도움이 되게 하려는 것이다. 다만 그 주필은 반드시 서양 학문에 익숙하고 아울러 백성의 실정에 통달한 사람이라야 비로소 만에 하나라도 [그 목적을] 달성할 것이라고 말할 수 있다. 그러나 이 역시 [서양의] 정교(政敎)와 학술(學術)의 껍데기만 얻는 데 불과할 따름이며, 그 심오한 것을 모두 밝히지는 못할 것이다.

출판사를 세우는 목적은 무릇 서양의 좋은 법과 아름다운 제도, 나라를 이롭게 하고 백성을 편하게 하는 여러 서적을 번역해서 책으로 만들거나 간추려 새로 엮어서 널리 전파하고 판매하려는 것이다. [이렇게 하여] 한 집 한 집 깨우치고 읽게 한다면, 학교를 미처 늘리지 못하고 연설회를 미처 열지 못하고 신문사에서 다 발표하지 못한 것들을 모두 책으로 엮어 설명할 수 있을 것이며, 아울러 상당한 효과를 거둘 것이다. 그러므로 출판사를 설립하는 것은 지금의 급무(急務) 중에 가장 급한 일이다. 그러나 아직 그러한 조치가 없으니 참으로 깊이 개탄할 일이다.

돌이켜보건대, 우리 한국인으로서 시무(時務)에 마음을 두고 있는 사람은 요요(寥寥)하게도[1] 거의 없다. 간혹 있다고 하더라도 한문에 능통하여 스스로 선비라고 자처하는 사람에 지나지 않는다. 게다가 한문에 능통한 사람이 모두 몇 명이나 되겠는가! 통틀어 말하더라도 많아야 열 중 두셋에 지나지 않으며, 저들 열에 일고여덟은 모두 '시(豕)' 자와 '해(亥)' 자도 구분하지 못한다. 비록 학문을 연구하고 싶어도 현존하는 서적은 고사(古史)와 유저(遺著)를 제외하면, 모두 청인(淸人)들이 번역하고 저술한 한문 서적 몇 질(秩)에 지나지 않는다. 아! 어떻게 서민들이 유럽이나 아시아가 어디에 있으며, 영국이나 미국이 어떤 나라며, 천문(天文)·지지(地誌)·산술(算術)·격치(格致, 물리학) 등이 무슨 학문이며, 정교(政敎)·법률(法律)·외교(外交)·내치(內治)·통상(通商)·혜공(惠工)[2] 및 공법(公法)·약장(約章)이 어떤 관계인지를 알 수 있겠는가!

이것으로 보면, 나라가 처한 누란(累卵)의 위기와 백성의 도탄(塗炭)이 어찌 다른 이유 때문이라고 말할 수 있겠는가! 오직 바라는 것은 뜻있는 군자들이 이러한 사정을 통찰하여 정부에서 행하고 행하지 않고를 따지지 말고, 법규를 만들고 자금을 모아 국문(國文) 출판사를 세우고, 널리 서양의 경·사·자·집(經史子集)과 각종의 신학문 서적을 구하고 번역·저술하여 국내에 판매해야 한다. [이렇게 하여] 우리의 어두운 방을 밝혀주고 미로 같은 나루에 뗏목을 놓는다면, 한편으로는 나라를 걱정하고 사회에 충성하

---

1) 요요(寥寥)하다: 매우 적고 드물다.

2) 혜공(惠工): 공업에 혜택을 줌. 즉 공업.

는 지극한 뜻이 될 것이며, 다른 한편으로는 대중에게 은혜를 베풀고 나를 이롭게 하는 훌륭한 일이 될 것이다. 어찌 마음을 가다듬고 힘써 행할 일이 아니겠는가!

이 책을 번역한 것은 진실로 이러한 취지에 근거한 것이다. 그리고 구구(區區)한 작은 정성을 담은 [나의] 지극히 하찮은 수고가 시국을 걱정하고 세상을 염려하는 여러 대가(大家)에게도 효과가 있기를 기대한다. 화로 같은 감옥에 갇힌 몸으로 더위를 무릅쓰고 땀을 뿌리면서 아침저녁으로 부지런히 힘써 다행히 집필을 마쳤다. 그러나 편집과 인쇄가 성공하기 위해서는 많은 조력이 필요하며 정성만으로 되는 것은 아니다. 마땅히 동지와 군자들의 도움에 힘입어 이 일이 완성된다면 이제까지의 모든 일이 헛수고로 돌아가지는 않을 것이다.

광무(光武) 4년(1900) 8월 5일 자의인(赭衣人)[3]은 간곡히 사뢰노라.

3) 자의인(赭衣人): 죄수.

15. 신학문을 힘써 일으킬 것을 논함

아! 예로부터 나라의 치란(治亂)과 안위(安危)는 쉼 없이 돌고 돌았다. 그러나 대한(大韓)의 피폐(疲弊)함과 위태로움이 어찌 오늘날 같은 때가 있었겠는가! 옛날의 치란은 한때의 성쇠(盛衰)에 지나지 않았다. 그러나 오늘날의 치란은 옛날의 그것과 바로 비교할 수 없다. 왜냐하면 옛날의 천하(天下)는 중원(中原)과 구주(九州)를 벗어나지 않았기 때문에, 얻고 잃음과 주고 빼앗음이 형제간의 다툼에 그쳤다.

그러나 지금의 천하는 구주 전체의 몇백 배가 모여서 한 집을 이루고 있다. 크고 작고 강하고 약한 70여 개 나라가 하나의 커다란 시장을 형성하며 지역의 구별 없이 수시로 왕래하고 있다. 지형(地形)으로 논하자면 동서(東西)의 차이가 있고, 인종으로 논하자면 황백(黃白)의 구별이 있다. 흥성한 나라는 주(周)나라 문왕(文王)처럼 백리(百里)[에 불과한 작은 영토를 가졌지만],[1] 열강(列强)과 자웅(雌雄)을 다투니 다른 나라가 감히 넘보지 못했다. 유럽의 영국과 아시아의 일본과 같은 나라가 그러한 사례다. 패망한 나라는 진(秦)나라 영정(嬴政)[2]처럼 [통일한] 사해(四海)를 공손히 다른 나라에 바쳤지만, 완벽귀조(完璧歸趙)[3]하는 날은 끝내 보지 못했다. 인도 · 베

---

1) 원문은 『맹자(孟子)』, 공손추 상(公孫丑 上)편에 보인다. 해석과 원문은 다음과 같다. "덕(德)으로 인(仁)을 행하는 자를 왕(王)이라고 하는데, 왕에게는 큰 나라가 필요하지 않다. 탕왕(湯王)은 70리로 왕업(王業)을 이루었고, 문왕(文王)은 100리로 왕업을 이루었다(以德行仁者王 王不待大 湯以七十里 文王以百里)."

2) 영정(嬴政): 영(嬴)은 진시황(秦始皇)의 성이고 정(政)은 이름이다.

3) 완벽귀조(完璧歸趙): 빌린 물건을 정중히 돌려보냄. 중국 전국시대에 진(秦)나라 소양왕(昭襄王)이 진나라의 열다섯 성(城)과 조(趙)나라 화씨(和氏)의 벽(璧, 옥)을 바꾸자고 제안하여, 조나라의 인상여(藺相如)가 진나라에 갔으나 소양왕이 거짓말을 하고 있다는 것을 알고, 목숨을 걸고 그 벽을 고스란히 도로 찾아왔다는 데서 유래한다(『사기

트남·미얀마·태국과 같은 나라가 모두 그러한 사례다. 그 나라들이 패망할 때는 백성들도 따라서 쇠멸하여 영원히 다른 민족의 노예가 되어 사람 축에도 들지 못했다. 어찌 옛날의 치란(治亂)과 같다고 말할 수 있겠는가!

그러나 백성들은 그 까닭을 알지 못하고 으레 "운수(運數)다," "시세(時勢)다," "자연(自然)이다"라고 하며 바로 잡을 방도를 찾을 생각도 하지 않는다. 일본의 부강(富强)함을 들으면 "나라에 탁월한 사람이 있어서 그렇다"라고 말하고, 청나라의 쇠퇴를 논할 때는 "하늘이 그렇게 한 것이다"라고 말한다. 우리나라의 위기를 논할 때는 모두 "사람의 힘으로는 만회할 수 없다"라고 하니, 위기를 앉아서 기다리고 있는 사람처럼 말한다. 백성들의 생각이 이미 이와 같은데, 하늘이 지켜주려 해도 어떻게 지켜줄 수 있겠는가!

지금 일의 형세를 논하는 자들은 모두 말하기를 "일본은 동양의 영국이니, 우리 한국이 결코 견주어 흉내 낼 수 없는 나라"라고 한다. [그러나 일본도] 30년 전에는 빈약하고 피폐하여 오늘날의 우리와 비교해도 더 심각한 문제가 있었음을 어찌 상상이나마 할 수 있었겠는가! 일본이 이렇게 성공하게 된 계기는 학교를 세우고 학문을 일으킨 것 그 한 가지에 지나지 않는다. 당시 [일본의] 관민(官民)은 모두 [과거의] 구습을 고쳐야 한다는 것을 알고 있었다. [그래서] 서양 인사들을 초빙해 각 관청에 배치하여 고문관이라 부르고, 모든 일은 반드시 자문을 거치고 서양의 제도를 모두 따랐지만, 급료(給料)가 헤아릴 수 없이 많이 들어 분하고 부끄럽기 그지없었다. 그러나 국내에는 새로운 제도에 정통하여 그 소임을 감당할 만한 사람이 없었기 때문에, 고문관(顧問官)을 두는 것 한 가지 방법 이외에는 서양 제도를 본받아

(史記)』, 인상여열전(藺相如列傳)).

시행할 수 없었으며, 서양의 제도를 실행하지 않으면 위망(危亡)을 서서 기다릴 수밖에 없었다.

[그리하여] 부득이 이러한 방법을 채택했으나 상하(上下)가 모두 분하게 여겼다. 이에 신속히 각종 교육기관을 국내에 설치하고 서양 학자를 초빙해 교수(敎授)로 삼고 [새로운 제도의] 취지를 가다듬어 권장하고 인도했다. 그런데도 이미 때가 늦어 위급함을 구제하기 어렵다는 탄식이 쏟아졌다. [이에] 특별히 총명하고 탁월한 청년들을 선발해 영국 · 미국 등의 나라에 나누어 보내 일정 기간 학업을 익히게 했다. [그 결과] 오래지 않아 유학생들이 서로 모여 말하기를, "전에 본국에 있을 때는 천하의 대세(大勢)를 아득히 몰랐다. 이제 세상의 의론(世論)을 깨닫고 보니 우리나라는 아침에 저녁조차 보장하지 못할 위험을 안고 있다. 어떻게 그러한 위험을 좌시(坐視)하고 한갓 학업을 닦느라 세월을 허비할 수 있겠는가"라고 했다.

[결국 유학생들이] 기한을 마치지 않고 서둘러 귀국해서는 당로자(當路者)를 두루 찾아다니며 다음과 같이 고했다. "영재(英才)를 뽑아 각국에 유학시키는 일은 지금 당면한 급무입니다. 그러나 선발되어 바다를 건너는 자는 권력자의 자제(子弟)가 아닌 자가 없습니다. 가난하고 의지할 데 없는 사람들은 더러는 가산을 내다 팔고 논밭을 처분해 그 부모와 가족은 남의 신세를 지며 살아가게 하고서 자신은 여비를 마련해 일정 기간 유학을 떠납니다. 간혹 남의 고용인이 되어 천역(賤役)을 감수하기로 작정하고 준재(俊才)에 붙어서[4] 멀리 떠나는 사람도 있습니다. 이러한 방도도 갖지 못한 사람은 집을 떠나 떠돌며 여기저기 외항(外港)을 찾아다니다가 출항하는 배편이 있기를 기다리다 틈을 타서 봉창(篷窓)[5]으로 들어가 엎드려 숨습니

4) 부기(附驥): 부기미(附驥尾). 파리가 준마(駿馬)의 꼬리에 붙어 천 리(千里)를 갈 수 있음과 같이, 후진(後進)이 선배(先輩)의 덕택으로 입신양명(立身揚名)함을 이름.

다. [그러다가] 배가 항구를 떠나 제법 멀리 나왔을 때 비로소 나와 그 사유를 말하고 심부름꾼 역할을 자원해 맡습니다. 그리하여 미국에 가서 널리 배우고 돌아와 신민(臣民)의 본분과 의무를 능히 완수하고 아울러 선비의 굳센 뜻을 이루게 됩니다."

그러면 저들 교화되어 두루 화합한 백성들이 그 뜻을 듣고서 장하게 여기고 지극히 보살펴 소원을 이루게 한다. 이처럼 외국에서 배운 사람은 그 수를 헤아릴 수 없이 많다. 오직 미국 [유학]의 경우만 하더라도 매년 대학교 졸업장을 받고 귀국한 일본인이 4백여 명에 달한다. 학업을 마치고 귀국하는 날에는 그 재능에 따라 장상(將相)도 되고 학교의 교장도 된다. [그 후] 저들 초빙된 외국인들은 잇달아 해고되었다. 이렇게 해서 [일본은] 동양의 새로운 강국이 되었다. 지금 시대에 이름이 알려진 여러 대가(大家)는 서양의 내로라하는 유명 선생의 제자가 아닌 이가 없다. [그리하여] 사람의 입에 오르내리면서 존경받고 칭송받지 않는 이가 없으니, 남의 신하 된 자로서 어찌 매우 부러워할 일이 아니겠는가!

인도 · 베트남 등의 나라는 이와 아주 다르다. [이들 나라는] 대세가 어떠한지 모르고 기존의 제도를 묵수(墨守)하고 있다. 외국인을 미워하기만 하며 말하기를, "우리나라에 전해져 내려오는 정교(政教)와 속상(俗尙)[6]은 만국(萬國)에서 으뜸이다. 어떻게 눈이 깊고 콧마루가 높은 이민족에게 머리 숙여 따라 배울 수 있겠는가! 오늘의 괴로움은 천운(天運) 탓이다. 때가 되면 저들은 틀림없이 스스로 굴복하고 물러날 것이다. 무엇을 걱정하랴" 라고 한다. 또 말하기를, "저들의 이른바 학문과 기예(技藝)는 우리와 비교하여 다소 나은 데가 있지만, 우리나라에도 앞으로 총명하고 우수한 사람이

---

5) 봉창(篷窓): 배의 창문.

6) 속상(俗尙): 세속(世俗)의 기호(嗜好).

나올 것이다.[7] 또다시 무엇을 부러워하랴"라고 한다. 그리하여 스스로 믿고 스스로 뽐내며 아무 일도 하지 않는 어리석은 행동거지가 이와 같다. 다시 무슨 말을 덧붙이겠는가! 백성의 도탄(塗炭)은 하루하루 심해져 서로 헐뜯고 원망하게 되었다. 이 틈을 타고 소요(騷擾)가 일어나 [백성들이] 몽둥이를 들고 사방에서 봉기하여 서양인을 죽이고 천하에 죄를 얻었으며, 마침내는 타국의 영향권에 편입되어 다른 나라의 노예로 전락했다. 두렵지 않은가! 두렵지 않은가!

아! 우리나라가 처한 현재의 정세를 보면, 직접 [임금을] 보필(輔弼)할 책임을 맡은 이들이 어리석게도 깨닫지 못하고 모두 구습에 구차히 안주하려 한다. 통곡한들 무슨 소용이 있겠는가! 간절히 바라건대, 우리 대한의 신민은 [이러한 실정을] 보자마자 감흥하고 듣자마자 경계하여 한 명이 열 명에게 전하고 또 열 명이 백 명에게 전해야 한다. [그리하여] 온 나라의 동포들이 모두 법률·정치·천문·지지(地誌)·농상(農商)·기예(技藝)·격치(格致) 등 여러 새로운 학문 분야가 현재의 급선무임을 깨닫게 하고, 자질(子姪)들을 외국에 나누어 파견하여 일정 기간 공부하게 해야 한다. 또한 도시나 농촌에서 자금을 모아 학교를 세우되, 서양 사람을 초빙하거나 한국인으로 새로운 학문을 섭렵(涉獵)한 사람을 교사로 삼아 더욱 권장하고 격려하여, 각자 새로운 학문이 자기의 본성과 운명에 관계된 것임을 깨닫게 해야 한다. 그러면 나라의 위태로움도 구제할 수 있고 백성의 어려움도 소생시킬 수 있으며, 또 반드시 인재가 매우 시급하게 쓰이는 날이 있을 것이다. 지금 고생을 참고 유학한 사람들이 눈썹을 치켜들고 기염을 토하며 나라와 집안을 영화롭게 할 줄을 어찌하여 모르는가!

---

7) 종령육수(鍾靈毓秀): 좋은 환경에서 우수한 인물이 나온다는 뜻.

또한 지금껏 우리가 얼마나 많은 굴욕을 받고 모욕을 당했던가! 만약 마음을 가진 사람이라면 반드시 모두 통한(痛恨)이 뼈에 사무쳤을 것이다. 이미 통한을 알았는데 어찌 수모를 막는 일을 생각하지 않겠는가! 진실로 수모를 막으려면 비록 정병(精兵) 백만 명과 군함(軍艦) 수십 척이 있다고 하더라도, 절대로 그것만 믿고서 영국이나 러시아와 자웅을 겨룰 수는 없다. 다만 백성들이 분발(奮發)하고 용진(勇進)하여 학문으로 남들과 장단(長短)을 다투고 만국공법(萬國公法)에 의지하여 자기의 권리를 스스로 지킨다면, 남들도 자연히 다시 보고 감히 능멸하지 못할 것이다. 이것은 학문이 아니고는 이룰 수 없다.

갑오년(甲午年, 1894) 이후 과거(科擧)가 완전히 폐지되어 하나의 커다란 폐단의 근원이 영구히 차단되었다. 국가나 국민에게 다행한 일이 아닐 수 없다. 그러면 무릇 선비 된 자들은 무엇을 바라보며 스스로 기약할 것인가? 한갓 옛글만 읽은 사람은 종전에 업(業)으로 삼았던 과문(科文)을 완전히 포기하지 않은 채 한가롭게 세월을 보낸다. 그렇지 않으면 더러는 책 상자를 짊어지고 고향을 떠나 비류(匪類)[8] 등의 요사스러운 잡술에 빠지거나, 문을 닫고 편안함을 탐하며 아무 일도 하지 않고 앉아서 흐르는 물처럼 청춘을 보내며 하늘이 부여한 재주와 지혜를 포기하고 스스로 남아(男兒)의 일생을 그르친다. 곰곰이 생각해 보면 어찌 애석하고 슬픈 일이 아니겠는가!

옛날에는 해금(海禁) 정책이 매우 엄하여 인민이 이웃 나라와 교통을 허락하지 않았고, 조정에서 사람을 쓸 때도 문벌(門閥)과 신분만 물었다. 비록 바람을 타고 파도를 헤쳐나갈 뜻이 있거나 대붕(大鵬)처럼 남방으로 날

---

8) 비류(匪類): 무기를 가지고 떼를 지어 다니면서 사람을 해치거나 재물을 빼앗는 무리. 비도(匪徒).

아갈 계획이 있더라도, 감히 기존의 한계를 벗어날 수 없었고, 항상 초목과 함께 썩어가겠다는 욕망에서 벗어나지 못했다. 그러나 지금은 그렇지 않다. 어떤 신분이나 출신지를 막론하고 참으로 큰 뜻만 있다면, 천하를 주유(周遊)하고 눈을 부릅떠 세계를 바라보며 식견을 발달시키고 재지(才智)를 확충하여 물에 빠진 사람을 건져주듯 위험에 처한 사람을 구제하듯 불후(不朽)의 공적을 세울 수 있다. 참으로 지금이야말로 놓칠 수 없는 기회이다. 행여 평범한 이야기로 보아 넘기지 말고 마음에 맹세하고 뼈에 새겨 기어코 성과를 거두어 태평한 세상의 즐거움을 함께 누리고 화목하고 즐거운 세상을 다시 보기 바란다.

16. 도움을 구하려면 배움에 능한 사람을 귀하게 여겨야 함

누구나 "사람이 물건보다 귀하다"고 말하지, "물건이 사람보다 귀하다"고 말하지는 않는다. 또 "사람이 물건을 쓴다"라고 말하지, "물건이 사람을 쓴다"라고 말하지는 않는다. [그런데] 사람이 사람 구실을 다하지 못하면, 도리어 물건 구실을 다하는 물건이 더욱 귀하게 여겨짐만 못할 줄 어찌 알았으랴! 사람이 물건을 제대로 활용하지 못하면 도리어 물건에 이용당하게 된다.

대체로 사람이 물건보다 귀한 까닭은 사람에게는 참으로 귀중한 영혼이 있기 때문이다. [그래서] 사람은 마음으로 생각하고 지혜로 깨달으며, 그로 인해 선악과 시비를 분별하고, 또 그로 인해 물건의 이치를 따지고(格物) 물리를 깨우칠 수 있다(開物). 그러나 물건에는 이러한 영혼이 없어서 무릇 움직이고 날고 헤엄치는 모든 무리는 느끼기만 하고 앎에 도달하지 못한다. 바로 이것이 하늘이 사람에게 [능력을] 후하게 내려 주어, 물건을 다스려서 활용할 수 있게 한 까닭이다.

지금 세상 사람에게는 문명과 야만의 구별이 있다. 저들 문명인은 대공(大公)과 무아(無我)의 도리를 실행하고, 인애(仁愛)와 자비(慈悲)의 마음을 실천하고 있다. 학교를 세우고 병원을 설립하며 교화를 널리 펴는 등의 갖가지 좋은 일과 기선(汽船)·전차(電車)·전선(電線)·매등(煤燈)[1] 등 여러 새로운 문물은 모두 마음으로 생각하고 지혜로 터득한 성과다. 야만인은 동굴에서 살고 풀숲에서 잠을 자며, 풀과 나무를 뜯어 먹고 나무껍질

---

1) 매등(煤燈): 석유 등불.

로 옷을 해 입으며, 그 밖의 많은 소모품도 모두 태초(太初)에 저절로 얻은 것과 별다른 차이가 없으나 끝내 개량하여 발전시킬 생각은 하지 않는다.

이는 그 마음과 지혜를 버리고 생각하여 터득하려 하지 않기 때문이다. 벽 위의 시계를 보라! 자연 그대로의 물건이지만 사람의 생각하는 힘이 발휘되어 쓸모있는 기기(器機)가 되었다. 저절로 돌고 저절로 울리며 시(時)와 분(分)을 알려주니 사람들이 모두 아껴서 걸어두고 요긴하게 쓰고 있다. 사람들이 야만스럽고 사납고 잔학하고 도리에 어긋나기를 좋아하는 것에 견주어보면 훨씬 나은 점이 있다.

만일 미친병에 걸린 사람이 있으면 사람들이 모두 꺼리며 멀리하는데, 그에 비하면 기계가 망가지고 톱니바퀴가 부서진 시계가 나은 점이 있다. 대체로 고장 난 시계는 비록 사용하지는 못하더라도 해를 끼치지는 않으며, 장차 그 재료를 다시 사용할 수도 있다. 그러나 본성을 잃은 사람은 다만 쓰지 못할 뿐만 아니라 도리어 해를 끼칠 수도 있다. 하물며 그 신체를 다시 쓰지 못함에 있어서랴! 이것은 사람이 본성을 다 하지 못하는 것이 물건이 물건 구실을 다 하지 못하는 것보다 못하다는 명확한 증거이다. 어찌 사람이 물건보다 귀하다는 견해만 편벽되게 고집하며 평균적으로 논할 수 있겠는가!

이뿐만 아니다. 문명인은 만물을 이용하여 사람의 정교한 솜씨를 지극히 하고 천연(天然)의 오묘함을 발휘한다. 그러나 야만인은 물성(物性)의 근원을 연구하지 않고 물리(物理)에도 어둡다. 그리하여 물건을 이용하지 못할 뿐만 아니라, 도리어 자신이 일월(日月)·성신(星辰)·조수(鳥獸)·어별(魚鼈) 등과 같은 따위에 점치며 절하고, 사람의 손으로 빚어 만든 목우(木偶)와 소상(塑像) 앞에 나아가 숭상하며 받든다. 어떤 이는 그것들을 신성시하여 섬기고, 또 어떤 이는 자신을 희생(犧牲)의 제물로 바치기도 한다. 아! 이러한 사람은 물건을 이용하지 못하고 도리어 물건에 이용되니, 어떻게 사람이 물건을 이용한다고 말할 수 있겠는가!

그러나 물건이 저절로 귀해지는 것이 아니라 사람이 그것을 귀하게 만드는 것이며, 물건이 저절로 이용되는 것이 아니라 사람이 그것을 이용하는 것이다. 귀하게 만들고 이용되게 하는 것은 모두 사람에게 달렸다. 그러나 사람들이 이용할 수 있는가 없는가는 마음으로 생각하고 지혜로 터득하는 것이 어떠한가에 달려 있다. 대체로 하늘이 사람에게 부여한 것은 본래 차이가 없고 또 제한도 없다. 그러나 상량(商量)하고 고찰하면 생각은 더욱 원대해지고 지혜는 더욱 밝아지며, 만약 상량과 고찰을 추가하지 않으면 더욱 아득하고 더욱 어두워져서 처음과 차이가 없게 된다. 어찌 깊이 생각하고 자세히 살피지 않을 수 있겠는가! 그러나 한 사람의 식견으로 혼자 생각하고 혼자 믿어버리면, 길을 돌아 나루터를 헤매듯이 스스로 분명하지 못하게 되어, 마침내는 망령된 생각과 헛된 상상을 고집하면서도 [자신의] 지혜가 밝다고 믿게 된다.

그러므로 반드시 생각을 모으고 널리 도움을 받은 뒤에야 생각에 사악함이 없어지고 지식에 오류가 없게 된다. 이 때문에 토론회를 열어 견문을 넓히고 신문사를 설립하여 널리 전파하는 것이다. 편리한 기계와 교묘한 방법이 하나라도 새로 발명되면, 즉시 신문에 게재하여 공표하고 평의(評議)를 거쳐 채택하고 활용하니 오래지 않아 천하에 널리 보급된다. 모두가 들어서 깨닫고 곧 본받아 실천하며 함께 의지하여 이용후생(利用厚生) 하면, 천하가 그 공익(公益)을 누리고 발명자도 그에 따라 명예와 부를 얻게 된다. 민간의 지혜가 나날이 열리고 민간의 쓰임새도 나날이 늘어 점점 더 정교해지고, 생각할수록 정밀해지니, 배운 자는 앞서가고 배우지 못한 자는 뒤떨어진다. 지금 세상에 태어나 오늘을 사는 사람으로 어찌 배우지 않을 수 있겠는가!

학문하는 길이란 [신분의] 존비(尊卑)와 귀천(貴賤)에 달린 것이 아니라 재능 있는 자에게는 배우고 재능 없는 자는 가르치는 것이다. "세 사람이 길을 가면 그 가운데 스승이 있다"[2)]라거나 "선한 자와 악한 자가 모두 스승이다"라는 등 성인(聖人)의 가르침이 보배로운 교훈이 되는 것은 옛날이나 지금이나 마찬가지이다. 어찌하여 요즘 사람들은 배움이 없으면서 도리어 남에게 배우기를 부끄럽게 여기는가! 기계가 정교한 것을 보면 으레 앞다퉈 달려가서 에워싸고 구경하면서 침이 마르게 칭찬하고 손으로 만져 보고 꼼꼼히 살펴본다. 또한 비싼 돈을 주고 사서 사용하면서 기이한 재화를 얻은 듯이 여긴다.[3)] 그러나 그 재질이 무슨 물질이고 어떠한 방법으로 제조되었는가 등에 대해서는 진실로 아무도 말하지 않는다. 문득 외국에서 들어온 물건일 것이라고 지목하고, "기이하다면 기이하고 편리하다면 편리하겠으나 우리가 본받아야만 하는 것은 아니다"라며 비난한다.

아! 물건을 대하는 마음이 이와 같은데, 사람들의 생각을 뛰어넘는 모든 어진 정치와 좋은 제도를 어찌 다시 생각해 보고 살펴보려고 하겠는가! 이미 생각해 살펴보려고 하지 않는데, 어떻게 남에게 배우고 남을 본받는 이로움이 있겠는가! 남이 [나보다] 나은 데도 내가 [남에게] 배우지 않으며, 내가 [남보다] 못한 데도 내가 [남을] 본받지 않으며, 남은 먼지도 내지 않고 빠르게[4)] 멀리 가는 데도 나는 혼자 먼지만 바라보며 좇아가지 않고 있다.[5)] 이

---

2) 삼행유사(三行有師): 삼인행필유아사(三人行必有我師)의 준말. 세 사람이 길을 같이 가면 그 가운데 반드시 내 스승이 있다는 말. 『논어(論語)』, 술이편(述而篇)에 나오는 말이다.

3) 기화가거(奇貨可居): 진기한 물건을 사 두었다가 때를 기다리면 큰 이익을 볼 수 있다는 말. 『사기(史記)』, 여불위열전(呂不韋列傳)에 나오는 이야기.

4) 절진(絶塵): 걸음이 하도 빨라서 나는 것 같아 먼지가 조금도 나지 아니함.

것이 바로 야만인이 영원히 남의 밑에 있게 되는 까닭이요, 문명인이 갑자기 남의 위에서 달리는 까닭이다.

배우기를 부끄럽게 여기다가 [결국 배우지 못하여] 영영 부끄럽게 되어 버리면 [그때는] 어찌할 것인가! 배움이 없는 것을 부끄러이 여겨 그 부끄러움에서 벗어나는 것이 낫지 않겠는가! 바라건대 뜻있는 군자들이여! 신학문(新學問) · 신종교(新宗教) · 신이물(新異物)을 보면 그것이 어디에서 왔는지 따지지 말고, 다만 좋은 것만 가려 활용하며 내 것은 버리고 [남의 것을] 따르질지어다. 서양 속담에 "무릇 사람이 만든 것은 사람이라면 누구나 잘 할 수 있다"라고 했는데, 이 말이 참으로 그럴듯하다.

5) 망진무급(望塵無及): 먼지를 바라보고 미치지 못한다는 말로, 원하는 바를 손에 넣지 못함을 가리키는 말.

17. 나라를 세움에 있어 교화를 근본으로 삼아야 함

지금 나라를 논하는 자들은 번번이 "정치가 어떻다, 법률이 어떻다"라고 말하고, 나라를 걱정하는 자들은 으레 "광산이 어떻다, 철도가 어떻다, 삼림이 어떻다, 어장이 어떻다"라고 말한다. 또 "강토가 있느니 없느니"라는 등 여러 중대한 문제에 대해서, 말하는 자들은 팔뚝을 걷어붙이고 듣는 이들은 귀를 기울인다. 그러나 "인민은 어떠한가"라는 논제에 대해서는 처음부터 언급조차 하지 않으니, 정법(政法)을 전혀 모르는 것이다. 철도 · 광산 · 삼림 · 어장 및 토지가 모두 나라의 큰 정사(政事)에 속하지만, 인민은 더욱 큰 나라의 근본이다. 백성이 백성답지 못하면 나라가 나라다울 수 없으며, 나라가 나라답지 못하면 위에서 말한 여러 큰 정사가 또한 어떻게 큰 정사가 될 수 있겠는가!

그러나 백성이 백성다우면, 비록 나라가 없고 강토와 철도 · 광산 · 삼림 · 어장 등이 따라서 없다 하더라도, 정사와 풍속이 저절로 확립되고 법령도 저절로 시행될 것이다. 저들 백성들이 거주하고 개척하고 설치하고 어렵(漁獵)하고 작벌(斫伐)하는 철도 · 광산 · 삼림 · 어장 및 토지는 모두 백성들이 본래부터 가지고 있던 것이다. 어찌 나라가 없어지면 [나라에] 반드시 있어야 하는 여러 큰 정사도 없어지리라고 걱정할 필요가 있겠는가! 그러므로 나라를 갖고자 하는 자는 반드시 먼저 백성을 갖기를 원했으니, 이것은 동서고금(東西古今)의 공통된 진리이다.

그러나 백성을 갖고자 하면, 반드시 먼저 그들에게 [나라를 위하는] 마음을 갖게 해야 한다. 백성에게 [나라를 위하는] 마음이 없다면, 느낌도 없고 움직임도 없는 나무 인형이나 풀 인형과 다름없다. 그들과 더불어 나라를 세우고 나라를 지킨다는 것은, 사람의 모습과 사람의 몸을 빌린 몇백만 혹은 몇천만 개의 썩은 풀과 썩은 나무를 거느리고 스스로 나라를 만들어 보겠다고 하는 것과 무엇이 다르겠는가!

무사하고 태평한 때에 사람도 없는 넓고 쓸쓸한 곳에서, 갑자기 호령하며 자기 마음대로 하거나 혹은 껍데기를 벗겨서 내쫓는 것은, 곧 자신의 존엄과 부강을 믿는 것에 지나지 않는다. 하루아침에 사변이 발생해 사방의 국경에서 위급함을 알려오면, 저들 도깨비와 허수아비와 같은 무리는 곧 어지럽게 바람 따라 흩어질 것이다. [그렇게 되면] 위에서 말한 존엄이니, 부강이니 하는 것들을 도대체 어디에서 찾겠는가!

그러므로 나라를 잘 다스리는 자는 자기 백성을 속박하지 않고 도리어 그들의 마음을 열게 하여 그들이 각자 스스로 다스려 남에게 다스림을 받지 않게 한다. 이것이 바로 스스로 보호하며 남에게 보호받지 않는다는 것이다. 그리하여 이것을 미루어 나아가 나라를 지키는 것을 자기의 임무로 삼게 하고, 나라가 없으면 백성도 없고 백성이 없으면 나라도 없다는 것을 모두 알게 해야 한다. 이것이 바로 나라가 없으면 나도 없고, 내가 없으면 나라도 없다는 것을 말하는 것이다. 그렇다면 나라와 나는 반드시 같이 있어야 하며 어느 하나라도 없어서는 안 된다.

나라의 치란(治亂)과 안위(安危)는 반드시 나에게서 비롯되고, 나의 기쁨과 슬픔, 아픔과 가려움도 곧 나라와 직접 관련되어 있다. 어찌 남에게만 책임을 돌리고 자신에게는 책임을 추궁하지 않을 수 있는가! 그러므로 한 명의 백성이라도 나라를 [자신의] 마음처럼 여기지 않는 이가 없고, 한 명의 백성이라도 마음으로 나라를 위하지 않는 이가 없어야 한다. 몇천만 몇백만 백성들의 나라를 위하는 마음을 합쳐 하나의 단결된 마음을 가진 백성의 나라를 만든다면, 어디에 간들 [나라를] 세우지 못할 것이며 어디에 세운들 [나라를] 지키지 못하겠는가!

지금 우리 한국 백성은 오래도록 속박과 수탈을 당하여 나무 인형이나 풀 인형처럼 되어 버렸다. 비록 그 모습과 형체는 여전히 남았지만, 그 심지(心志)는 이미 닳아 해어져 남은 것이 없다. 한 명이라도 나라를 위하는 공평한 마음을 갖지 않는다면, 결국 천만 명이 천만 개의 사사로운 마음을 가지게 된다. 각자가 사사로운 마음을 가지고 사사로운 이익을 도모한다면, 나무 인형과 풀 인형처럼 느낌이 없고 움직임이 없는 데서 그치지 않는다. 나아가 승냥이와 이리, 뱀과 전갈이 숫자가 많아질수록 해독이 더욱 심해지는 것과 같다. 아! 이미 백성이 없다면 나라가 어디에 있겠는가!

그러나 한두 사람의 뜻있는 인사가 나타나서 [백성을] 인도하고 거느려 그들에게 나라는 어떻게 해야 나라답게 되고 백성은 어떻게 해야 백성답게 되는가를 알게 해야 한다. 그렇게 되면, 하루 이틀이 지나 차츰 나라를 위하는 백성이 생겨나고, 한 해 두 해가 지나 점차 백성이 있는 나라를 완성하게 될 것이다. 그리하여 처음에는 2천만 인구의 속박받고 학대받고 부패했던 늙은 조선이 앞으로는 2천만 인구의 활발하고 자유롭고 진흥하는 새로운 대한을 완성할 것이다. 그러므로 "나라에 백성이 있게 하려면 반드시 먼저 그들에게 [나라를 위하는] 마음을 갖게 하고, 백성에게 [나라를 위하는] 마음을 갖게 하려면 교화(教化)하지 않으면 안 된다"라고 말하는 것이다.

무릇 나라에 형법을 마련하는 것은 사람의 드러난 죄를 다스리기 위한 것이다. 어두움 속의 드러나지 않은 악행과 마음속에 숨어있는 허물은 인간 세상의 형리(刑吏)와 옥리(獄吏)가 다스릴 수 있는 것이 아니다. 반드시 전지(全知)하고 전능(全能)하신 성신(聖神)을 마음 다스리는 법관으로 삼고, 지인(至仁)하고 지선(至善)한 교화를 어둠을 비추는 법의 거울로 삼아야 한다. 그리하여 백성에게 상제(上帝)의 치리(治理)는 천상(天上)·지하(地下)·수중(水中)의 만물(萬物)·만생(萬生)과 모든 인간이 평생 행하는 바를 하나도 빠짐없이 정확히 알고 훤히 보고 있다는 것을 알게 해야 한다. 그렇게 되면 마음이 생각하고 몸이 행하는 것은 어느 하나의 선(善)이나 어느 하나의 악(惡)이라도 벌을 피할 수도 없으며 후세에서라도 상을 받기 때문에 감히 자신을 속이거나 남을 속일 수 없게 된다. 그리하여 다시 자신을 미루어 남을 사랑하고, 선을 행하기를 즐길 뿐 아니라 저절로 악을 행하기를 두렵게 여길 것이며, 심지어 원수를 은혜로 갚고 자신을 희생하여 세상에 속죄할 것이다. 대개 이것은 그 소망이 한때의 부화(浮華)와 허영(虛榮)에 있지 않고 영세(永世)의 장생(長生)과 원만한 행복(圓福)에 있기 때문이다.

[그리하여] 서로 해치는 것을 교화하여 서로 사랑하게 되며 서로 다투지 않고 서로 돕게 되며, 관(官)에서 가혹하게 거두어가는 폐단이 없어지고, 백성들이 원망하고 비방하는 풍습이 없어진다. 상하(上下)·관민(官民)·남녀(男女)·노소(老少)가 모두 서로를 동포로 여기고, 원근(遠近)·친소(親疎)·귀천(貴賤)·빈부(貧富)가 모두 서로를 동등하게 대하게 된다. 또 백성의 위에 있는 사람도 스스로 생각하기를, "내가 비록 이러한 부(富)와 귀(貴)를 가졌지만, 사실은 세상 사람들이 함께 만든 것이다. 천부(天父)가 볼 때는 오직 선과 악의 차이만 있을 뿐이지, 존비(尊卑)의 차이가 어디에 있겠는가! 그런 까닭에 망령된 생각이나 방자한 행동을 해서는 안 되겠구나"라고 하며, 이에 더욱 조심하게 된다. 만약 이처럼 된다면 백성이 어찌 행복하지 않을 것이며, 백성이 행복하다면 누구인들 [나라를] 사랑으로 받들고 충성으로 섬기지 않겠는가!

교화(敎化)가 융성한 나라에서는 백성이 정권을 조종하기 때문에 반란·침어(侵漁)·기만(欺瞞)·시기(猜忌) 등의 폐단이 없다. 지금의 미국이 그 예이다. 정법을 교화보다 중시하는 나라에서는 임금과 백성이 함께 정치를 한다. [그래서] 무릇 각국의 양법(良法)과 미규(美規)가 찬란하게 두루 갖추어져 있지만, 이따금 뇌물과 청탁이 성행하여 투표할 때 돈을 주고 사람을 사는 등의 갖가지 더러운 행태가 발생한다. 오늘의 일본이 그 예이다. 심지어 전혀 교화에 힘쓰지 않는 나라도 있으니, 비록 천하를 웅시(雄視)하고 해외에서 국위를 떨치고 있지만, 정변이 자주 일어나 나라의 행보에 어려움이 많다. 오늘의 러시아가 그 예이다. 이것이 어찌 정법은 교화를 근본으로 삼아야 한다는 것을 쉽게 깨닫게 하는 분명한 증거가 아니겠는가!

그러므로 오늘날의 선비가 참으로 나라를 위한 계책을 세우려 한다면, 반드시 먼저 백성을 위하는 데서 시작해야 한다. 진실로 백성을 위하려 한다면 반드시 먼저 백성들이 나라를 위하는 마음을 갖게 해야 하며, 진실로 백성들이 나라를 위하는 마음을 갖게 하려면 반드시 교화를 우선해야 한다. 이것이 바로 백성을 가르치고 백성을 변화시키는 대도(大道)이자 요무(要務)이다. 백성이 나라를 사랑하고 나라를 지키려는 마음을 갖게 한 다음에야 나라가 스스로 설 수 있다. 광산 · 철도 · 삼림 · 어장 등등 오늘날 타인에게 점거당한 것도 모두 우리 한국의 소유물로 회복시켜야 할 것이다. 이러한 일을 하지 않고 한갓 거리낌 없는 말과 호탕한 말만 일삼는 짓을 그만두지 않는다면, 완벽귀조(完璧歸趙)할 날이 오지 않을 뿐 아니라 장차 진지강구(秦地强求)[1]도 그치지 않을 것이다.

---

1) 진지강구(秦地强求): 전국시대에 진(秦)나라가 무력으로 영토를 확장하여 천하를 통일한 것처럼, 강국에 의한 영토 침탈이 자행되는 상황.

18. [야소교 · 신학문 권장론]

(앞부분 결락) 유태인(猶太人)과 오랫동안 서로 어울리지 못하고 여러 차례 학살을 가했다. 말하자면 조상이 같은 여러 자손이 세대가 멀어지면 인정(人情)도 멀어져 서로 박해를 가하는 것과 같다. 그러나 어찌 선조가 [자손들을] 사랑하는 마음에 차별이 있겠는가! 그것은 후손들이 화목과 우의를 다지지 않기 때문이다. 아! 하나님께서 사람을 사랑하고 세상을 구제하려는 어진 마음에는 본래부터 명목이나 법규에 따른 구획(區劃)이 조금도 없었다. 다만 가르침을 받드는 사람이 그 근원을 소급해 연구하지 않았기 때문에 말류(末流)에 이르러 폐단이 생겨난 것이다.

오직 야소 신교(耶蘇 新教)만은 오랜 병폐를 잘라버리고 원리를 절충하여 믿음을 통해 구원을 얻는 것을 종지(宗旨)로 삼고 자유(自由)를 통해 해방되는 것을 그 공효(功效)로 삼고 있다. 지금 신교를 신봉하는 여러 나라가 끊임없이 날로 진보하는 것은 실로 그 이득에 힘입고 있다는 분명한 결과요 커다란 증거다. [그러므로] 현대에 사는 사람들이 자신들이 받들어 행하는 종교에 대하여 신구(新舊)와 진가(眞假)의 차이를 깊이 살피지 않을 수 있겠는가!

아주 오랜 옛날 미개한 때에는 세도(世道)가 밝지 않았고 인문(人文)도 개발되지 않았다. 그리하여 모두 윗사람을 존경하고 아랫사람을 거느리는 것을 세상을 다스리고 백성을 인도하는 중요한 방법으로 삼았다. 자유와 평등(平等)이라는 말은 다만 듣지도 못했을 뿐 아니라 혹시 들은 적이 있더라도 매우 놀랍고 괴이하게 여겼다. 한 사람의 마음을 천만 명의 마음으로 간주하고 한 사람의 눈과 귀를 천만 명의 눈과 귀로 간주하여 가르치고 규제하는 것은 사람을 구속하고 압제하려는 의도가 있다는 혐의를 피하기 어렵다. 이것이 구교(舊敎)에서 허다한 폐단이 생겨난 이유이다.

지금 러시아인들이 신봉하는 그리스 정교(希臘 正敎)도 구교 가운데 하나이다. 그러므로 그 교리를 개관하면, 러시아 황제는 으레 총교주(總敎主)의 칭호를 갖는다. 무릇 백성으로서 민적(民籍)에 올라있는 사람은 그 지원(志願) 여부와 신심(信心) 여하를 불문하고 응당 교회에 들어와 세례를 받게 하고 바로 교인으로 간주한다. 심지어 어느 나라 사람이든지 입교(入敎)한 사람은 바로 그 나라 백성으로 간주한다. 천주교와 야소교 두 종교가 자기 편의대로 하도록 방임하는 것과 비교하면, 서로의 차이가 하늘과 땅 차이보다 크다.

대저 나라의 정령(政令)과 백성의 속상(俗尙)은 모두 [백성을] 교화(敎化)하는 가운데서 발원(發源)하여 점차 발전한 것이어서 저절로 알 수 있는 것은 아니다. 지금 러시아 사람의 저러한 교리를 볼 때, 그 정령과 속상이 어떠한지 알 수 있다. 영토는 아시아와 유럽에 걸쳐있고, 인민은 황백(黃白)의 인종이 다 갖추어 있다. 페테르부르크(彼得堡, Petersburg)는 유럽의 동쪽에 있는데 전제(專制)가 개혁되지 않아 반란이 자주 일어나고, 시베리아는 아시아의 북쪽에 있는데 황량하고 미개하여 약탈이 일상사였다. [그러나 러시아는] 스스로 강대함을 믿고 오래도록 겸병(兼倂)을 추구하여 만국(萬國)을 호시탐탐(虎視耽耽) 노리며 사린(四隣)을 탄식(呑食)하고 있다. 이에 유럽의 열국이 함께 일어나서 공격하고 힘을 합쳐 막아서 다시는 함부로 흑해(黑海)를 못 넘게 했다.

이로부터 유럽의 큰 화근이 제거되었다. 그러나 실상은 아시아에 재앙이 전가되었다. 지금 몽고(蒙古)와 만주(滿洲)가 [러시아에] 점령당한 것은 실로 이것에 기인했다. 세상 사람들이 누차 깨우치고 경고한 것처럼, 기나긴 밤 같은 어두움에 빠져있는 지나(支那)와 쇠약하여 일어서지 못하는 대한

(大韓)의 비옥한 땅만 가려서 할양될 줄 어찌 알았겠는가! 그런데도 오히려 팔짱을 낀 채 죽기를 기다리고 머리를 숙인 채 명령에 복종하느라 겨를이 없다.

오직 일본은 일찍이 그러한 기미를 간파하고 재빨리 진흥을 도모하여 보거(輔車)[1]와 순치(脣齒)[2]의 명분을 내세우며 강자를 억누르고 약자를 돕는 군대를 일으켰다. [그리하여] 그 사이에 성과가 없지 않았고, 또한 멀리까지 영예를 떨쳤다. [그러나] 애석하게도 그 공로가 두루 미치지 못하고 분쟁의 단서만 먼저 열어 때마침 북쪽의 강자(强者)가 손을 벌릴 빌미를 만들었고, 마침내 각국이 입을 다물고 말을 못 하게 만들었다.

지금 [일본이] 영국과 연맹(聯盟)하고 있다고 하지만, 아시아와 유럽은 거리가 멀기 때문에 때맞춰 시급히 구제하기 어려우며, 황백의 인종이 달라서 [아시아의] 외로운 한 나라 [일본]이 [유럽의] 많은 나라를 대적할 수는 없다. 하물며 종교도 같지 않음에랴! 서양 선비들은 일을 논할 때 매양 구역을 나누어 분별한다. [지금 일본의] 군대가 날래고 군량이 넉넉하다고는 하지만, 능히 러시아와 교전할 수 있겠는가? 설령 교전하더라도 외톨이여서 구원자가 없다는 안타까움을 면할 수 없다.

지금 러시아인들은 강성함을 믿고 순리를 어기고 욕심을 부리며 횡포를 자행하고 있으니, 천하가 꺼리고 두려워한다. 튀르키예는 유럽의 야만족이어서 여러 나라가 미워했다. 유태(猶太)는 옛 성인이 남긴 나라로 흉악하고 방자하고 야만스럽고 사나운 튀르키예와 러시아 사이에 끼어 능멸과 학대

1) 보거(輔車): 보거상의(輔車相依). 수레에서 덧방나무와 바퀴처럼 뗄 수 없다는 뜻으로, 긴밀한 관계를 맺으면서 서로 돕고 의지함을 이르는 말.

2) 순치(脣齒): 순망치한(脣亡齒寒). 입술이 없으면 이가 시리다는 뜻으로, 서로 이해관계가 밀접한 사이에 어느 한쪽이 망하면 다른 한쪽도 그 영향을 받아 온전하기 어려움을 이르는 말.

를 두루 겪은 지 이미 오래되었다. 지금 또 그들에게 입은 피해가 그처럼 혹독하니, 누구인들 유태인을 위해 가슴 아파하고 근심하지 않겠는가!

또한 유태인만을 위해 가슴 아파하고 근심하는 것이 아니라, 아시아 대륙 전체의 황인종을 위해 걱정하고 분개하는 것이다. 왜냐하면 유태인은 실상 우리와 같은 대륙의 나라요, 같은 색의 인종이기 때문이다. [유태인은] 같은 대륙에 사는 같은 색의 인종이니, 공동의 원수에게 대항하여 싸우려는 공동의 분노가 조금은 있다. [그러나] 일본인을 제외하고는 쓸쓸하게도 어느 한 나라의 어느 한 사람도 [유태인을] 보호하고 유지할 대책을 대신 세워주는 자가 없다. 그렇다면 오늘의 유태인의 참화(慘禍)는 곧 내일의 전 아시아의 공통된 걱정거리이다. 저들 말만 잘하는 일본인들이 장차 홀로 무엇을 할 수 있겠는가!

예로부터 러시아의 잔학함은 사람의 마음과 눈을 놀라게 했고, 그 참혹함에 하늘의 해도 빛을 잃을 지경이었다. 2백 년 전에 폴란드에서 마음대로 학살하고 경자년(庚子年, 1900)에 청나라의 북쪽 지방에서 살해하고 노략질한 것은 천하가 함께 듣고 함께 보고 함께 분개한 사실이다. 저들은 처음에는 농락하기 위한 수단으로 우매한 나라에 은혜를 베풀다가, 마침내 풀을 베고 뿌리를 캐내어 백성을 하나도 남기지 않으려고 했다. 이 어찌 러시아와 국경을 접하고 있는 나라가 크게 두려워하고 크게 경계해야 할 일이 아니겠는가!

일본과 러시아가 화란(禍亂)을 빚은 지 벌써 여러 해 되었다. 두 나라만 전쟁 준비를 게을리하지 않았을 뿐 아니라 곁에서 보고 있는 여러 나라도 바야흐로 발을 치켜들고 눈을 씻고 기다리며 "아침 아니면 저녁에 전쟁이 일어날 것이다"라고 말했다. 온 하늘에 먹구름이 깔리면 반드시 비가 내린다. 만에 하나 병화(兵禍)가 일어나면, 동방에 어떤 결과 초래될지 한국에 어떠한 결말이 있을지에 대해서 논란하지 않더라도, 오래도록 화근을 잉태하고 화란을 조성했던 [이] 지역은 유럽이 4~50년 동안 떠넘긴 참화를 다시 겪을 것이다. 애처롭게도 우리 5천 년 역사를 가진 신성(神聖)한 구방(舊邦)의 남녀노소는 그 고혈(膏血)과 피육(皮肉)을 장차 폭군(暴軍)과 난병(亂兵)의 칼끝에 칠할 것이다. 그런데도 오히려 구차스러운 편안함을 즐기며 도리어 외국에 빌붙으려 한다. 아! 연작처당(燕雀處堂)[3]은 오히려 무지(無知) 때문이라고 하겠으나 치효훼실(鴟鴞毁室)[4]은 또 무슨 속셈인가. 심하도다! 스스로 해치고 스스로 죽임이 이보다 더할 수는 없을 것이다.

지금 우리가 그 화란을 당하지 않으려면 교육과 학문의 두 가지 큰길 밖에는 없다. 자유로운 신교(新教)로 속박당한 사상을 풀어버리고 활발하게 자강지심(自强之心)을 갖게 하며, 또한 하나님이 똑같이 사랑하는 자녀가 되어 맹세코 두 번 다시 남에게 통제받지 말아야 함을 알게 해야 한다. 이어서 자치(自治)의 규범(規範)을 알게 하고, 나아가 그것을 독립의 기초로 삼는다면, 머지않아 영국 및 미국 사람과 더불어 수레를 나란히 하고 함께 달릴 만큼 발전하여 유태인이 여러 번 겪었던 참화를 면할 수 있을 것이다. 이

---

3) 연작처당(燕雀處堂): 제비와 참새가 사람의 집에 둥지를 짓고 살면서 그 집에 불이 나서 타는 줄도 모르고 있었다는 고사에서 나온 말. 안심하고 있어 화가 닥쳐오는 것도 모름을 이름. 『공총자(孔叢子)』에 나오는 말.

4) 치효훼실(鴟鴞毁室): 『시경(詩經)』, 빈풍(豳風), 치효(鴟鴞)의 "올빼미야! 올빼미야! 내 새끼를 잡아먹었거든, 내 보금자리는 헐지 말지어다(鴟鴞鴟鴞 旣取我子 無毁我室)"라는 시구에서 유래. 주(周)나라 주공(周公)이 조카 성왕(成王)을 보좌하고 있을 때, 주공의 형제인 관숙(管叔)과 채숙(蔡叔)이 은(殷)나라 주왕(紂王)의 아들 무경(武庚)을 받들어 반란을 일으키며 주공이 주나라의 왕위를 넘본다는 유언비어를 퍼뜨렸다. 주공이 이들을 토벌하고 '치효'라는 시를 지어 성왕에게 보이며 자신의 충정을 밝혔다. '치효'는 무경, '내 새끼'는 관숙과 채숙, '내 보금자리'는 주나라 왕실을 비유한 것이다.

것이 첫 번째 방도이다.

개명된 신학문으로 몽매함을 깨우치며 백성들 각자 어둠을 버리고 밝음으로 나가며 옛것을 고쳐서 새것으로 바꾸게 하고 일본과 더불어 서로 연맹하여 수모를 막아 낼 방책을 도모해야 한다. 그렇게 하면 저들 솔개처럼 날개를 펼쳐 호랑이처럼 삼키려는 백인들도 감히 다시는 능멸을 더 하지도 주구(誅求)를 심하게 하지도 못할 것이다. 유태인이 살상당한 화란을 어찌하여 걱정하겠는가? 이것이 두 번째 방도이다.

이 두 가지로 조속히 자강책(自强策)을 도모한 이후에야 동방이 영구히 보전되어 무사할 것이며, 황인종이 남김없이 멸망하는 참화에서도 벗어날 수 있을 것이다.

다. 한문 역사 에세이들과 영문 한국사 연표

19. 나라의 기본 정책을 세움

우리나라가 청(淸)나라의 번속(藩屬)이었다는 부끄러운 과거가 있어서 2백 년 이래로 뜻있는 선비와 어진 이들이 분노와 한을 가슴에 품고 참아왔다. 내가 기축(己丑, 1898)년 간의 어느 날 입시(入侍)했더니, 주상께서 군국(軍國)의 기무(機務)와 열국(列國)의 국제문제를 논의하시다가, 청(淸)나라 조정에서 보내온 자문(咨文) 한 통을 보여 주시며 용안(龍顔)에 언짢은 기색을 보이셨다. 내가 그 글을 받아서 읽어보니, 그 글에 '조선 국왕 아무개(朝鮮 國王 某)'라는 글귀가 있었다. 문득 마음속에 분화(憤火)가 끓어올라 나도 모르게 솟구쳐 나오려 했다. [그러나] 임금과 신하는 다만 노여움을 감추고 부끄러움을 참고 있을 따름이었다. 이로부터 더욱 한을 품고 감정을 격양시키면서 기회를 기다린 지 오래였다.

이에 앞서 일본의 이토 히로부미(伊藤博文)가 청국 대신 이홍장(李鴻章)과 더불어 천진(天津)에서 담판(談判)했다. 이때 이홍장이 조선은 내치(內治)와 외교(外交)에 자주권(自主權)이 있다고 말하자, 이토 히로부미가 [그 말을] 확인하는 문자(文字)를 받아서 자기 정부와 우리나라에 참고로 보관해두도록 하고 조약을 개정했다. 그 뒤에 주청미공사(駐淸美公使)[1] 슈펠트(須斐爾, Robert W. Shufeldt)가 이홍장에게 조선의 지위에 관하여 물으니, 이홍장이 번국(藩國)이라고 대답했다. 슈펠트가 힐난(詰難)하기를 "여러 해 전 평양(平壤)에서 프랑스 군함 사건[2]이 일어났을 때 청나라의 말로는 책임이 조선에 귀속된다고 했으니, 이것은 그 자유를 인정한 것입니다.

---

1) 미국 공사가 아니라 해군 제독이다.

2) 프랑스 군함 사건이 아니라 미국의 제너럴셔먼(The General Sherman)호 사건(고종 3년, 1866)이다.

그런데 지금은 번국이라고 부르니 전후의 말이 서로 다른 것 아닙니까"라고 했다. 이홍장이 답하기를, "비록 번국에 속하지만, 그 내치와 외교는 분명히 자주(自主)"라고 했다. 그런 후에 조미 조약(朝美條約)이 성립되었고, 이어서 유럽의 열국과도 차례로 조약을 체결했다.

우리나라가 장차 각국에 공사를 파견하려 할 때, 청나라 조정이 굳게 거절하고 허락하지 않았다. 우리나라가 이를 고려하지 않고 [공사를] 곧장 보냈더니, 청나라 조정이 삼단(三端)의 일로 우리 조정을 핍박했다. 첫째, 사신의 좌차(座次)는 반드시 청나라 사신에게 선두를 양보할 것. 둘째, 주재국의 군주(君主)를 알현할 때 반드시 청나라 사신이 [조선 사신을] 대동하여 소개하고 알현할 것. 셋째, 외교상의 중대한 사안은 반드시 먼저 청나라 사신과 협의를 거칠 것. 그렇다면 우리나라 국권(國權)이 어찌 손상되지 않겠는가! 비록 따르지는 않았으나 온 조정에 의혹이 분분하고 떠들썩하여 안정되지 않았다.

또한 청국의 사정으로서 살펴보건대, 이홍장은 원로(元老)라는 위망(位望)을 지니고 오래도록 대세의 추이를 주관해 왔다. 비록 [그가] 우리에게 자주권을 허락해주려고 하더라도 조정의 논의가 들끓어 매국노(賣國奴)라고 지목하고 욕할 것이다. [그러한] 혐의를 피하려고 했지만, 곧 좌우의 견제를 받았다. 숨기고 꾸밀 계책을 살펴보았기 때문에 이러한 층절(層節)이 제기된 것이다. 그렇다면 세계 열국이 앞으로 우리나라의 지위를 의심할 것이고, 그 대우와 예절 문제도 따라서 분명해지지 않을 것이다. 나라가 근심스럽고 위태롭기가 무엇이 이보다 더하겠는가!

나는 이 기회에 맹렬하고 과감하게 반성하여 경성 주재 미국 공사 딘스모어(丹時模, Hugh A. Dinsmore) 및 정부 고문 데니(德尼, Owen N. Denny)와 함께 고심하여 [대책을] 세웠다. 이에 유럽 벨기에(比伊時)의 지위를 인용하고 근거로 삼아 조선을 중립국(中立國)으로 만들 계획을 세워서 누차 주문(奏聞)을 올리자 성상(聖上)께서도 가납(嘉納)하셨다. 임금과 신하가 은밀히 도모하고 정성을 들여 계획함에 최선을 다하지 않음이 없었으며, 딘스모어와 데니 두 사람을 통해 누차 교섭하여 미국 정부의 동의(同意)를 얻어냈다. 미국 의정대신(議政大臣) 미첼(糜哲, John H. Mitchell)[3]은 우리나라의 일을 의회에 제안하여 조선이 자주국임을 확증하는 데 찬성하고 청나라 조정의 가혹한 생각과 무례함을 통렬히 배척했다. [또 그는] 어느 나라를 막론하고 만약 조선에 대하여 불공정하거나 가혹하게 행동하는 경우 항구적인 평화와 친목을 도모하기 위하여 [현재의] 국면을 지키도록 힘쓰는 것이 바로 통상(通商)을 하는 여러 나라의 당연한 직분이라는 뜻을 회의에 부쳐 그 의결을 얻어 세계에 공포(公布)했다.

지금은 바로 우리나라가 스스로 도모할 때이다. 이에 세계열강에 특사(特使)를 보내 우리나라가 공인(公認)받을 일과 기미가 무르익기만을 기약하고 있었다. 그러나 그 당시 우리나라는 암흑과 같은 꿈에서 (이하 미완성)

---

3) John H. Mitchell(1835~1905): 오리건(Oregon)주 공화당 상원의원.

20. 한·청간 국경 획정에 관한 기록

요동(遼東)의 절반인 오라(烏喇)[1] 이남은 모두 우리 땅이다. 수(隋)·당(唐)·송(宋) 시대에 발해(渤海)·거란(契丹)·완안(完顔)[2]의 여러 종족이 서로 번갈아 침략하여 땅의 경계가 점차 줄어들었다. 숙종 30년(1704)에 청국의 오라총관(烏喇總管) 목극등(穆克登)이 우리나라의 차사(差使) 이희복(李義復) 등과 더불어 변계(邊界)를 탐사할 때 분수령(分水嶺) 위에 정계비(定界碑)를 세웠다. 분수령은 백두산(白頭山) 산등성에 있다. 토문(土門)과 압록(鴨綠)의 두 강은 백두산에서 발원(發源)하는데, 서쪽으로 흐르면 압록강이 되고 동쪽으로 흐르면 토문강이 된다.

선춘(先春)의 정계비를 근거로 말하면,[3] 송화강(松花江) 일대(一帶)에서부터 흑룡강(黑龍江)을 따라 허발포(許發浦, 하바롭스크)에 이르기까지 모두 고려(高麗)의 옛 경계(境界)이다. 분수령의 정계비를 근거로 말하면, 토문(土門) 이남에서부터 분계강(分界江) 일대를 따라 무산(茂山)·회령(會寧)·온성(穩城)·종성(鐘城)의 간도(間島)가 모두 우리 땅이며, 백두산에서 길림(吉林) 십삼도구(十三道溝)의 사이와 삼수(三水)·갑산(甲

---

1) 오라(烏喇): 취락명(聚落名). 명(明)나라 때에는 호륜국(扈倫國)에 소속되어 있었는데, 뒤에 청(淸) 태조(太祖)에게 멸망되어 그 땅에 오라총관을 둠. 길림성(吉林省) 북쪽 송화강(松花江) 동쪽에 있었음.

2) 완안(完顔): 고려말(高麗末) 12~13세기에 중국 동북부 일대에 금(金)나라를 세운 여진족(女眞族).

3) 윤관(尹瓘)은 고려 영토의 북방 경계를 표시하기 위해 공주(孔州)의 동림성(東林城)으로부터 동북 700리에 있는 선춘령(先春嶺)에 '고려지경(高麗之境)'이라는 명문이 새겨진 고려정계비(高麗定界碑)를 세웠다. 윤관이 고려정계비를 세운 내력과 선춘령의 위치는 『세종실록』, 지리지, 함길도 및 『세종실록』, 지리지, 함길도/길주목/경원 도호부 참조.

山)·후창(厚昌)·자성(慈城)의 간도(間島)가 모두 우리 땅이다.

동·서 간도의 땅은 길이가 모두 6~7백 리요, 폭(幅)은 모두 2~3백 리다. 그러나 오랫동안 빈 땅으로 남아있었다. 그 때문에 5~60년 이래로 흘러 들어가 사는 우리 백성이 무려 4만 호며, 청나라 비적(匪賊)처럼 들며 날며 사는 자들이 1천 7~8백 호에 달한다. 논과 들이 넓게 개간되고 민가가 즐비하여 우리 동북의 한 도(道)와 맞먹는다. 그런데 청나라 사람들이 땅임자라 자칭하며 돈화(敦化)·통화(通化) 등의 군(郡)을 설치하여, 우리 백성이 편안히 살 수 없게 되었다.

지난 병술년(丙戌, 1886)에 감계사(勘界使) 이중하(李重夏)가 청나라 사신 가원계(賈元桂)와 함께 국경을 답사했다. [이때] 가원계가 "토문(土門)과 두만(豆滿)은 중국 발음이 서로 비슷하다"라고 말하며, 그것을 근거로 두만강을 국경으로 삼았다. 결국 우리 땅과 우리 백성을 타인이 터무니없이 점거하도록 모조리 맡겨버리게 되었다.

21. [한국사 연표]

1876년 2월 27일 한국과 일본의 근대적 계약이 조인됨. 공사 교환은 3년 후에 실시됨.

1883년 해외무역을 위한 제물포 개항.

1882년 5월 22일 서양 국가와의 최초 조약이 슈펠트 제독에 의해 협정됨.

1897년 목포 개항.

1592년 일본의 조선 침략.

1897년 대한제국의 건립.

기원전 2332년[*sic*] 요(堯) 임금 25년에 단군(檀君)이 묘향산에 강림함.

[기원전] 1122년 기자(箕子)가 오기 전까지 단군이 다스림.

기원전 1099년 다윗 왕과 동시대에 기자가 와서 평양을 수도로 정함.

기원후 1866년 평양에서 제너럴셔먼호의 선원들이 학살당함.

1894년 7월 15일 일본이 청국에 승리를 거둠.

라. 열강이 조선과 체결한 조약들, 1896~1902

22. 조선 협치에 관한 러시아와 일본 간 조약[1)] (1896.5.14)

대아라사국(大俄羅斯國)과 대일본국(大日本國)이 조선 한성(漢城)에 파견 주차(駐箚)한 흠차대신(欽差大臣) 베베르(惠陪)[2)]와 고무라(小村)[3)]는 각각 본국 정부의 명에 따라 회동하고 조약을 협의 체결하여 아래에 열거한다.

제1관(款). 러시아 공사관에 이주(移駐)한 조선 국왕의 환궁(還宮) 여부는 원칙적으로 국왕의 의사에 따른다. 만약 양국 사신(使臣)의 견해로 국왕이 궁중에 안거(安居)하여도 별다른 염려가 없다고 인정될 때는 의당 국왕에게 반가(返駕)[4)]하도록 권하고, 그때 마땅히 일본 사신들은 일본 장사(壯士)를 엄중히 단속할 책임을 진다.

제2관. 조선 정부의 여러 대신은 모두 국왕에 의해 임명되었으며, 또 여러 대신은 지난 2년 이래 내각(內閣)이나 기타 중직(重職)에 기용되었기 때문에 그 심지(心志)가 너그럽고 온화한 것을 모두가 알고 있다. 지금 양국 사신은 항상 국왕에게 이러한 사람들을 특별히 등용하여 함께 국정을 운영함으로써 너그럽고 온화한 덕의(德義)를 펴 백성들을 후대하도록 권한다.

제3관. 조선의 현재 상황을 살펴보건대, 한성(漢城)에서 부산(釜山)에

---

1) 일명 베베르 · 고무라 각서(Waeber · 小村 覺書) 혹은 제1차 러일협상.

2) 혜배(惠陪): 한국어 이름 위패(韋貝). 베베르(Karl I. Waeber).

3) 소촌(小村): 고무라 주타로(小村壽太郞).

4) 반가(返駕): 수레를 되돌린다는 뜻으로, 멀리 떠난 사람이 다시 돌아가거나 돌아옴을 이르는 말.

이르는 일대의 전선(電線)은 반드시 일본 병사가 나누어 지키는 것이 절실히 필요하다. 이 점에 있어 러시아 사신의 의견도 일본 사신과 같다. 일본이 현재 주둔시키고 있는 전선 경비병 3영(營)은 신속히 철수시키되, 다시 파견하는 경비들은 일본에서 특별히 순병(巡兵)을 모집하여 대략 대구전국(大邱電局)에 50명을 배치하고 강홍전국(江鴻電局)에 50명을 배치하며, 한성에서 부산 사이의 전보지국(電報支局) 10개소에 각각 10명씩을 배치한다. 만약 그래도 불편한 곳이 있으면, 사정을 참작하여 분할 또는 합병하는 것도 무방하다. 다만 순병 총수가 목하 2백 명을 초과해서는 안 되며, 또한 조선이 평온해져 모든 일이 복구될 때는 즉시 일률(一律)로 철수한다.

第4관. 한성과 통상 각 항구(港口)의 일본 조계(日本租界)는 항상 조선인들이 갑자기 봉기(蜂起)하여 함부로 공격하지 않을까 염려되므로 일본은 부득불 병력을 주둔시켜 방호하고 있다. 지금 러시아와 일본의 대신이 회의하여 결정한 바는 다음과 같다. 일본은 3영(營)을 파견하되, 2영은 한성에 주둔시키고 1영은 인천(仁川)과 원산(元山) 사이에 주둔시키며, 매 영의 병력은 모두 2백 명을 초과하지 못한다. 이들은 모두 조계의 인근에서 요해처(要害處)를 가려서 지키다가 조선의 치안이 평온해짐을 기다려 즉시 철수한다. 러시아는 조선에 있는 공사관과 영사관을 보호할 목적으로 위에 적은 각지의 병력 주둔을 인준(認准)하되, 다만 일본 병력의 숫자를 초과하지 못하며 조선 내지(內地)가 일률로 평정(平靜)되기를 기다려 전원을 철수시킨다.

1896년 5월 14일에 바야흐로 한성에서 체결하고 베베르와 고무라는 서명(署名)한다.

23. 조선 협치에 관한 러시아와 일본 간 제2차 조약[1) (1896.6.9)

러시아 황제의 대관식전(戴冠式典)에 일본 천황은 육군대신(陸軍大臣) 후작(侯爵) 야마가타 아리토모(山縣有朋)를 현지에 보내 축하하도록 하고 아울러 조선의 선후책(善後策)을 상의하도록 했다. 이에 러시아 외무대신 로바노프 로스토브스키(魯八諾甫, Lovanov Rostovskii) 친왕(親王)과 더불어 4조(條)를 의정(議定)했다고 한다.

제1조. 조선의 재정이 궁핍하여 조속히 조치하여 만회(挽回)해야 하므로 대러시아와 대일본 정부는 마땅히 한성(漢城)에 주재하는 사신에게 신칙(申飭)하여 조선이 모든 낭비를 없애고 수입 한도 내에서 지출하며 오직 균형을 힘쓰도록 협의 권고한다. 만일 개혁정치에 관계되어 더 지체할 수 없는 긴박한 개혁이어서 만에 하나라도 절감할 수 없는 경비가 있으면 러시아와 일본 정부는 마땅히 대신 상의하여 국채(國債)를 발행하여 유통에 이바지하도록 한다.

제2조. 조선에서 긴요하지 않은 예산을 삭감한 후 수입과 지출에서 균형을 유지하면 러시아와 일본 정부는 (이하 10여 자 판독 불능) 순역(巡役)을 증모(增募) 한다. 더욱이 양국은 반드시 넉넉히 책응(策應)할 수 있는가를 보아서 스스로 여유를 갖도록 하고 다른 나라의 원조에 의지하지 않도록 한다.

제3조. 조선에 세운 전선(電線)이 편리하게 송신과 수신을 할 수 있는가는 실로 목하 일본의 사업이니만큼 당연히 일본 정부의 관리에 귀속

1) 일명 로바노프·야마가타 의정서(Lovanov·山縣有朋 議定書) 혹은 제2차 러일협상.

된다. 그리고 한성에서 러시아 국경까지는 러시아가 마땅히 전선을 가설하여 전신(電信)을 취급할 권리를 갖는다. 러시아와 일본이 가지고 있는 전선은 조선이 이를 매수(買收)할 힘이 생길 때를 기다려 응당 그 값을 쳐서 구매하게 한다.

제4조. 이상의 각 조에 대하여 만약 더 상세한 주해(註解)가 필요하든가 혹은 뒷날 논쟁이 발생하게 되면, 러 · 일 정부는 공정한 인원을 파견하여 우의 속에서 상의할 수 있다.

1896년 6월 9일 바야흐로 러시아의 모스크바 구도(舊都)에서 체결하고 대러시아 외무대신 로바노프 로스토브스키 친왕과 대일본 흠차대신(欽差大臣) 후작 야마가타 아리토모가 서명한다.

24. 일영협상 전문(『한성신보』 호외, [1902.]2.19)

일본국 정부와 대영국(大不列顚國, Great Britain) 정부는 극동에서 현상(現狀)과 전국(全局)의 평화유지를 희망한다. 또한 청제국(淸帝國) 및 한제국(韓帝國)의 독립과 영토 보전을 유지함과 그 두 나라에서 각국의 상공업이 균등한 기회를 얻는 데 관하여 이익 관계를 특별히 갖기 때문에 이에 아래와 같이 약정한다.

제1조. 두 체약국은 서로 청국과 한국의 독립을 승인했으므로 그 두 나라는 침략적 추세에 전혀 제약받지 않음을 밝힌다. 그러나 두 체약국의 특별한 이익을 보건대, 그 이익은 대영국에 있어서는 청국을 주관하고 또 일본국에 있어서는 청국에서 갖는 이익에 더하여 한국의 정치 및 상업에 관련된 각별한 이익을 갖는다. 그러므로 두 체약국은 만일 위와 같은 이익이 다른 나라의 침략적 행동으로 인해, 그리고 청국 및 한국에서 두 제국이 그 신민(臣民)의 생명과 재산 보호를 위해 간섭이 요구되는 소요의 발생으로 인해 침범당하면 두 체약국은 그 이익을 옹호하는 데 필요불가결한 조치를 할 수 있음을 승인한다.

제2조. 만일 일본국 및 대영국 중 일변(一邊)이 상기(上記)한 각자의 이익을 방호하기 위해 다른 나라와 전쟁을 개시하는 데 이를 때는 다른 일변의 체약국은 엄정중립을 지키며 아울러 그 동맹국에 대하여 다른 나라가 교전(交戰)에 힘을 보태지 못하도록 노력한다.

제3조. 상기한 경우와 같이 다른 한 나라 또는 몇 나라가 그 동맹국에 대한 교전에 힘을 보탤 때는 다른 체약국은 가서 원조를 제공하며 협동하여 전투에 임하되 화친을 청하는 것도 역시 그 동맹국과 상호 합의한 후에 한다.

제4조. 두 체약국은 피차간에 다른 일변과 협의를 거치지 않고 다른 나라와 상기한 이해를 해칠 만한 별도의 조약을 체결하지 않을 것을 약정한다.

제5조. 일본국 또는 대영국에서 상기한 이익이 위험에 처했음을 인지했을 때는 양국 정부는 서로 충분히 그리고 격의 없이 통고한다.

제6조. 본 협약(協約)은 조인한 날로부터 즉시 실시하되 해당 기일(期日)로부터 5개년간 효력을 가진다. 만일 위의 5개년이 종료에 이르기 12개월 전에 체약국 중 일변에서 본 조약 폐지의 의사를 통고하지 아니할 때는 본 협약은 체약국의 일변이 폐기의 의사를 표시한 당일로부터 1개년 종료에 이르기까지 계속하여 효력을 가진다. 그러나 위의 종료기일에 이르러 동맹국의 일변이 현재 교전 중이면 본 동맹은 강화(講和) 체결에 이르기까지 당연히 계속된다.

위의 증거로 하명(下名)은 각기 정부에서 정당한 위임을 받아서 이에 기명(記名)한다.

1902년 1월 30일에 런던에서 2건을 작성함.

대영국주차 일본국 황제 폐하의 특명전권공사 하야시 다다스(林董)
대영국 황제 폐하의 외무대신 랜즈다운(蘭須陀運)[1]

1) 제5대 랜즈다운 후작, 헨리 찰스 키스 페티-피츠모리스(Henry Charles Keith Petty-Fitzmaurice, 5th Marquess of Lansdowne).

25. 영일동맹 조약

런던 1902년 1월 30일

(『한성신보(漢城新報)』 2월 17일 호외에서 발췌 · 번역함)

영국과 일본 정부는 극동에서 현재의 평화 상태 유지를 상호 열망하며 한국 및 중국의 독립과 영토 주권 유지에 관한 조약 체결에 합의한다. 동시에 언급된 두 국가에서 공업 및 상업상의 이권과 상호 권리를 가지고 있는 조약국 중에서, 영국과 일본의 공동 이해관계가 가장 중요한 것임을 밝힌다. 위에 언급된 상황에 대해 이 조약은 아래와 같이 합의한다.

첫째, 두 동맹국 정부가 중국과 한국의 독립을 인정했기에 영 · 일 정부는 이 두 국가의 주권에 대해 어떠한 간섭이나 방해도 하지 않을 것을 선언한다. 그러나 영국은 전자[중국]에서 특별한 이해관계를 가지고 있고 일본은 중국에 대한 동등한 이해관계에 더하여 후자[한국]에서 정치적 · 상업적으로 더욱 특별한 이해관계를 가지고 있음에 깊이 주목한다. 이에 두 제국은 만일 다른 국가가 그들을 침략할 경우, 또는 두 국가 중 어느 한 국가 국민의 생명이나 재산이 위험에 빠지게 되어 보호해야 하는 상황이 발생할 경우, 모든 수단을 동원해 그들을 보호할 것임을 합의한다.

둘째, 두 동맹국 중 한쪽이 위에 언급된 관련 이익을 보호할 목적으로 제3국과 전쟁을 선포하게 될 때, 상대 쪽 국가는 중립을 엄격히 지켜야 하며, 이에 더하여 자신의 동맹국과 전쟁을 하게 된 국가의 전쟁 확산 행위를 저지하기 위해 모든 노력을 기울여야 한다.

셋째, 위에 언급된 상황에 따라 만약 제3국이 두 동맹국 중 어느 한쪽에 전쟁을 일으킬 경우, 다른 국가는 전투에 참여하여 동맹국을 지원해야 하며, 평화조약 또한 양국의 동의를 거쳐 체결되어야 한다.

넷째, 두 동맹국은 어느 한쪽이 다른 제3국과 조약을 맺을 시에 양국이 서로 동의하기 전에는 본 조약의 전체 또는 일부분에 어긋나는 조약을 맺지 않을 것을 확인한다.

다섯째, 만일 영국이나 일본 어느 한쪽이 국가의 이익을 위협받게 될 경우, 각 정부는 상대방을 위해 격의 없이 행동한다.

여섯째, 이 동맹조약은 비준일로부터 5년 동안 온전히 효력을 발휘할 것이며, 조약의 무효화가 조약 만료 12개월 전까지 통보되지 않을 때는 조약의 법적 효력은 무효가 선언된 날로부터 다음 해 말까지 연장되어야 한다. 그러나 만약 양 동맹국 중 한쪽이 제3국과 전쟁 중일 때, 조약은 전쟁이 종료될 때까지 연장된다.

아래 서명자는 양국 정부에 의해 상호 법적으로 인증됨.

일본제국 특명전권대사 하야시 다다스(林董)

대영제국 외상 랜즈다운(Lansdowne)

26. 한국에서의 일본과 영국 간 협상(1902. 6. 19)
(『황성신문』 제1135호, 1902. 6. 19)

『조선시보(朝鮮時報)』에 따르면, 주한(駐韓) 일본공사(日本公使)[1]와 영국공사(英國公使)[2] 및 가토 마스오(加藤增雄) 씨 사이에 아래와 같은 요령의 협약이 체결되었다고 한다.

1. 한국에서 발생한 내치(內治)·외교(外交)에 관한 중요 문제는 진실로 한국의 독립을 희망하는 일본과 영국의 자문(諮問)을 거쳐 해결함으로써 분요(紛擾)가 없도록 할 것.
2. 한국은 자국(自國)의 독립을 완전히 하고 또 국력의 발전을 위하여 해·육군을 확장하여 상당한 한도까지 갖출 것.
3. 한국이 만약 꼭 필요하다고 인정하여 외채(外債)를 모집할 때는 반드시 일본과 영국 또는 미국 시장에서 도입할 것.
4. 반드시 외국인을 고빙(雇聘)하지 않도록 하며 기필코 왕실과 정부의 통일을 도모할 것.
5. 한국의 국경 방비는 반드시 엄밀히 할 것이니, 만일 방비에 장애가 되는 일이 있으면 내·외국을 불문하고 모두 거절할 것.

---

1) 하야시 곤스케(林權助).

2) 변리공사(辨理公使) 조던(John Newell Jordan).

27. [조선에 관한] 러시아·프랑스·독일 간 대외비 조약 (1902. 7. 21)

러시아와 프랑스의 한국에 대한 진취적 경영이 일영동맹(日英同盟)으로 인하여 차츰 쇠퇴해졌다. 이에 러시아 공사 파블로프(巴禹路厚, Alexander Pavlov)는 프랑스에만 의지하지 않고 장차 독일과 연쇄관계(連鎖關係)를 맺어 상호 간에 국익을 증진하기를 도모하여 독일 공사 바이페르트(瓦爾壁略, Heinrich Weipert)와 이러한 뜻으로 묵계를 맺었다. 또 더 나아가 러시아 · 프랑스 · 독일 간의 내맹(內盟)을 체결하여 정치상 · 통상상의 신정책을 계획하고 시기를 살펴 가며 이러한 뜻을 발표하기로 했다. 세 나라 공사가 음력 임인년(壬寅, 1902) 6월 17일에 경성(京城)의 러시아 공관에서 은밀히 회동하여 동맹을 체결했다. 그 요점(要點)은 아래와 같다.

프랑스는 1908년 이내에 경의선(京義線)을 준공하여 북방 한국의 상공업을 발전시키고, 이에 따라 전환국(典圜局)이 본 년도 공사비 180만 원(元)을 지급하게 하되, 만약 이러한 논의가 성사되지 않을 때는 프랑스에서 마땅히 약간의 자금을 대여하기로 한다. 독일은 장차 경원철도 부설권(京元鐵道敷設權)을 요구하되, 오로지 현재와 장래에 세 나라의 광무(礦務)에 이용하기로 한다. 러시아는 마땅히 청국을 통과하는 아한전선(俄韓電線)의 설치계획을 중지하고, 상무(商務)를 발전시킬 것을 특별히 기약하며, 해삼위(海蔘威)[1]에서 원산(元山)에 이르는 해저전선(海底電線)의 부설권을 요구하기로 한다.

---

1) 블라디보스토크.

마. 조선에 대한 열강의 제국주의적 속성을 드러낸 문헌들

28. 러시아 피터 대제의 유언장[1)]

1725년에 피터 대제(大彼得, 표트르 1세, Pyotr I, 1672~1725)가 재위(在位) 중에 서거(逝去)했다. 뒤를 이은 황제들이 [유언장을] 서로 전하며 폐기하지 않았다. 1857년에 프랑스가 파견한 두등공사(頭等公使, 대사) 특의항(特意恒, 미상)이 [유언장을] 입수했는데 그 뒤에 사람들이 불태워 버렸다. 1896년 겨울에 미국(美國)의 대례상보관인(大禮相報館人, 미상)이 14개 조항의 진본(眞本) 원고를 찾아냈다.

1. 군대를 정돈하고 무사(武事)를 경영하는 것은 나라를 다스리는 핵심 계책이다. 러시아는 반드시 백성들이 날마다 밖으로 힘을 쏟아 전쟁을 통해 담력과 지략을 연마하게 해야 한다. 잠시라도 전쟁을 멈추는 것은 다만 군량미가 부족할 때로 한정해야 한다. 군량미만 갖추어진다면 전쟁은 계속해야 한다. 그러므로 평화는 전쟁을 준비하는 것이고 전쟁은 평화를 보장하는 것이다. 세 번 출전하여 세 번 철수하더라도 [전쟁은] 끊임없이 계속되어야 한다. 우리의 무력을 드날려야만 큰 영광이 더욱 드러날 것이다.
2. 다른 나라에 전쟁을 잘하는 장수가 있거나 학문을 쌓은 선비가 있으면, 러시아는 반드시 예를 갖추어 초빙하여 훌륭한 인물들이 서로 기꺼이 찾아오도록 해야 한다. 그리하여 그들이 안심하고 우리 국민을 가르치게 하고 조정은 법과 제도를 바로잡아야 한다. 반드시 이렇게 해야만 좋은 결과가 나타날 것이다.
3. 유럽 각국에 분쟁이 발생하면 러시아는 반드시 앞장서 나아가 그 가운

1) 이승만이 참고한 원문의 제목은 "俄羅斯前主大彼得顧命"이다. 林樂知 · 蔡爾康 署, 『中東戰紀本末 續編』, 卷1 (上海: 廣學會, 1879), pp. 51-53.

데 발을 들여놓아야 한다. 게르만(日耳曼) 부족(部族)의 문제에 있어서는 더욱 특별히 신경을 써야 한다. 그들 각 소국(小國) 사이에[2] 저쪽을 부추기고 이쪽을 교사(教唆)하며 혼란의 싹을 두루 뿌려서 저희끼리 서로 짓밟게 해야 한다.

4. 폴란드(波瀾)는 반드시 멸망시켜 폴란드 인근의 여러 나라들과 함께 그 땅을 분할(分割)해야 한다. 이후에 러시아가 폴란드의 전 영토를 얻고자 할 때는 그 이웃 나라의 손에서 얻어야 한다. 이른바 외부(外部)에 감춰둔다고 하는 것이다.
5. 스웨덴(瑞典)은 반드시 정벌해 굴복시켜야 한다. 그 계략은 먼저 스웨덴과 덴마크(丹麥)를 나누어 둘로 만들고, 러시아가 그사이에 끼어들어 불화를 조성하여 날마다 전쟁하게 하여 저절로 그 나라가 쇠약해지게 만든다. 러시아는 마침내 온 힘을 쏟지 않고도 가볍게 소원을 이룰 것이다.
6. 러시아 황실(皇室)의 자녀가 배필을 구할 때는 반드시 게르만 부족의 여러 군주(君主) 가운데서 고른다. 그리하여 한 번 옹서(翁壻)[3]나 낭구(郎舅)[4]의 친척이 되면, 곧 외가(外家)를 예우하는 법에 따라 순조롭게 명분이 서므로 그들의 주권에 간섭하여 러시아의 권한을 점차 전 지역에 확대할 수 있게 된다.
7. 통상과 관련하여 논한다면, 러시아는 마땅히 영국과 연대하고 함께 행동하여 서로 어그러짐이 없도록 해야 한다. 러시아는 영국의 자본에

2) 원주: 생각건대 이때에는 아직 독일이 없었고 지금 게르만의 우두머리인 프로이센도 열방(列邦)의 하나에 지나지 않았던 듯하다.

3) 옹서(翁婿): 장인과 사위.

4) 낭구(郎舅): 사위와 장인.

의지하지 않을 수 없으며, 또 반드시 영국인을 초빙하여 항상 통상·항해 등 여러 가지 법을 러시아 사람들에게 가르쳐 이끌어야 한다.

8. 발트해(波羅的海)와 흑해(黑海) [연안의 땅은 러시아가 반드시 날마다 조금씩 잠식(蠶食)해야 한다. 한 마디(寸)를 탐내면 한 마디를 갖게 되고 한 자(尺)를 탐내면 한 자를 갖게 된다. 그치는 곳이 없으면 끝나는 때도 없다.]

9. 러시아는 콘스탄티노플(康斯但提挪泊)[5]의 전역(戰役)에 참여하여 여유가 생기면 반드시 전력(全力)으로 인도(印度) 전체를 노려야 한다.[6] 인도를 얻게 되면, 러시아의 세력이 나날이 증대되어 영국 자본의 도움을 받지 않아도 된다.[7] 인도는 천하에서 가장 풍요로운 나라다. 어느 나라를 막론하고 인도만 차지하여 잘 다스리면, 바로 지구의 주인이 될 수 있다. 이런 까닭에 러시아는 튀르키예(突厥)와 인도 두 나라에서 반드시 날마다 흔단(釁端)을 찾고 해마다 군사를 부려, 두 나라가 체념하고 현실을 받아들이며[8] 러시아에 항복한 뒤에야 중지해야 한다. 그런 다음에 법을 만들어 시리아(敍利亞)와 튀르키예에 소속된 소아시아(小亞細亞)의 여러 지역을 진흥시켜 그들이 영국, 인도와 함께 과거의 통상 정책을 복구하게 해야 한다.

10. 오스트리아(奧斯馬加)는 오래전부터 게르만 전체의 주인이 되려고 했다. 러시아는 반드시 그러한 의도를 돕겠다는 뜻을 분명히 표명하되, 한편으로는 게르만의 여러 제후(諸侯)를 격동시켜 각자 시기하는

---

5) 원주: 튀르키예(突厥)의 수도.

6) 원주: 생각건대 이때의 인도는 아직 영국에 점령되지 않았던 듯하다.

7) 원주: 이른바 자본의 도움이란 대개 영국과 통상하여 이익을 착취하는 것이다.

8) 사심탑지(死心塌地): 체념하여 마음이 진정되다. 체념하여 현실을 받아들이다.

마음을 품게 하여 오스트리아를 배반하게 해야 한다.

11. 튀르키예 족속은 유럽에 속지(屬地)를 가지고 있으니, 러시아는 반드시 그들을 핍박하여 쫓아내고 [유럽에] 발을 못 붙이게 해야 한다. 당초에 튀르키예족은 여러 지역에서 쫓겨나 잠시 오스트리아에 의해 분할 점령되기도 했고, 이후에는 오스트리아의 수중에서 다시 빼앗았다.[9)]

12. 그리스 정교인(希臘教人)[10)]으로 헝가리(匈牙利)[11)]에 있는 자, 튀르키예에 있는 자, 폴란드에 있는 자들을 러시아는 음으로 도와야 한다. 그리하여 장래 러시아가 그 나라에 일이 있을 때 그들을 즉시 내응(內應) 세력으로 끌어들일 수 있다.

13. 스웨덴, 페르시아(波斯), 폴란드, 튀르키예 등 여러 나라가 전부 러시아에 복종하고 발트해와 흑해가 서로 교통하는 해협(海峽)이 되어 러시아 선박이 그곳을 수호하게 되면, 러시아는 먼저 프랑스(法蘭西)를 향하여 천하를 공평하게 양분(兩分)하자고 제의한다. 만일 프랑스가 허락하지 않는다면 다시 오스트리아를 향하여 제의하고, 오스트리아가 동의하면 러시아는 오스트리아와 힘을 합해 프랑스를 멸망시킨 다음 단독으로 병력을 이동하여 오스트리아를 멸망시킨다. 이는 한 나라를 이용하여 다른 한 나라를 멸망시키고, 다시 한 나라를 멸망시켜 한 나라를 세우는 것이다. 이렇게 하여 오랜 시일이 지나면 천하에는 다만 두 나라만 남아있게 된다. 이때 러시아는 비로소 그 나라를 멸망시킨다. 이에 사해(四海)가 통일되고 오주(五洲)가 한 몸이 되어 마침내

---

9) 원주: 생각건대 이것이 곧 폴란드를 나눌 때 썼던 지략이다.

10) 원주: 즉 동로마교(東羅馬教)다.

11) 원주: 전에는 항가리(恒加利)라 했다. 한대(漢代)에 중국 변방의 걱정거리였던 흉노(匈奴) 부락으로, 그 자손이 유럽으로 흘러들었다.

끝없이 굉막(宏漠)한 세계의 왕자(王者)가 되는 것이다.

14. 프랑스와 오스트리아 두 나라가 모두 러시아에 동의하지 않는다면, 러시아는 프랑스에 대해서는 오스트리아의 나쁜 점을 말하고 오스트리아에 대해서는 프랑스와의 흔단을 돋우어 서로 시기하고 서로 원망하고 서로 싸우게 한다. 러시아는 곁에서 엿보다가 그들이 힘을 다 쏟아 지칠 때를 기다려 즉시 전승(全勝)의 군대를 거느리고 출정하여 먼저 게르만을 제압하고 다음으로 프랑스를 친다. 오스트리아와 프랑스가 평정되면,[12] 유럽의 여러 나라는 모두 풍문(風聞)에 [놀라] 쓰러져 축하하는 글과 항복하는 표문(表文)을 잇달아 보내올 것이다. 그렇게 되면 러시아는 승리의 기세를 타고 부흥하게 될 것이니, 반드시 유럽의 사방 변경까지 모두 러시아를 대황제(大皇帝)로 받들게 될 것이며, 유럽의 속지(屬地)는 저절로 러시아에 예속될 것이다.[13]

---

12) 원주: 오스트리아는 게르만의 맹주이니, 게르만을 제압한다는 말은 오스트리아를 제압한다는 것이다.

13) 원주: 그때 미국은 아직 독립하지 않았으나, 미국 역시 러시아 피터 대제의 탐욕의 화염(火焰) 속에 들어 있었다. 아! 음험하도다.

29. 벨로네 공사가 공친왕(恭親王)에게 보낸 조회문

전하(殿下)! 지금껏 대청제국(大淸帝國)에 대해 종번(宗藩) 관계를 유지하고 있다가 이번의 야만적 폭거로 말미암아 그 관계가 영원히 단절된 작은 조선 왕국(朝鮮王國)에서 발생한 무참하고 야만적인 행위에 대해 제가 전하께 공식적으로 통고하게 되어 안타깝습니다. 지난 3월 조선에서 선교(宣敎)하고 있던 두 명의 프랑스 주교(主敎)와 그들의 동역자인 9명의 선교사 및 7명의 조선인 신부, 그리고 수많은 기독교도가 남녀노소 가리지 않고 왕명(王命)에 의해 한꺼번에 학살되었습니다.

전하께서는 이러한 유혈 폭동을 반드시 징벌하셔야 합니다. 조선 왕국이 저희 불행한 동포에게 박해를 가한 그 날이야말로 이 왕조 최후의 날이었습니다. 저는 이번 기회에 조선 왕국의 국왕이 스스로 종말을 선포한 것이라고 감히 단언합니다. 수일 내에 우리 군대는 조선을 정복하기 위해 출정할 것이며, 이제 그 나라와 그 허울뿐인 왕위(王位)를 마음대로 처분할 수 있는 권리와 힘은 오직 우리 황제 폐하께 있습니다.

청국 정부는 저에게 여러 차례 청국이 조선에 대하여 어떠한 권한도 갖고 있지 않다고 선언했으며, 이러한 변명을 구실로 천진(天津) 조약을 이 나라에 적용하지 않았고 우리 선교사들에게 우리가 요청한 여권 발급을 거부했습니다. 우리는 이러한 청국의 선언을 중시하기에 이제 조선에 대한 청국의 어떠한 권한도 인정하지 않을 것임을 선언합니다.

공친왕(恭親王) 전하께,

경구(敬具)

벨로네.

30. 일본 이민[보호법]안 개정 전말

[일본 이민보호법], 메이지(明治) 29년(1896) 4월 법률 제70호

제1조. 이 법에서 말하는 이민자(移民者)는 노동에 종사할 목적으로 외국에 항해(航海)하는 자와 그 가족으로서 그와 동행하거나 그의 소재지(所在地)로 도항(渡航)하는 자이다.

위 항의 노동자 종류는 명령으로 정한다.

제2조. 이민자가 행정청(行政廳)의 허가를 받지 않으면 외국에 도항하지 못한다.

위의 도항 허가는 허가일로부터 6개월 이내에 출발하지 않으면 이를 취소한다.

제3조. 행정청에서는 도항지(渡航地)의 정황으로 인하여 이민취급인(移民取扱人)[1]에 전혀 의존하지 않을 경우, 이민자에게 적당하다고 인정되는 2인 이상의 보증인을 세우게 한다.

위의 보증인은 이민자가 질병 기타 곤란을 당한 경우, 이를 구조하거나 귀국하게 해야 하며 또 행정청에서 이민자를 구조하거나 귀국하게 했을 때는 그 비용을 갚아야 한다.

제4조. 행정청은 이민자를 보호하거나 기타 공안(公安)을 유지하기 위해 외교상의 필요가 있을 때는 이민자의 도항을 금지하거나 그 허가를 취소할 수 있다.

위 도항을 금지하는 일수(日數)는 제2조 제2항의 기간에 포함하지 않는다.

---

1) 원주: 판리인(辦理人)

제5조. 이 법에서 말하는 이민취급인은 어떠한 명의의 영업을 하는지를 불문하고 이민자를 모집하거나 도항을 주선함을 직업으로 삼는 자이다.

제6조. 이민취급인이 되고자 하는 자는 반드시 행정청의 허가를 받아야 한다.

위 이민에 관한 행정청의 허가는 허가받은 날로부터 6개월 이내에 영업을 개시하지 않으면 허가를 취소한다.

제7조. 제국(帝國)의 신민(臣民)이나 제국 신민 중 사원(社員) 또는 주주(株主)로 구성된 상사(商社)나 회사(會社)로서 제국 내에 주된 영업소를 갖고 있지 않으면 이민취급인이 될 수 없다.

위 항 이외에 이민취급인에게 요구되는 자격은 명령으로 정한다.

제8조. 행정청은 이민취급인의 행위가 법률 또는 명령에 위반되거나 공안에 유해(有害)하다고 인정될 때, 또 이민취급인이 보증금의 납부를 지체할 때는 영업을 중지시키거나 허가를 취소할 수 있다.

제9조. 이민취급인은 영업이 중지되거나 휴업시(休業時)라도 이미 도항한 이민에 대해서는 계약의 이행을 중지할 수 없다.

제10조. 이민취급인이 대리인(代理人)을 정하여 업무를 수행할 때는 명령이 정한 바에 의하여 행정청의 허가를 받아야 한다.

제11조. 이민취급인은 업무를 담당하는 사원이나 대리인이 없는 곳에는 이민을 도항시킬 수 없다.

제12조. 이민취급인은 이민자가 아닌 도항자를 주선하거나 모집할 수 없다.

제13조. 이민취급인이 도항과 모집을 주선할 때는 이민자와 서면(書面)으로 계약하여 행정청의 허가를 받아야 한다.

위 항의 계약에 필요한 사항은 명령이 정한 바에 따른다.

제14조. 이민취급인은 앞 조(條)에서 인가한 서면계약에 정해진 도항주선비(渡航周旋費)와 구전(口錢) 이외에는 어떠한 명의(名義)를 막론하고 이민자로부터 금전이나 물품을 받을 수 없다.

제15조. 이민취급인이 이민자를 모집할 때는 반드시 출발 일시를 미리 정하여 알려주어야 하고, 또 이민취급인이 정당한 이유 없이 예정된 날짜 안에 이민자를 출발시키지 않았을 경우 출발 일시의 지연으로 인하여 발생하는 이민자의 비용을 부담해야 한다.

제16조. 이민취급인은 행정청에 보증금을 낸 다음에야 영업을 개시할 수 있다.

보증금의 액수는 1만 원(元) 이상으로 하되 행정청에서 결정한다.

제17조. 행정청은 필요하다고 인정될 때는 보증금액을 증감(增減)할 수 있다. 다만 앞 조의 금액 이하로 낮출 수는 없다.

제18조. 행정청에서 이민취급인이 이민자에 대하여 계약을 이행하지 않고 있다고 인정할 때는 보증금 중에서 비용을 지출하여 이민자를 구조하거나 귀국하게 할 수 있다.

제19조. 이민취급인이 사망・해산(解散)하거나 영업허가를 취소당했거나 기타 어떠한 이유로 영업하지 않을 경우, 행정청에서 보증금을 영치(領置)할 필요가 있다고 인정할 때는 전부 혹은 일부를 되돌려주지 않을 수 있다.

제20조. 이민취급인이 영업하는 동안 그리고 앞 조의 규정에 따라 행정청에서 보증금의 보관이 필요하다고 인정하는 기간에는 이민자나 그 상속인이 이 법에 따른 계약에 따라 권리를 집행하는 경우 이외에는 어떤 사람을 막론하고 보증금에 대하여 채권(債權)을 행사할

수 없다.

[여권규칙(旅券規則)]

여권규칙은 일본 국민이 해외 여러 나라에서 요긴하게 쓰는 경우가 적지 않으므로 증명발급의 규칙대로 외무성(外務省)에서 발행하는 것인데 규칙은 아래와 같다.

제1조. 여권을 신청하는 자는 별지(別紙)의 서식(書式)대로 외무성이나 해항청(海港廳)에 서면(書面)으로 출원(出願)하여 발급받는다. 다만 신청서를 우편으로 보내도 무방하다. 여권을 발급받는 자는 지정된 곳에 본인의 성명을 기재한다.

제2조. 여권을 발급받는 자는 수수료로 으레 50전(錢)을 낸다. 다만 여권은 한 사람 앞에 1매로 제한한다. 만일 5세 미만의 어린이가 부모를 따라 동행할 때는 부모의 여권에 부기(附記)한다.

제3조. 내지(內地)에서 여권을 발급받을 여가가 없었거나 혹은 해외에서 여권을 분실한 자는 반드시 그 나라 소재 일본공사관이나 영사관에 그러한 내용을 기재한 서류를 제시한 뒤에 본인이 신청・발급받되 수수료로 2원(元)을 미리 내야 한다.

제4조. 공사(公事)로 인한 여행자나 관비유학생(官費留學生)은 내지에서는 당해 관청에서 외무성에 신청케 하고 해외에서는 앞 조의 내용대로 여권을 발급받되 수수료는 면제한다.

제5조. 여권은 본인이 가고자 하는 국가의 공사(公使)나 영사(領事)의 증명을 받으면 요긴하게 쓰임이 적지 않으니, 모름지기 해당 공관에 직접 청구하되 다만 정해진 규칙에 따라 수수료를 내야 한다.

제6조. 해외에서 휴대하는 여권이 본국 영사관에서 발급한 증명이면 상당히 요긴하게 쓰이기 때문에 때에 맞추어 신청하되 다만 영사관이 없는 곳에서는 공사관에 가서 신청한다.

제7조. 여권은 귀국 후 20일 이내에 처음 이를 발급한 관청에 반드시 반납해야 한다. 다만 우편선(郵便船)의 선원 등이 휴대하는 여권은 이러한 기한을 두지 않는다. 해외에서 우리 공사관이나 영사관에서 발급한 여권은 외무성에 반납한다.

[외국여행권 발급의 취급(取扱) (1901. 9. 20)]

메이지 34년(1901) 9월 20일 일본 외무성(外務省)에서 각 지방관에게 하달한 훈령(訓令) (번역문)

외국여행권 발급의 취급

외국 여행권 발급은 여권규칙이 정하는 바에 따라 일률적으로 공평하게 행해야 함은 더 말할 나위도 없다. 그러나 여행자의 지위와 직업 및 여행목적, 그리고 여행국의 풍속 등에 따라 취급상 관대함과 엄격함의 차이가 없을 수 없다. 종래 위와 같은 취급 방법에 관하여 본성(本省)의 대신(大臣)이 누누이 훈령을 발포(發布)했다. 그러나 다분히 임시적 대처를 위해 발포했기 때문에 전체적 취지로 보아서는 일관성(一貫性)이 모자란 감이 없지 않았다. 이에 새로이 그 취급 방법의 대강을 발표하여 취급자의 참고에 이바지하고자 한다.

1. 여권은 원칙적으로 도항을 허가한다는 증명에 그치는 것이 아니라 여행자의 편의를 돕기 위하여 발급하는 것이니, 학업을 목적으로 유력(遊歷)하거나 상업 등의 목적으로 해외에 여행하는 사람은 그 지위, 직

업 및 생활 형편 등을 고려하여 합당하다고 인정될 때는 여권규칙의 각 조항에 어긋남이 없으면 구태여 번잡하게 굴 것 없이 신속히 발급할 것.

만일 위 항의 여행자가 화족(華族)[2]이면 궁내대신(宮內大臣)이 발급한 외국 여행허가증 사본(寫本)으로 여행 규칙 제2조 제1항에 규정된 호적등본을 대신하도록 하고, 또 외국에 지점이나 출장소가 있는 유명한 회사의 사원이나 고용인이 긴급히 출국해야 할 사정이 있는 경우에는 사후에 그 회사의 대표자가 호적등본을 제출하도록 하고 우선 여권을 발급하여도 무방함.

1. 위 항에 의해서도 처리가 어려운 것은 아래와 같이 구분하여 처리할 것.

(갑) 이민자를 보호하기 위하여 자신이 스스로 이민자가 되어 여행하는 사람의 경우, 이민보호법에 의하여 이미 도항 허가를 받은 자는 여권규칙의 요건을 갖추는 것 이외에는 하등 번잡하게 굴 필요가 없으니 즉시 여권을 발급할 것.

(을) 여행자가 상업을 목적으로 유력(遊歷)할 때는 학업을 목적으로 여행한다고 핑계를 대더라도 그 지위와 사업체 및 생활 여건을 참작하여 합당하다고 인정하기 어려우니, 위 항의 여행자가 북미합중국과 그 나라의 영지(領地)나 영국령(英領) 캐나다 · 호주와 그 부근의 나라를 여행할 때 특별히 엄밀한 조사를 가하여 이민보호법에 합당한 이민이라고 인정이 될 때는 모두 동법에 준거(準據)케 하며, 이러한 나라들에 여행하는 자를 관할하는 방도에 대해서

2) 화족(華族): 작위를 가진 사람과 그 가족. 메이지 초에 생겨 2차 대전 후에 폐지됨.

는 본성(本省)의 대신이 수시로 훈령을 발포할 것이니 모름지기 이를 참조한 뒤에 여행토록 할 것.

(병) 한・청(韓淸) 양국과 러시아령(領) 시베리아에 여행하고자 하는 자는 비록 위 항의 을에 해당하는 자라도 본성 대신이 특별히 발포한 훈령이 없으면 그 취급 절차를 모두 간소하게 하고, 이미 정해진 여권규칙의 요건을 갖춘 뒤에는 하등의 절차가 필요치 않으므로 신속히 여권을 발급할 것.

위의 국가들은 본국과 밀접하여 상업・어업 및 기타 각종 관계가 극히 복잡하게 얽혀 있으니, 이들 나라에 도항하는 자를 위하여 모름지기 힘써 그 편의를 도모하되 그중 여러 차례 왕복하는 자의 경우에는 여권규칙 제10조의 편법(便法)에 따를 것.

[이민보호법 개정에 따른 한국 거류 일본인들의 건의서 및 청원서 (1901. 11. 16)]

메이지 34년(1901) 11월 16일에 한국의 각 항구에 거류(居留)하는 일본 인민들이 이민보호법(移民保護法) 개정(改正) 사안에 관련하여 인천항(仁川港)에서 회의를 열고 해당국의 외무성과 의회(議會)에 건의서(建議書)와 청원서(請願書)를 제출했다. 그 건의서와 청원서를 아래와 같이 번역하여 싣는다.

도항자(渡航者)를 [너무] 엄중히 관리하여 [그들이] 복잡한 절차 때문에 많은 시일을 소비해도 해외 여권을 얻지 못하여 한국에 도항하지 못합니다. 한국에서 무역에 종사하는 자들이 이로 인하여 적지 않은 불편을 겪으며, 마침내 본국인의 대한(對韓) 경영에 장애가 될 우려가 없지 않습니다. 그런 까닭에 이 점에 관하여 연구하는 것은 일한관계(日韓關係)를 더욱더 긴밀하게 만들어 우리의 이권을 확장하고 우리의 세력을 공고히 할 것입니다. 근래에 귀성(貴省)에서는 이미 여권 규칙을 개정하고, 특히 도한자(渡韓者)에게는 여권을 발급할 때 취급(取扱) 절차를 모두 간소화하라는 훈령을 발포하기에 이르렀습니다. 그 결과 종전에 비하면 비록 조금은 간편해졌다고 하겠습니다. 그러나 그 실제를 논하자면, 각종 취급 절차가 도한자를 구속하는 것은 아직도 종전과 다름이 없사오니, 이는 재한(在韓) 일본 국민이 유감으로 여기지 않을 수 없습니다. 시험 삼아 근일에 도한자가 겪은 사실을 가지고 일한간(日韓間)의 여행이 아직은 쉽지 않다는 실례로 삼아 아래와 같이 열거합니다.

1. 여권은 본래 도항을 허가한다는 증서가 아니고 오로지 여행자의 편의를 도모하기 위하여 발급하는 것이라는 점은 사실 귀성의 훈령을 통하여 이미 분명히 알고 있습니다. 그러나 그 실제를 따져보면 지방경찰관들이 여권을 도항 허가증으로 여겨 여권이 없다는 이유로 도한자를 은연중에 억제하는 폐단이 있습니다.
2. 여권 규칙이 정한 바에 의하면, 이민보호법의 규정으로 인하여 이민자를 보호할 필요가 있을 때 이외에는 보증인이 필요치 않을뿐더러 비록 노동자로서 도한하는 경우에도 이민보호법 중의 보증인 규정을 적용하지 말고 신속히 여권을 발부하라는 뜻의 귀성 훈령이 이미 있었습니다. 그러나 실제에 있어서는 노동자가 아니더라도 보증인을 세울 것을 강요합니다. 특히 그 보증인은 소득세 납세자의 자격을 표준으로 삼고 있어서 여권 출원자와 보증인의 주소가 다를 때에는 보증인의 자격을 명확히 하려고 억지로 보증인의 재산목록을 제출케 하고, 또 간혹 억지로 보증인 거주지의 구장(區長) 등이 발부한 자격증서를 요

구하기도 합니다.

3. 여권 출원(出願)에 즈음하여 원서(願書) 이외에 또 별증이유서(別證理由書)라 하여 허가 여부를 결정하는 데 쓰이는 문건이 있습니다. 가령 출원자의 여행목적이 수학(修學)이면 여비로 휴대하는 금액에서부터 학자금의 출처에 이르기까지 그 이유서에 상세히 써넣도록 하여 만일 여비로 휴대하는 금액에 혹시라도 부당한 점이 있으면 담당 관리가 [이것을 트집 잡아] 출원자를 물리치기도 합니다.
4. 여권 발급 출원자는 자신의 성명・본적・신분・족적(族籍)・나이・직업・여행지명(旅行地名)・여행목적 등을 기재한 뒤에 호적등본을 첨부하여 본적지나 현주지(現住地)의 상급 지방관에게 제출하게 되어 있습니다. 그러나 (갑) 소속 부・현청(府縣廳)이 먼 지방에 있는 자의 경우는 여권 출원을 위하여 왕복 며칠을 써야 하고, (을) 다른 부・현에 기류(寄留)하는 자는 불가불 본적지에서 호적등본을 떼어와야 하므로 한층 불편하니, 이 두 가지는 급히 출국해야 하는 사정의 사람에게는 현저하게 불필요합니다.
5. 화족과 외국에 지점이나 출장소가 있는 저명한 회사의 사원 등 약간인에게만 편의가 제공될 뿐이고 다수의 일반인에게는 모두 편의가 제공되지 않습니다.
6. 호적등본 제출이니 보증인 자격증명이니 하여 이미 상당한 시일을 소모하게 만든 데다 여권 출원자를 취급하는 절차 역시 지방마다 각각 다르고 일정한 조례가 없어서 관청의 봉사 태도가 같지 않습니다. 심지어 여권 출원자에게 경찰부에서 형사를 보내서 출원인의 신분을 조사하기도 하고, 또 정부에서 제정한 법규 이외에 부령(府令)・현령(縣令) 등 복잡한 규정을 설정하여 시(市)・군(郡) 사무소와 정(町)・

촌(村) 사무소 등에서는 부 · 현의 영(令)이 정부에서 규정한 법규보다 오히려 더 엄하게 취급자를 구속하기 때문에 단시일 내에 여권을 발급받지 못합니다. 간혹 4~5주씩 연기되기도 하고, 또 취급이 일정하지 않기 때문에 원서를 두세 번 정정하라는 명을 받게 됩니다. 그 결과 반드시 많은 날짜가 소요되기 마련인지라 번잡함을 꺼려서 왕왕 도한 계획을 단념하기도 합니다.

7. 현내(縣內)의 인민이 해외로 많이 빠져나가면 그 지역 지방관은 자기 현에 불리하다고 여겨 여권을 출원한 사람을 취급할 때 고의로 복잡하고 엄격한 절차를 적용하여 은연중에 해외 도항자를 억제하는 폐단이 있습니다.

위와 같은 취급 태도로 인해 일한간(日韓間) 여행이 실제로는 쉽지 않은 폐단이 있습니다. [특히] 아래와 같은 불편한 점을 면할 수 없습니다.

1. 예로부터 상인의 여행은 가볍고 편한 것을 중시할 뿐 아니라 일한 관계에서는 과연 전술한 바와 같이 졸지에 여행할 일도 적지 않습니다. 특히 일한 간의 왕복은 본국의 내지(內地) 여행과 비교해 도리어 쉬운 점이 있으므로 출항할 즈음 갑자기 출발하는 것이 사실입니다. 그러나 해당 지방 관청에서는 여권을 인가증과 같이 보는 폐단이 있어 미리 준비한 자가 아니면 출항할 수 없습니다. 이로 말미암아 계획에 차질이 생기고 상기(商機)를 놓치는 일이 적지 않습니다.
2. 상공업자가 상업의 발전을 성취하기 위해 고용인이 필요할 때나 비복(婢僕) 등이 필요할 때는 부득이 본국인 중에서 써야 하는데 피고용인의 도항이 쉽지 않아서 예사롭지 않은 불편을 많이 겪게 됩니다.
3. 한국에 있는 일본인이 본국에 있는 처자식을 불러오려면 그 허가를 받기가 번잡하여 사정이 절박한 자 이외에는 거의 도항을 꺼려 늘 불편

을 겪습니다.

4. 한국의 현재 상황으로 볼 때, 철도나 각종 공업의 발달로 인하여 노동자의 수요가 점증하고 있으며 농업인의 도항은 장래의 한국 경영에 크게 장려할 필요가 있다는 점은 안목이 있는 사람들이 일찍이 주장한 것입니다. 그렇다면 각종 노동자의 한국 도항을 본국에서 장려할 필요가 있고 한국에 있어서는 환영할 현실이거늘 현재 그 도항이 쉽지 않기 때문에 그들의 결심을 꺾게 할 것입니다.

5. 시찰 · 유람 · 수렵을 막론하고 본국인이 한국으로 도항하는 자의 수를 늘려 한국의 실정을 각 방면에서 본국에 많이 소개토록 하며, 또 이를 통하여 한국 경영을 증진한다는 취지는 이미 우리가 통찰하고 있습니다. 그러나 오늘날 여권을 취급하는 태도를 살펴보건대 꼭 필요한 자 이외에는 오히려 한국으로 도항하는 자를 억제하는 결과가 나타나고 있습니다.

6. 한국으로 도항하는 자의 신분과 직업에 따라 그들의 감독에 관대함과 엄격함이 없을 수 없으나, 이른바 관대함과 엄격함의 결정은 종전에는 6급 관리가 장악했기 때문에 항상 엄격함과 혹독함에 치우쳐 크게 그르치는 일이 있었습니다. 가령 무뢰배를 감독하기 위하여 [그들에게] 제재를 가하려 하면 그 제재가 도리어 상당한 신분을 가진 신사(紳士)에게 미치고, 추업부(醜業婦, 매춘부)를 감독하기 위하여 제재를 가하려 하면 그 제재가 역시 상당한 신분을 가진 부인에게 미치게 마련입니다. [그리고] 현재 위와 같은 사실이 나타나고 있습니다. 대체로 불량한 자를 감독하려는 제재가 도리어 양민이 그 곤란을 받게 만들고 있습니다.

지금 귀성에서 일한관계의 현상을 통찰하여 도한자에게 그 취급 절차를 간단히 해주라는 특별 훈령을 발포하기까지 했습니다. 그러나 그 실제를 상고해 보면, 그 취급이 아직도 간단하지 않을 뿐 아니라 그 절차가 여전히 번잡하고 구속이 엄격합니다. 이는 아마도 귀성의 취지가 각 지방관에게 골고루 전달되지 않았기 때문일 것입니다. 그렇다면 도항자를 내보냄에 있어서 이민보호법과 행정상의 제재를 추가하지 말아야 한다는 점은 장황하게 설명할 필요가 없을 것입니다. 현재 두 나라 사이를 왕복함은 비록 자유에 맡겨둔다고 하더라도 별로 염려할 것이 없다는 점을 말씀드리지 않을 수 없기에 아래와 같이 기술합니다.

1. 현재 한국의 각 개항시(開港市)에는 본국인이 적지 않은데 저들이 모두 노동으로 생활하고 있어서 결코 한국인들의 미움을 받고 있지 않습니다. 북미합중국이나 캐나다 등지에 거주하는 우리나라 노동자들과 비교하면, 이들의 생활 형편은 구름과 땅처럼 현저하게 차이가 날 뿐만 아니라 한국의 현상이 철도와 기타 공업 등의 발달로 이들의 수요가 점증하고 있으니 도한자를 일반적으로 환영하고 있습니다.
2. 도한자에 대하여 하등의 제재도 가하지 않고 완전히 자율에 맡겨두면 무뢰배나 매춘부들이 계속 한국으로 건너갈 폐단이 없으리라고 어찌 보장하겠느냐고 한다면, 이는 기우(杞憂)와 같습니다. 이로 인하여 행정에 필요한 감독을 설치하는 데 있어, 만약 영사(領事)의 감독에 일임하면 결코 부족해질 염려는 없을 것입니다. 이렇게 확신하는 이유는 아래와 같습니다.

1. 한국에 주재하는 각 영사에게는 타인의 안녕을 방해하거나 풍속을 괴란(壞亂)하는 자에 대하여 그의 재류(在留)를 금지하는 명령을 내릴 권한이 원칙적으로 있고,
2. 각 거류지에는 우리 경찰기관이 정비되어 있으며 또 조약이 규정하는

지역 내의 본국인에게는 경찰의 감독 시행이 쉬우므로 범죄 등 위험의 잠복이 없으며,

3. 일본인이 다른 나라 사람과 같이 한국 내지행상권(內地行商權)이 있어 구애받지 않고 통행할 수 있다면, 한국 내지에는 경찰이 거의 없으므로 일본의 무뢰배가 한국의 내지에 잠입할 염려가 없지 않을 것입니다. 그러나 무뢰한이 처음부터 생활을 꾸려갈 직업도 없고 언어도 통하지 않는 몸으로 한국 내지에 잠복해 있으려면, 장기(瘴氣)를 머금은 연무(煙霧) 같이 가는 비 사이에서 기거해야 하고, 음식을 먹을 때는 개나 돼지처럼 천대를 받을 터이니, 그렇다면 일본의 감옥에 던져진 것과 다름이 없어 잠입한 자의 처지로서는 틀림없이 고통이 심할 것입니다. 또한 한국의 내지에서 행상하는 것은 당초에 일한통상(日韓通商)을 장려·확장하기로 한 취지에 크게 배치되어 거류지에서만 생활하고 내지로 들어가려는 사람이 극소한 사실은 모두가 한국 내지에서의 생활이 극히 곤란함을 증명하는 바이며,
4. 한국에는 결코 이른바 매춘부가 없고 또 본국인은 모두 한국인을 열등한 인종으로 간주하여 한국인에 대해서는 비록 일본의 매춘부라도 매음을 치욕으로 여깁니다. 만약 이러한 매음자가 있으면 우리 동포 사이에서 틀림없이 지탄받고 배척을 받으며 거류지 사회의 제재를 당해 [결국] 매춘부가 처신할 길이 없게 만들어 그러한 행위를 그치지 않고서는 못 견디게 할 것입니다. 그러나 만일 [그들이] 거류지의 풍속을 괴란하는 지경에 이르면 반드시 영사가 직권으로 매춘부의 거류 금지 명령을 내릴 것입니다. 이와 같은 감독상의 관념으로 미루어 보아 한국에 도항하는 부인들을 미리 감독할 필요는 전혀 없을 것이며,
5. 또 종래의 사적(事跡)을 증거로 삼건대, 국제상의 임기응변적 필요 수

단으로 긴급 칙령을 발포하여 이러한 일을 감독할 수 있으니 양민과 불량민을 불문하고 일률적으로 구속할 필요가 전혀 없습니다.

위에서 진술한 대로라면 두 나라 사이의 여행을 전면 자유롭게 허용하여도 별로 우려할 점이 없을 터이거늘, 다만 약간의 불량민을 감독하려다가 일반적으로 미치는 폐해가 심히 곤란함을 느끼게 됩니다. 일한 양국 간에 여행하는 자가 각기 자유롭게 하도록 일임함은 바로 대한(對韓) 경영상 적당한 조치가 될 것이므로 이에 일본인상업회의소연합회(日本人商業會議所聯合會)에서는 아래와 같이 희망을 표출하는 바입니다.

1. 여권은 본인의 의사에 따르도록 하되 휴대를 강요하지 말 것이며, 여권 없이 도한한 자라도 그 도한을 막지 말 것.
2. 비록 노동자라도 한국에 도항하는 자는 이민보호법에서 제외된 예로 인허해줄 것.
3. 전항 두 건의 취지에 맞추어 이민보호법과 여권규칙을 개정하거나 특별법을 제정할 것.

위 항의 사실로 노동자에 대하여 보증인이 필요치 않다는 취지로 이미 귀성의 훈령이 내려 있습니다. 그러나 실제로 취급하는 사람의 태도는 과연 전술한 것과 같으니, 법률이나 성령(省令)으로 이민보호법과 여권 규칙을 상당 부분 개정하거나 특별법을 제정하여 여행자의 자유를 인정치 않은 대목을 확실하게 삭제하지 않으면, 다만 지방관이 장악하게 되어 귀성의 훈령도 시행되기 어려울 것입니다. 이러한 때를 당하여 귀성이 백척간두(百尺竿頭)에서 다시 한 걸음을 더 나아가니 한국에 도항한 사람들에게 피해가 있음을 면하기 어렵습니다. 게다가 지난날의 배상도 아직 해결되지 못했으므로 장래의 손해에 대하여 미리 걱정하지 않을 수 없습니다. 그 영향이 미치는 바가 필시 우리의 상권을 잃게 할 것이고 경부선 철도가 개통됨으로써 또한 크게 감축될 염려가 있습니다. 이는 배상 해결을 불가불 속히 해야 할 이유입니다.

내지 행상의 홍성을 위해서는 비단 우리의 상권 확장이 필요할 뿐 아니라 거류지의 자위(自衛) 역시 필요합니다. 현금의 거류지 상황으로 보건대, 상업 전반이 먼저 들어온 사람에게 점유되어 남겨진 이익을 줍기도 극히 어려운데 게다가 새로 들어오는 자의 수가 해마다 증가하고 있습니다. 만일 이러한 추세를 방치하고 새로이 상권을 확장할 방법을 마련하지 않는다면 불행에 빠질 것은 사세(事勢)의 당연한 이치입니다. 상영지(商領地) 확장에는 여러 가지 방법이 있을 것이나, 그중에 요건은 반드시 내지 행상을 더욱 융성하게 하는 것이 극히 필요합니다. 근년에 이르러서 행상인의 숫자가 대부분 줄어들어 거의 없다시피 된 것은, 메이지 29년(1896) 이후로 손해 배상 문제가 아직 해결되지 못하여 일본 신민의 생명과 재산의 보장이 전혀 안 되기 때문입니다. 이러한 연유로 본회의 결의를 거쳐 삼가 이상과 같이 진정합니다.

주한공사 각하(駐韓公使 閣下)

[개정전말]

메이지 34년(1901) 12월경에 일본 외무성에서 이민보호법 가운데 개정 법률안을 하의원(下議院)[3]에 제출하여 종전의 이민보호법 제1조의 '외국'이란 자구(字句)를 '한청(韓淸) 양국 이외의 외국'으로 개정한다고 했다. 그 이유서(理由書)에 이르기를, 한청 양국은 일본과 아주 가까워 제반 상황이

3) 하의원(下議院): 중의원(衆議院).

도항 노동자들에게 특별 보호를 베풀 필요가 없을뿐더러 그 감독에 있어서는 별도의 방법이 있어 이들에게 번잡하게 이민보호법을 적용할 필요가 없다고 했다.

일본 외무성에서 제출한 위 항의 이민보호법 중 개정법률안을 동월 13일에 하의원의 해당 위원회에서 가결했다. 동월 29일에 위 항의 이민보호법 중 개정법률안을 본회의에서 토론할 때 대의사(代議士) 하나이 다쿠조(花井卓藏) 씨가 반대 의견을 개진하기를, "외국에 도항하는 이민자에 대해서는 같은 도항 규칙을 적용해야 하는데, 이 법안에서 '한청 양국을 제외하고'라고 개정함은 두찬(杜撰)[4]을 보인 것이다"라고 했다. 또 종래에 페루(比婁國)에 이민 간 사람들이 심각한 곤란을 당한 사정을 설명하고 정부가 이에 대하여 냉담했음은 누구나 다 아는 것 아니냐고 힐문했다. 정부의 각료가 대답하되 페루의 이민에 관해서는 정부가 상당한 구제책을 세웠다고 했다. 이에 그 개정안은 결국 의회에서 협의 · 가결되었다.

메이지 35년(1902) 2월 3일에 위 항의 이민보호법 중 개정안은 귀족원(貴族院)에서 가결되었으며, 동월 13일에 일본의 상하의원에서 의결된 위 항의 이민보호법 중 개정법률안은 일제(日帝)의 재가를 거쳐 공포되었다.

4) 두찬(杜撰): 어떤 사건이나 현상에 대하여 근거도 없이 자기 마음대로 조작하여 말하거나 저술하는 행위.

31. [안경수(安駉壽)와 권형진(權瀅鎭)의 교수형 집행 방문(榜文)][1)]

어찌 세상에 자식 된 도리로 어미 죽인 원수를 갚으려 하지 않을 자 있겠는가! 춘추(春秋)시대 이후 난신(亂臣)과 적자(賊子)가 어느 시대인들 없었겠는가! 아! 슬프도다! 을미사변(乙未事變)[2)]은 만고(萬古)에 있지도 않았고 듣지도 못했던 한없이 흉악하고 비할 데 없이 참혹한 사건이다.

무릇 우리나라의 신하와 백성 된 자들은 모두 그날 함께 죽지 못한 채 한 가닥 질긴 목숨을 구차하게 부지하며 살고 있다. 그리하여 날마다 홍릉(洪陵)[3)]을 바라보면 피눈물이 눈시울을 적시고, 초목(草木)도 참담해 하며 하늘의 해도 빛을 잃었다. 통발을 뛰어넘어 달아났던 물고기가 마침내 돌아오는 날이 있는 것처럼, 대역부도(大逆不道)한 안경수(安駉壽)와 권형진(權瀅鎭)도 자수(自首)한다고 핑계를 대며 태연히 귀국했다. 그들이 전후에 저지른 흉악한 범죄 사실이 자신들의 진술에서 모두 드러났으니, 몸이 백 개라도 속죄하기 어려우리라.

법률에 따라 사건을 처리하고 절차(節次)대로 형벌을 행한다면 다소 며칠이 늦어질 것이다. 하루 이틀이라도 차마 하늘을 함께 이고 살 수 있겠는가! 분노의 피가 끓어올라 미처 아뢰지 못하고 마음대로 교수형을 행하여 위로 하늘에 계신 우리 성모(聖母)의 밝으신 영혼에 아뢰고 아래로 우리 동

---

1) 『고종실록』, 37년 5월 28일 자 평리원재판장임시서리 경무사(平理院裁判長臨時署理警務使) 이유인(李裕寅)의 상소문에 유사한 내용이 실려있다. 이 기사에 따르면, 원문에 적힌 권영진(權濼鎭)은 권형진(權瀅鎭)의 오기(誤記)여서 바로잡는다.

2) 을미사변(乙未事變): 명성황후 시해 사건.

3) 홍릉(洪陵): 명성황후의 능.

포들의 천고(千古)에 다 풀지 못할 슬픔을 달래노라. 우리나라의 『춘추』를 읽은 모든 군자(君子)와 혈기(血氣)가 있는 백성들은 다 같이 이러한 뜻을 천만번 헤아리기를 바란다.

경자년(庚子, 1900) 5월 1일 새벽녘에 두 역적을 감옥서(監獄署)에서 교수형에 처하고 즉시 이 방문(榜文)을 내걸어 신인(神人)의 공분(公憤)에 아뢰어 위로한다.

바. 세계 인문 지리에 관한 문건들

32. 미국의 학문을 일으킨 새로운 교육제도

1872년 2월 3일 주미 일본공사(駐美日本公使) 모리 아리노리(森有禮)가 미국의 관계와 학계의 신사(紳士)들에게 서신을 보내 교육흥국책(教育興國策)을 널리 요청했다.

미국의 학문을 일으킨 새로운 교육제도[1)]

미국의 교육 진흥 사업은 연방정부가 간여하지 않는 각 주(州)의 자주권에 속한다. [각 주가] 스스로 법령을 정하여 국내에 두루 학교를 세우게 할 따름이다. 또 이름 있는 커다란 도시(towns and cities)[2)]에는 특별히 대서원(大書院, University)을 세워서 깊이 연구하게 하고 있다.

건국 이래 역대 집정대신(執政大臣, the leading statesmen)들은 교육 진흥을 자신의 소임으로 여겨왔다. 상원(上院)과 하원(下院)에 소속된 각각의 의원(議員)들도 관유지(官有地)를 대량으로 매각하여 본전은 저축해 두고 그 이자를 가지고 용처(用處)에 대비했다. 그리하여 각 주의 공립학교·대서원·보학원(普學院, special school) 등 특별히 세운 모든 학교에 [경비를] 제공했다.

이러한 일에 비추어 볼 때, 합중국 정부와 각 주 정부가 수시로 마음과 힘

1) 원주: 미국 수도의 교육부(The Office of the Commissioner of Education in Washington) [문서]에서 발췌해 기록(摘錄)했다.

2) 이 번역문의 영문 표기는 大久保利謙 編, 『森有禮全集』, 第三卷 (東京: 宣文堂書店, 1972), pp. 423-465에 실린 "On Education in the United States"를 따랐다. 이 글의 한역(漢譯)은 林樂知(Young John Allen) 譯, 『文學興國策』, 卷下 (上海: 廣學會, 1896), pp. 21-28에 실려 있다.

을 다하여 교육의 효과를 거두고자 노력하고 있음을 알 수 있다. 만일 그렇지 않다면, 어떻게 미국이 오늘날과 같이 교화(敎化)되고 문명(文明)한 희망의 나라가 될 수 있었겠는가!

관리지방서(管理地方署, the Commissioner of the General Land-Office)에 소장된 보고서를 참고하건대, 미국 정부가 교육기관에 기부한 관유지는 처음부터 지금까지 기부지가 모두 4조 8억 경(頃)[3]이나 된다.[4] 합하여 계산하면, 약 12만 5천 평방리(平方里)로 거의 유럽 작은 나라의 면적과 맞먹는다.[5]

미국에서 처음으로 교육을 진흥시킬 때는 교육부를 설치하여 통할(統轄)하지 않았다. 1년의 기한이 찰 때마다 각 주에서 현행 규칙과 사정을 연방정부에 보고하고, 연방정부에서는 현행의 좋은 제도와 성공한 사례를 가려서 각 주에 반포했다. 이를 시행한 지 오래 지나서야 비로소 각 주에서 시행하고 있는 교육의 사정이 같지 않아 불편함이 실로 심하다는 것을 알게 되었다. 무릇 교육을 일으키는 법령과 교도(敎導)의 규칙(規則) 및 학교를 설립하는 규모(規模)에서부터 교사(校舍)의 건립과 출연(出捐)의 장정(章程) 및 제공하는 경비 등에 이르기까지 모두 일치(一致)시킬 수 없었다. 좋은 법령이 각 주에서 잘 추진되지 못했을 뿐 아니라, 목전의 폐단도 주 전체에서 다 제거되기 어려웠다.

이에 온 나라의 저명한 교육학자들이 각 주의 교육 진흥에 관한 제도가 서로 통용되지 않는 것을 발견하고, 연방정부가 특별히 교육부를 설립하여

---

3) 원주: 100무(畝)가 1경(頃)이니 4만 8천만 무.

4) 영문 문서에는 80 million acres로 기록되어 있다.

5) 원주: 중국과 비교하여 논하자면 강소(江蘇)·절강(浙江) 두 성(省)이 차지하는 면적과 같다.

통할하지 않으면 이 문제를 해결하기 어렵다고 판단했다. 마침내 그들은 많은 학자를 불러 모아 함께 의논하고 연명으로 의회에 건의하여, 교육부(a department of education)를 설립해 현행의 좋은 제도를 수집하고 교육정책을 자세히 정해 각 주에서 공적으로 시행하기를 청하자 의회가 그것을 승인했다. 이에 1867년에 전국을 통할하는 교육부를 설립하고, 아울러 교육관리위원(a Commissioner of Education) 1인을 두고, 그에 해당하는 업무를 내무부(內務部, the Department of the Interior)에 귀속시켰다.

교육부가 맡은 업무를 살펴보건대, [교육부는] 처음부터 각 주의 교육권에 간섭하지 않았다. 다만 교육에 관한 좋은 제도를 마련해 장점은 살리고 폐단은 제거하여 더욱더 정밀하게 다듬어 각 주에 통용시키고, 각 주가 따라야 할 것을 주지시켰다. 아울러 각 주에서 이미 펴낸 성공 사례를 모아 간행하고 전국에 배포하여 보고 배우며 본받으려는 의지를 북돋웠다. 이로써 교육부 설치가 각 주의 일을 견제하는 것이 아니라 실제로 각 주의 교육을 돕기 위한 것이었음을 알 수 있다.

미국에서 제도를 수립할 때 근본이 되는 가장 중요한 것은 인민의 자주(自主)이다. 연방정부도 이러한 뜻을 헤아려 정책을 입안하고, [정책을 입안할 때는] 반드시 인민의 자주에 주력하고 있다. 참으로 인민이 생활하는 데 있어 반드시 먼저 자주의 권리를 가진 후에야 스스로 재능을 발휘하고 스스로 발전을 추구하며, 또한 스스로 교육에 부지런히 임할 수 있는 것이다. 이뿐만 아니라 연방정부의 모든 행정 영역도 바로 이것을 근본으로 삼고 있다.

무릇 학교와 도서관을 설립하는 제도는 모두 사람의 총명을 계발하고 사람의 덕성을 함양하기 위한 것이다. [제반 비용을] 관청에서 제공하여 인민의 재물을 소비하지 않으면서 인민이 이익을 다 누리게 하는 것이다. 그래서 인민으로서 교화의 혜택을 받은 자는 누구나 분수를 지키고 도리에 따라 자주하고 자치하면서 정부에 걱정을 끼치지 않게 된다.

대저 합중(合衆)이라는 국명(國名)은 대중들의 마음이 하나로 모여지는 정황을 세심하게 살펴 붙인 것이다. 어찌 억지로 가져다 붙인 것이겠는가! 실제로 각 주의 많은 인민이 스스로 합쳐지길 원하여 하나가 되었다. 합중국은 인재를 양성하기 위한 방도를 마련하며 특별히 두 개의 학원(學院)을 세웠으니 세상에서 칭송되며 잊히지 않고 있다. 하나는 무비원(武備院, 사관학교)으로 뉴욕주의 웨스트포인트(韋斯堡營城, West Point)에 세워졌고, 하나는 수사학당(水師學堂, 해군사관학교)으로 미국 수도 인근의 아나폴리스(安奈波利城, Annapolis)에 세워졌다. 모두 육군과 해군에 관한 전문적이고 정교한 군사학을 교련하고 있어서 육군과 해군의 모든 요원은 이 두 학원에서 배출되지 않는 이가 없다.

이 글에 실린 내용은 각 주 교육의 대략적인 내용을 가려 뽑은 데 지나지 않는다. 오늘날의 합중국을 살펴보면, 실로 37개의 주를 합해서 하나의 나라를 이루고 있다.[6] 연방에 편입되지 않은 성(省)은 아직 역내(域內)에 없다. 주 정부(the State Government)가 그토록 많고 사람마다 자주(自主)하려 하니, 학문을 일으키고 학교를 설립하는 제도가 어떻게 일치할 수 있겠는가! 오직 주마다 서로 더 나아지려는 마음만은 일찍이 다름이 없었다. [그리하여] 좋은 제도와 훌륭한 뜻이 있으면 또한 반드시 본받아 시행하며 남이 나보다 앞서 나가는 것을 허용하지 않았다.

남부의 [각 주는] 노예해방 전에는 교육이 전체적으로 시행되지 못했고, 겨우 백인들에게만 공교육이 실시되었을 뿐이다. 그러므로 연방정부가 지

6) 원주: 현재 조사해 보니 미국에는 45개 주가 있다. 8개 주는 근년에 추가로 편입되었다.

출하는 교육경비도 역시 많은 편은 아니었다. 그 후 남북전쟁이 끝나고 전 지역의 노예가 모두 해방되자 남부 각 주의 공교육이 크게 일어났다. 동북부의 각 주(the *New England colonies*)는 처음으로 새로운 영토를 개척하여 아직 나라를 세우지 않았을 때도 이미 학교를 설치하여 인민들을 가르치고 학문 진흥을 권장했다. 이때 새 개척지의 의회(議院, the General Court of Legislature)는 매사추세츠주(麻薩邦, Massachusetts Bay Colony)를 설립해 [다음과 같은] 하나의 조례를 엄정하게 세웠다고 한다.

"무릇 우리 새 개척지의 사람들(the selectmen)[7]은 마땅히 사람마다 힘써 배워야 한다는 취지로 권면하여 더러는 스스로 자신의 자제와 친구들을 가르치기도 하고, 더러는 스승을 초빙해 가르치기도 하고, 더러는 학교에 보내 가르치기도 한다. 사람마다 영국어(the English tongue)에 능통하게 하고, 국가의 법률을 모두 알게 한다. 만일 [자신의] 우매함을 받아들여 자포자기하며 배우지 않은 자에게는 벌금으로 영국 돈 1파운드를 내게 하고 용서하지 않는다."

오늘날 새 개척지의 각 주(the New England States)는 매년 각 성의 각 진(鎭)에서 동사(董事, officers)를 선출하되 3인부터 7인까지 일정하지 않고, 그들에게 자기 지역의 가난 구제를 맡기고 아울러 공교육에 관한 일도 처리하게 했다. 만일 경내(境內)를 조사하여 적령기의 자제가 방탕하여 학업을 그만두는 자가 있으면, 엄벌을 내려 용서하지 않으며 반드시 사람마다 이치를 밝게 깨우쳐 법을 어기는 일이 없게 했다.

당시에 비록 대서원을 설립하지는 못했지만, 새로 개척한 각 주에서는 이미 인민들의 배우려는 의지를 분발시키기 위해 특별히 기금을 마련하여 학

---

7) selectman은 New England 여러 주의 도시 행정 위원.

교를 세우는 자금에 충당했다. 1620년은 미국인들이 처음으로 새로운 영토를 개척한 때니 건국한 해로부터 150여 년 전이다. 그러나 새로운 영토를 개척한 날로부터 불과 16년이 지나지 않은 1636년에 이미 하나의 학교를 설립했다. 영국 돈 4백만 파운드의 의연금을 모금해 학교에 제공하고, 하버드대학(哈華德院, Harvard University)이라 명명했다. 이 학교는 지금도 남아 있다. 모두가 "합중국에서 가장 오래된 학교"라고 일컫고 있으며, 또한 합중국 내에서 가장 큰 학교이다.

처음에 학교를 세울 때부터 나라를 세우기까지 학교 설립에 들어간 비용을 들여다보면, 관(官)에서 경리(經理)한 것이 아니라 실로 민간이 출연(出捐)한 것이며, 민간이 자발적으로 동사를 천거하고 관리했다. 매사추세츠주의 조례를 살펴보건대, 무릇 마을 중에서 주민이 50가구 이상인 곳은 반드시 하나의 학교를 세우고 자금을 출연하여 육성하도록 하고 있다.

이때 뉴잉글랜드의 새로 개척한 각 주는 모두 학교를 세우는 일을 자기들의 책무로 여겼다. 민간이 출연하고 민간이 관리하는 것은 모두 여러 사람의 마음에서 나온 것이며, 법률로 강제한 것이 아니었다. 참으로 교육이 여러 사람의 심성(心性)과 재능을 계발하는 데 유익하다는 것을 알고 있었기 때문이다. 그러므로 국가에서 국민을 교육할 때 학교를 설립하여 그 경비를 제공하고, 건물과 기기를 빠짐없이 갖추며, 입학자에게는 학비를 받지 않고, 남녀를 함께 가르치고 빈부를 차별하지 않는다.

이것이 대중이 학교를 세우는 근본 방침이다. 오늘날 새로 개척한 각 주에서 교육을 진흥시킬 때는 모두 이 점을 기본으로 삼고 있다. 비록 각 주의 세부 장정을 살펴보면 더러 다른 점이 있기는 하지만, 그 취지는 인민을 가르침에 있어서 기초 교육의 기틀을 다 터득하게 하는 데 있다. 그리하여 훗날 쓸모있는 인재를 육성하는 데는 서로 다름이 없다.

대저 교육이 나라와 인민에게 유익하다는 것은 사람이면 누구나 다 알고 있다. 이름난 장군이 되기도 하고, 솜씨 좋은 장인(匠人)이 되기도 하고, 훌륭한 공인(工人)이 되기도 하고, 복인(福人, a happier man)이 되기도 하는데, 모두 교육에서 나오지 않는 것이 없다. 또 서로 착한 일을 하도록 이끌고, 발명에 정진하고, 새로운 제도를 부지런히 궁리하며 국가에 유익한 일을 하는 사람도 수없이 많다. 이로써 온 나라에서 자금을 출연하여 학교를 설립하는 것이 참으로 [씨앗] 한 톨을 심어 [열매] 백 개를 거두는 이익을 낳는 일이라는 것을 알 수 있다. 어찌 다른 사업이 여기에 미칠 수 있겠는가! 지금 세상 사람들이 스스로 만족스럽게 여기지 못하는 마음을 깨닫고 자력으로 학교를 세우는 사실을 보더라도 실로 교육이 [국가의 발전에 얼마나 긴밀한] 관계가 있는지를 깊이 알 수 있다. 오직 그 형세에 따라 유리하게 인도하고, 나아가 국가가 막강한 권한을 장악하며 이를 주도적으로 이끌어 관리하고 권장해야 한다.

지난날 어떤 주(State)의 총독(總督, 주지사, State governor)이 일찍이 이 일을 논급하며 다음과 같이 말했다. "세상을 진흥시키는 일은 모두 학자로부터 비롯되고, 국가의 재정은 태반이 농공업에서 나온다. 학자가 마음을 써서 새로운 방법을 창안하고 시행하면, 농공업에 종사하는 사람은 힘을 써서 새로운 물건을 만들어 낸다.[8] [이는] 한 국가의 부강과 가장 밀접한 관계가 있는 것이다. [그러므로] 이것[교육]은 당연히 국가의 공적인 사업이라고 보아야 한다. 어찌 [국민의] 사사로운 일이라고 하겠으며, 또 어찌 이를 상

---

8) 노심자(勞心者)와 노력자(勞力者)의 구분은 『맹자(孟子)』, 등문공 상(滕文公 上)편에 나온다. 해석과 원문은 다음과 같다. "마음을 쓰는 자는 남을 다스리고, 힘을 쓰는 자는 남의 다스림을 받는다. 남의 다스림을 받는 자는 남을 먹여 살리고, 남을 다스리는 자는 남에게 얻어먹는다. 이것이 천하의 공통된 이치이다(勞心者 治人 勞力者 治於人 治於人者 食人 治人者 食於人 天下之通義也)."

업상의 일이라고 치부하며 소홀히 할 수 있겠는가! 무릇 배우는 데에는 반드시 선생이 있어야 하고, 선생을 두려면 반드시 보수가 있어야 한다. 이것은 피할 수 없는 일이다. 그러므로 교육 사업은 흔히 가르침을 받으려는 사람이 많아질수록 가르치는 사람도 더욱 많아지기 마련이며, 가르치는 사람이 부족하게 되면 배우는 사람도 반드시 많아지지 않을 것이다. 저들 민간인이 자력으로 학교를 세울 경우, 그 제도는 반드시 같지 않을 것이며 그 경비도 반드시 넉넉지 못할 것이며 그 교육 방법도 반드시 만족스럽지 않을 것이다. 그러니 어떻게 대중들이 교육을 진흥시키기를 바랄 수 있겠는가! 이것이 바로 국가가 학교를 설립하여 국민을 가르쳐야 하는 이유이다."

이러한 까닭에 미합중국의 인민은 누구나 국가가 특별히 교육 예산을 세우는 것이 당연한 일임을 깨닫게 되었고, 각 주 정부 역시 학교를 설립하여 인민을 가르치는 것이 실로 당연한 직분임을 알게 되었다. 이러한 이유로 학교가 크게 흥기하여 전국의 남녀 어린이가 빠짐없이 교육을 받으면서 한 푼의 학비도 내지 않게 되었다.

시험 삼아 미국에서 실시하고 있는 공교육 제도를 자세히 고찰해 보자. 살펴보건대 미국의 각 주는 지역을 나누어 인민을 다스리고 있는데, 주마다 몇 개의 성(城, counties)이 있고 성이 진(鎭, towns or townships)으로 나뉘고 진이 향(鄕, districts)으로 나뉜다. 지역을 나누고 학교를 세워서 국민을 가르치는 방법은, 각 향 소속 호구(戶口)의 많고 적음을 헤아려 많은 곳에서 떼어 적은 곳에 보태어 학교를 세우는 것이다. 세상에서 "각 향은 학교를 세우기 위한 분구(分區, school districts)"라고 말하는 것은 바로 이러한 이유 때문이다.

뉴욕은 미국에서 호구가 가장 많은 주다. 거기에서 분구하여 학교를 세운 향을 계산하면 11,739구(區)나 되며, 합중국을 통틀어 계산하면 121,440

개의 구가 있다. 구마다 하나의 학교가 세워져 있는데, 학생의 수를 따져 교사(校舍)를 지어 향 내의 자녀가 모두 입학하여 공부할 수 있게 했다.

향마다 학교를 세운 다음에는 인민들이 그 지방의 유식자나 부호 몇 사람을 선출하여 향학동사(鄕學董事, district officers)로 삼고 학교 사업을 관장하게 한다. 무릇 교사를 초청하고 기기(機器)를 구입하고 연료를 공급하고 서적을 구매하는 등의 일들을 모두 그들이 맡아 처리한다. 또 그들은 수입·지출 장부를 관리하는데, 지출 경비를 늘려야 되는 일이 생기면 직권을 가지고 전례에 비추어 의연금을 조달해 충분히 쓸 수 있게 조절한다.

또 성내의 각 향에서는 한 명의 성학감독(城學監督, a superintendent)을 선출해 전 성내의 모든 향학을 통할케 한다. 그들은 학교의 진흥을 사명으로 여겨 항상 각 향을 두루 순시하며 학생들의 고과(考課)를 점검하고, 교사들의 근태(勤怠)를 규찰하고, 교육을 위해 좋은 제도를 부지런히 모색하여 각 향에 널리 시행토록 하고, 교사와 학생을 힘써 격려하고 지도·감독하여 대중들의 배우기 좋아하는 마음을 진작시킨다. 이것이 모두 성학감독의 임무이다.

다음 단계인 각 주에는 주학감독(州學監督, the State Superintendent of School) 한 명씩을 두게 되는데, 이 역시 각 주의 인민들이 선출한 사람들이다. 그들의 사무실은 각 주의 수도(State capital)에 두고 그 지위는 성학감독과 향학동사의 위에 위치한다. 매년 각 향학동사와 각 성학감독은 1년 동안의 교육보고서를 작성하여 그해에 학교에 등록한 학생은 몇 명이고 매달 각 학교의 재학생은 몇 명이며 각 학교에서 거둔 성공적 교육사례는 무엇이 있는가에서부터 현재 교사(校舍)와 재정이 충족되었는지에 이르기까지 보고서에 상세히 기록하여 주학감독에게 올린다. 주학감독은 각 성학감독 및 향학동사가 보낸 보고서를 모아 한 권의 백서(白書)로 만들어 연방정부의 총독(Governor)과 의회(議院, Legislature)로 보낸다. 그런 다음 그곳에서는 이를 간행물로 만들어 인민들이 누구나 볼 수 있게 한다.

또 주학감독은 감찰 권한을 갖고 있어서 교육에 관계되는 모든 사항을 심판한다. 혹은 연방 의회에서 결정한 교육에 관한 법률 가운데 인민에게 불편한 점이 있으면, [인민이] 감독에게 보고하여 논변하게 한다. 혹은 성학감독과 향학동사가 피차간에 의견이 맞지 않는 부분이 있으면 [주학]감독에게 알려 해결한다. 또 [주학감독은] 수시로 주내의 각 성을 순시하여 교사와 학생의 실태를 살피고 사람들에게 교육을 권장한다. 주학감독의 직무는 이러한 것일 뿐이다.

각 주의 큰 성(城)에서 교육을 진흥하는 일은 비교적 번잡하고 권한 역시 막중하므로 특별히 규례를 세워 한결같이 교육부의 제도와 같게 한다. 그 설관(設官) 편제(編制)는 성학감독이나 주학감독과 구별해 전성교육부대신(全城教育部大臣)이라고 부른다. 무릇 그가 담당하는 학교에는 모두 학업 성적의 높고 낮음에 따라 학숙(學塾)을 나누어 설립한다. 더러는 방(房)을 나누어 수업하기도 하는데, 계몽반(啓蒙班)·문리반(文理班)·지리(地理)·산학반(算學班) 등 여러 반이 각각 다르다. 그러므로 조성한 교사(校舍)도 다른 성에 비하여 규모가 커서 1천여 명을 수용하는 곳도 있다. 이러한 학교에 관한 보고서가 아주 잘 갖추어져 있어 사람들이 본받는 데 도움이 되고 있다.

이상 논술한 바는 국가가 설립한 학교에 관한 대강의 실태이다. 미국 각 주의 법률은 대략 서로 같아서 모든 사람을 강제로 학교에 입학시키는 법률도 없거니와 별도로 사립학교를 세우는 것을 금지하는 조규(條規)도 없다. 다만 인민이 공적으로 의연금을 내고 학교를 설립하여 모든 사람이 배우게 되기를 기약할 뿐이다. 무릇 스스로 자제를 가르치거나 선생을 초빙하여 학교를 세우는 일은 인민의 자주에 맡기고 있다. 국가가 규례를 엄하게 정하고 구역을 나누어 학교를 세우는 것은 사실 그 구역 내의 가난한 자녀와 입양된 자들이 모두 초등교육의 혜택을 보게 하기 위한 것이다.

이상에서 학문을 진흥시키는 법률을 살펴보건대, 학교의 수가 이처럼 많고, 경비의 규모가 이처럼 방대하다. [그러니] 장차 먼 나라에서 유학 온 사람은 [미국의] 국가 교육 자금이 실로 일반 대중이 출연한 것이라고 여기지 않을 수 있겠는가! 그러나 모두가 그렇지는 않다는 것은 모른다. 지금 사람들에게 그 상세한 내용을 알리기 위해 시험 삼아 펜실베이니아주(噴邦, State of Pennsylvania)에서 발간한 교육보고서를 살펴보자.

살피건대, 펜실베이니아주는 1870년에 교육이 크게 흥하여 그 기금이 매우 많았다. 그러나 그 기금을 주의 자산으로 간주하여 관에서 마음대로 가져다 사용할 수는 없었다. 실제로는 일반 대중이 공적으로 출연한 자산을 주의 금고에 보관하여 학교의 경비에 충당하도록 한 것이다. [따라서] 교육 이외에는 거의 사용할 수 없었다.

무릇 펜실베이니아주의 인민들이 교육 기금을 쓰기를 원하면 정해진 규정에 따라 이용할 수 있었다. 가령 주내에서 새로이 학교를 분립(分立)하는 구역이 있어서 해당 지역에 학교를 더 세우자는 의견이 모이면, 그곳에 먼저 학교와 도서관을 세워 그 지역의 자녀가 공부할 수 있는 조건을 마련하고, 다시 학교 설립에 관한 법령을 검토하여 규정에 따라 그 기금을 받아 쓸 수 있었다.

그 [학교 설립에 관한] 법령이란 무엇인가? 먼저 그 고장에서 평소 인망(人望)이 있는 사람 6인을 천거하여 공학동사(公學董事, school directors)로 삼고, 해마다 2인을 공선(公選)하여 교체하고 4인을 유임시켜 사무에 숙달케 한다. 혹은 접판(接辦)을 선출해 오래도록 그 일을 맡게 하는 예도 있다. 이미 동사를 선출한 뒤에는 [동사들이] 상의하여 한 사람을 추천하여 총무(a president)로 삼고, 한 사람은 출납(a treasurer)을 맡게 하고, 한 사람은 서기(a secretary)를 맡게 한다. 이들은 터를 구매하여 학교를 세울 권한이 있고, 설계도를 마련해 공사에 착수할 권한이 있으며, 또 의연금을 모으고 지출할 권한이 있다. 의연금을 마련하는 방법은 그 고장에 사는 여러 사람의 자산을 참작하여 정해진 조례대로 의연금을 거두어 교사를 짓고 기기를 장만하는 비용으로 사용한다. 학교가 설립된 뒤에는 주 정부가 이 학교를 인가하고 일체[의 물품과 경비]를 제공하게 된다.

무릇 교사(校舍)를 지은 뒤에는 교사(教師)를 초빙하고 기숙사를 설치하는 모든 경비는 주의 관고(官庫)에서 받아 학교 운영에 사용한다. 각 주에서 거둔 교육 기금은 모두 주의 관고에 보관하여 교육에 쓰기 위해 비축해 둔 것이므로 조례에 따라 받는 것이다.

무릇 학교가 설립되면 반드시 그 권한을 주학감독의 수중에 둔다. 교사를 초빙할 때는 반드시 재주와 학식을 겸비한 사람을 선발한다. 수업은 반드시 일정한 기간을 정해두며 매년 최소 4개월부터 최대 10개월을 한도로 삼는다. 성학감독(the county superintendent)이 이 일을 모두 관장하는데, 해마다 반드시 운영 실태를 문서로 작성하여 주학감독에게 제출한다.

이렇게 하여 교사(校舍)도 세우고, 터도 마련하고, 교사도 초빙하고, 학생도 선발하게 된다. 모든 비용은 이미 정해진 액수가 있으니 주학감독이 증빙서류를 갖춘 뒤에 청구서를 만들어 주고(州庫)에 조회하여 신청하면 액수대로 자금이 지급된다. 주고에서 그 학교의 경리담당 동사에게 즉시 [자금을] 내주면, 동사는 이를 받아 학교 계좌에 넣어 매달 편리하게 찾아 쓴다.

학교의 교사는 매달 돈을 받기 전에 먼저 학기 중 수업 일수와 학생의 숫자 등 모든 실태를 보고서로 만들어, 교사와 학생이 당연히 써야 하는 경비가 얼마인가를 공개하여 필요한 만큼 받아쓰기 편하게 해야 한다. 이로써 학교를 관리하는 권한이 오로지 민간의 수중에 있고 주나 연방정부와는 무관하다는 것을 알 수 있다.

학교를 관리하는 동사는 모두 학생의 부모 중에서 공선(公選)으로 선출된다. 이어서 동사는 이름있는 교사를 초빙하고, 교육과정을 정하고, 필요한 서적과 기구를 구매하고, 적당한 학숙(學塾)을 건립하고, 개학하는 기일을 명확히 정하고, 좋은 제도를 부지런히 개발하여 학생을 취학시킨다. 오직 국가에서 학교를 설립하는 규정에 비추어 더할 수는 있어도 줄일 수는 없다. 성학감독이 각 향(鄕)의 학교를 관리할 권한을 갖고 있다고 하더라도 사실은 인민들이 공선한 사람이다. 이를 관에서 임명한 사람으로 오해해서는 안 된다.

각 성(城)안에 나눠진 학구(學區)는 40구(區) 또는 50구로 일정하지 않다. 성학감독을 선거할 때가 되면[9] 이 4~50구 내에 있는 학교의 동사가 모두 본성(本城)에 모여 다재다능(多才多能)하고 교도(敎導)를 잘하는 사람 1명을 공선하며 3년마다 교체한다. 그러니 이 사람은 본성의 인민이 선출한 관인(官人)이지 국가에서 임명한 관인이 아님이 분명하다.

성학감독의 직책은 오로지 교육을 도모하고 교사나 학생들의 이익을 증진하기 위해 설치한 자리이다. 법률에 이르기를, "성학감독은 때가 되면 항상 소속된 각 향의 학교를 두루 순시하여 교수법과 교과과정을 점검하고, 만일 교수법이 합당하지 않거나 교육과정이 타당하지 않은 점이 있으면 수시로 교도해야 한다. 다시 각 학교를 권면(勸勉)하여 교습(敎習)·철

9) 이승만의 필사본에는 "當選擧公學堂之監督時"로 기록되어 있으나, 林樂知의 원문에는 "當選擧城學監督之時"로 기록되어 있다. 번역은 林樂知의 원문에 따랐다.

자법(拼法, orthography)·독서(讀書, reading)·사자(寫字, writing)·영문법(English grammar)·지리(geography)·산학(算學, arithmetic) 등의 공부에 힘쓰도록 하고, 아울러 동사가 정해놓은 모든 과정을 정돈한다"라고 했다.

성학감독은 매년 각 학교의 동사가 올린 보고서를 접수하여 주학감독에게 올린다. 또 스스로 경리 장부를 작성하여 1년 중에 자신이 거느린 각 학교에서 집행한 현황에서부터 증감(增減)한 각종 사항에 이르기까지 장부에 상세히 기재하여 주학감독에게 보고해야 한다. 모든 학교에서 교사를 초빙할 때는 반드시 성학감독의 고시(考試)를 거쳐 합격증서를 발급한 후에 채용해야 한다. 그렇지 않으면 주고(州庫)에서 경비를 받지 못한다.

그러므로 주의 금고에 쌓여있는 기금은 학교의 경비를 제공하기 위한 것이요 처음부터 [주 정부가] 교육에 간여할 권한은 없다. 오직 적절한 법률을 상세히 제정하여 교육을 담당하는 사람이 받아들이고 모범으로 삼도록 해야 한다. 그리하여 온 나라 안의 남녀 어린이들이 너나없이 교육의 혜택을 누릴 수 있기를 추구할 따름이다.

이 밖에 또 한 가지 덧붙일 것이 있다. 이것은 오로지 동방의 아직 개명(開明)되지 못한 여러 나라를 위해 논급하는 것이다. 미국에서 초빙하는 공립학교 교사는 태반이 여자다. 비록 열람할 수 있는 상세한 보고서는 없지만, 대체로 미국 서북의 각 주에는 여교사의 비율이 실제로 4분의 3을 차지하고 있다. 그 이유는 학교에서 여교사를 초빙하면 경비가 절약되고 또 초등교육에는 여교사가 더 합당하기 때문이다. 이는 여러 번 시험한 결과여서 틀림없는 사실이다.

또 [미국에는] 교수법 연구 업무가 있는데, 이는 교사를 지도하여 교사다운 교사로 만드는 사람을 미국의 각 주 정부가 지극히 중요하게 여기기 때문이다. 비록 아직 전문 학원을 설치하지는 않았지만, 매년 방학 때면 미리 장소를 택하고 기일을 정해 모든 교사를 집합시키고 저명한 교사를 초청해 강의를 주관하고 토론하게 한다. 또 매달 교사들에게 이틀 동안의 특별휴가를 주어 각 교사가 부지런히 교수법을 준비하도록 도움을 주기도 한다. 각 주에서는 이 일이 유익하다는 것을 깊이 알고 있으므로 특별히 공금을 내어 [경비를] 지급하고 있다. 또 이름 있는 강사를 초빙하여 가르치게 하는데 다만 교사들에게 반드시 출석하여 배우라고 강요하지는 않는다.

미국의 필라델피아(費城, Philadelphia)에는 교사들의 모임(district institutes)이 있는데, 정부는 이를 가상히 여겨 공문을 발급해 주며 [정식] 단체로 대우하고 있다. 그 취지는 대체로 교사들에게 이익을 주려는 것이다. 반드시 모든 교사가 강설(講說)하고 변론하고 논란하여 교육의 이점을 모으고 효과적인 교수법을 도모하고 도서실을 설립하게 함으로써 바야흐로 각 교사가 더욱 훌륭해지기를 기대하는 것이다.

이상에서 말한 것은 이미 교사로 재직하고 있는 사람들이 학생을 가르치는 좋은 방도를 제시한 것이다. 훗날의 훌륭한 교사를 만드는 데는 다른 훈련 방법이 있다. 국내의 교육이 이미 흥기하여 인재가 나날이 많아지자, 사범(師範)이 될 만한 사람은 더욱 부족하게 되었다. 이에 하나의 학교를 더 세워서 사범학교(師範學校, the Teachers' Institute)라고 불렀다. 무릇 교사가 되려는 인재를 양성하는 곳이다. 지난 1839년에 처음으로 매사추세츠주에 사범학교를 세운 이후 얼마 지나지 않아 각 주에서 이를 모방하여 시행했고 또한 많은 사범학교가 설립되었다. 펜실베이니아주와 같은 경우에는 성(城)마다 하나의 사범학교를 설립했다. 학생 중에 가능성이 있는 사람을 선발해, 좋은 교수 방법을 가르치고, 또 시험 삼아 가르치게 하여 교육을 전문으로 하는 인재로 훈련했다. 지금 뉴저지주(紐日雪城, New Jersey) 사범학교(the State Normal School)의 보고서를 참고삼아 덧붙여 기록하니, 이를 보면 그 상세한 내용을 알 수 있을 것이다.

계몽공학(啓蒙公學, common school) 위에 또 한 등급의 학당(學堂)이 있다. 기양학당(寄養學堂, boarding-school)은 식사와 잠자리를 제공하는 곳이며, 고등학당(高等學堂, high-schools)은 교육 수준이 비교적 높은 곳이다. 중등서원(中等書院, academies)[10]은 대서원 다음가는 곳으로 학비를 받는 곳도 있고 학비를 받지 않는 곳도 있다. 모든 규칙과 교수법은 각기 다르지만, 전체적으로 말하자면 초등교육 단계에서 학생을 선발하고 이곳에서 인재로 만들어 대서원이나 보학원(普學院, college)에 진학시킨다.

사립학숙(私立學塾, private schools)에 관해 논하자면, 학숙마다 저명하고 훌륭한 선생을 두어 자체적으로 교과과정을 정하고, 남녀의 학당을 따로 세운다. 관의 지원에 의지하지 않고 개인의 원조도 바라지 않는다. 고을마다 부자들은 서로 자녀들을 학숙에 보내, 그들이 각종의 사업을 일으켜 이익을 거둘 기초를 다지게 하거나 혹은 상급 과정을 이수해 전공을 넓히는 용도로 삼게 하기도 한다.

이들 학당은 동사들이 회의하여 설립하기도 하고, 또는 연방정부로부터 인가서를 발급받아 설립하기도 한다. 세상에서는 중등서원이라고 부른다. 중등서원은 비록 대서원 다음가는 위치에 있지만, 그곳의 시험에 합격한 학생에게는 증명서를 발급한다. 이러한 사립 중등서원은 때로는 관립 고등학당과 대등한 인정을 받기 때문에 고등학당이라 부르기도 한다.

남녀분학(男女分學)에 관해 논하자면, 고등학당에서는 항상 남녀가 함

10) 원주: 영어로 아카데미(哀卡地密, academies)라고 한다.

께 배우도록 하며, 중등서원에서는 때때로 남녀를 분반(分班)하여 가르치기도 한다. 오직 기양학당과 각 사숙(私塾, private schools)만은 항상 남녀의 학숙(學塾)을 따로 두어 함께 공부하지 않게 한다.

수업료에 관해 논하자면, 고등학당에서는 대체로 수업료를 받지 않고 중등서원에서는 때때로 학비를 받는다. 고등학당은 본래 관에서 세워서 항상 공공(公共)의 자금을 제공하는 반면에 중등서원은 개인이 세운 것이 많기 때문이다. 모든 사립학당은 국가가 간섭하지 않는다. 각 학당에 대한 보고서(catalogues and reports)가 첨부되어 있으니 살펴보면 알 수 있다.

이보다 상급 학교로 대서원과 보학원 제도가 있어서 교육과정 전반을 갖추어 두기도 하고 부문별로 전공을 나누기도 한다. 무릇 재학 중에 학문이 성취되어 시험에 합격한 사람에게는 수재(秀才)나 갑과(甲科)의 증명서를 내어주는데, 그 일은 고등학당이나 중등서원과 비교해 훨씬 중대하다. 그 이유는 대서원이나 보학원은 모두 국가의 인가를 받아 세운 학원이기 때문이다. 이들 학원은 기금이 매우 많은데, 인민이 기증한 것이거나 국가가 원조한 것이다. 매년 그 이자를 모아 교원의 보수와 학원의 경비로 충당하고 있다. 그러므로 근년에는 기금은 나날이 늘었고 학생의 등록금은 나날이 줄었다. 또한 학비를 전혀 받지 않는 곳도 있다.

의회(議院, Congress)에서 자금을 출연해 교육을 진흥시킨 일에 관해 논해보자. 30여 년 전에 미국 재무성의 금고가 가득 차서 지난날의 국채 상환액수를 제하고도 여유가 매우 많았다. 의회의 의원(議員)들이 생각하기를, "이 돈은 헛되이 써서는 안 되며 마땅히 전액을 교육 진흥 기금으로 써야 한다"라고 했다. 그리하여 그 기금을 각 주에 돌려주되, 인구의 많고 적음에 따라 수대로 기금을 나누어 지급하기로 의결했다. 각 주에서는 금고에 넣어 증여(贈與) 기금으로 만들고, 국가에서는 두 번 다시 회수하지 않았다. 각 주에서는 이 기금을 받아 어떤 주는 전액을 교육에 사용했고 어떤 주는 대부분을 교육에 사용했다. 계몽공학에 나누어 지급한 기금 외의 나머지는 모두 대서원의 경비로 충당했다. 그러므로 각 주에 사는 사람들은 이미 초등 정도의 공부를 하지 않은 사람이 없고, 또한 학문을 깊게 연구하지 못하는 이가 없게 되었다.

의회에서 토지를 희사해 교육을 진흥시킨 일에 관해 논해보자. 1862년 7월 의회에서 조례를 정해 서부의 황무지를 공유지로 만든 후 팔아서 국내의 교육을 진흥시키되, 각 주와 각 성(省, Territories)[11]의 호구 수를 참작하여 기금을 나누어 주었다. 각 주에서는 이 기금을 받은 후 국채의 주식(股份, stocks)을 사거나 각종 공사(公司)의 주식을 사서, 매년 액면가의 100분의 5를 이자로 받아 그 이자로 각 주에 대서원을 세우되 그 본전만은 영원히 못 쓰게 했다. 대서원의 교과과목은 여러 학문을 아울렀지만, 농업과 제조업을 더 중요하게 여겼다. 농업과 공업은 실로 세상에서 가장 유익한 부문이기 때문에 각 주에서 신속히 진흥시켰다. 이 이후로 이자는 더욱 늘어나고 대서원도 더 많이 설립되었다. 1871년 보고서를 보면, 각 주의 대서원은 모두 300여 개소이며, 그 밖에 오로지 여자만을 교육하는 대서원도 68개소나 된다고 한다.

대서원과 보학원의 경비는 민간의 출연(出捐)에 의한 것이 많고 기금에 의한 것은 적다. 시험 삼아 각 학원의 보고서(catalogues and reports)를 살펴보면, 그 경비의 출처, 학생의 숫자, 그리고 달성한 성과를 알 수 있다.

각 주의 학식이 많고 재산이 많으며 진취적인 사람들은 자기의 자산을 기꺼이 내놓아 대서원이나 보학원의 기금에 충당한다. 이 때문에 국민 자신과

---

11) 원주: 연방에 포함되지 않은 주를 지칭함.

가정이 나날이 넉넉해지고 교육 기금은 나날이 증가하여 후세 사람이 모두 그 혜택을 누릴 수 있게 되었다.

이를테면 오늘날의 하버드대학은 사실 미국에서 가장 오래된 학교로 250년 전에 매사추세츠주에 세워졌다. 그때는 아직 미국이 건국되기 전이었지만 이미 특별히 교육 기금을 만들어 제공했다. 그 뒤에 국민 중에 하버드(Mr. Harvard)란 사람이 전 재산을 희사하여 [기금을] 확충했고, 뒷사람들도 기꺼이 도움을 보태며 그 뜻을 계승했다. 그리하여 마침내 오늘날과 같이 아주 크고 아주 오래된 학교가 되었다. 그러므로 오늘날 미국교육에 대하여 논하자면, 비록 많은 교육기관이 국가가 제공한 자금에 의지하고 있지만, 결국 인민들이 보조하고 기부한 막대한 자금에는 대적하지 못한다. 이로 보면 교육에 관한 법률이 비록 의회에서 제정되었지만, 여전히 인민이 자유롭게 [운영]할 수 있음을 알 수 있다.

미국 각 성에 있는 대서원 학제는 모두 유럽과 영국의 대서원 학제를 본받아 해마다 증설되었다. 옛 제도에 따라 의학 · 천문 · 법률 등의 각 학과로 나누어 나라 안의 남자들을 가르쳤고, 50년 전부터는 학교마다 비로소 일정한 교과과정을 설립했다. [여기에] 입학하여 공부하는 사람은 4년을 기한으로 삼되, 처음 2년은 라틴(臘丁, Latin) · 그리스(希臘, Greek) 문자와 산학(算學, mathematics) 등을 익히고, 다음 2년은 변론(辨論, rhetoric) · 문리(文理, logic) · 사감(史鑑, history) · 심학(心學) · 성리(性理) 등에 관한 책을 배우게 했다. 그 뒤에 보학원을 추가로 설립했는데, 이 역시 부문별로 나누어 전문성을 갖추게 했다.

이로 인해 인심이 나날이 깨우쳐져 풍속도 나날로 개명되었고, 격치학(格致學, 물리학)이 나날로 심오해져 사용하는 물건도 나날이 변모되었다. 마치 수레를 끄는 자가 본래 소와 말을 이용하고 물을 건너는 자가 본래 배와 노를 사용하다가 나중에 기차와 기선을 이용하게 되면 반드시 기학(汽學)에 정통하고 기계에 익숙한 사람이 필요한 것과 같다. 또 불을 지피는 자가 본래 나무나 숯을 썼으나 그 뒤에 석탄을 쓰게 되면 반드시 탄광을 개발하게 되며, 이때 지질학에 밝고 광맥을 자세히 관찰하여 채광을 잘할 사람이 필요한 것과 같다. 광물학(鑛物學)이 발달하자 금(金) · 은(銀) · 동(銅) · 철(鐵) · 아연(鉛) 등의 각종 광산도 모두 개발되었다. 또 [학문과 지식이] 더욱 도움이 되었던 분야는 농업만 한 것이 없어서, 토지의 성질을 잘 파악하여 척박한 땅을 비옥하게 만들고 훌륭한 농기계를 만들어 힘든 일을 편안한 일로 변화시켰다.

무릇 낡은 것을 제거하여 새롭게 고치는 일은 모두 일시에 갑자기 혁신되는 것이 아니라 실로 온 나라에서 점차로 이루어지는 것이다. 사람의 지식이 나날이 높아지면, 필요한 물건은 나날이 늘어나고 따라서 학문도 나날이 진보한다. 오늘날의 관점에서 보면, 무릇 옛날의 학교들도 모두 새로운 교과과정을 증설했으니 새로이 설립된 학교는 더 말할 나위도 없다. 그러므로 지금의 학자에게 시험 삼아 50년 전의 옛날 책을 주면서 읽게 하면 반드시 서운하게 생각하며 부족하다고 여길 것이다. 이 점이 바로 새로 세운 학교에서는 반드시 새로운 책을 읽는 이유이다. 시험 삼아 각 학교의 보고서와 명단을 보면, 오늘날 새로운 학문이 크게 일어난 정황을 저절로 알게 될 것이다.

기탁된 토지를 받은 대서원을 논해보자. 의회는 나라 안의 황무지[12]를 팔아 공용에 충당하여 각 주에 대서원을 증설했다. 그 숫자는 그리 많지 않았다. 그러나 농공업의 발달에 유익했다는 점만은 실로 이미 각 주에서 분

12) 원주: 철도가 개설되기 전에는 나라 안에 황무지가 매우 많았다.

명히 드러났다.

각 주의 대서원에서 가르치는 교과과정을 살펴보면, 무릇 농학(agriculture) · 포학(圃學, horticulture) · 중학(重學, mechanics) · 기계학(engineering) · 측량학(civil engineering) · 화학(chemistry) · 식물학(botany) · 생물학(zoology) · 지학(地學, geology) · 산학(算學, mathematics) · 무예(武藝, military tactics) · 상무(商務, commercial interests) · 사감(史鑑, history) · 부국책(富國策, social science)에서부터 영국 · 프랑스 · 독일 · 라틴 · 그리스의 각종 언어와 같은 고금의 방언(方言)에 이르기까지 고루 갖추어져 있다.

여성 교육과 관련하여 과거 여자들은 겨우 초등이나 중등 단계의 학교에 들어가 배울 수 있었다. 그러다가 국민이 여러 차례 주장한 끝에 비로소 여자들도 고등교육기관에 들어가 더 깊은 재능을 배울 수 있게 되었다. 비록 여자들의 솜씨는 남자들의 억센 힘에는 미치지 못하지만, 그 마음을 쓰는 것은 남자들에게 조금도 뒤지지 않는다.

오늘날 미국 여자들을 보면 학교의 교사도 되고, 서기도 되고, 각 관(館)의 기자도 되고, 신문사의 주필도 된다. 온갖 학문 분야를 정밀하게 연구하려고 젊은 여자들이 대서원과 보학원에 입학해 공부하는 사람도 많다. 이로부터 여자들도 읽지 않는 책이 없고, 연구하지 않은 학문이 없으며, 여학교 설립도 날마다 증가하고 있다.

이상에서 논한 교육 진흥의 방도가 완벽하지 않다고 말할 수는 없을 것이다. 그러나 세상에는 눈이 어두운 맹인(盲人)과 귀가 들리지 않는 농아(聾兒)가 적지 않다. 만약 그들의 교육을 진흥시킬 제도가 없다면 어찌 온전히 훌륭하다고 할 수 있겠는가! 또한 만약 한갓 선(善)을 행한다는 명성만을 널리 퍼뜨리며 천하의 맹인과 농아를 모아놓고 그들이 편히 지내며 살아가게는 하지만, 그 재주를 완성할 제도를 만들지 않는다면, 어찌 최선을 다했다고 할 수 있겠는가!

이들 하소연할 데 없는 가난한 사람들은 대부분 사방에 흩어져 있다. [그러므로] 형세 상 평민들이 근처에서 배울 수 있도록 학교를 널리 설립하기는 어렵다. 더구나 사람의 눈과 귀가 일단 보고 듣는 기능을 상실하면 그 사람의 정신도 우둔해진다는 것은 묻지 않아도 알 수 있다. 더욱이 [그들은] 남의 도움을 기대하지 않을 수 없다. 또한 그들의 태반은 빈곤한 가정에서 자라났고 또 먼 지방에 가서 공부할 수 있는 재력도 없다. 이러한 갖가지 고생스러운 정황으로 미루어 위에 있는 사람이 제도를 만들어 그들을 교육하지 않는다면 어찌 옳다고 할 수 있겠는가!

무릇 공부를 시키는 것과 공부를 시키지 않는 것은 큰 차이가 있다. 공부를 시키면, 사람마다 자립하여 남에게 의지하지 않고도 살아갈 수 있다. 그러나 공부를 시키지 않으면, 비록 입고 먹는 것은 걱정하지 않는다고 하더라도 어리석음과 무지는 여전할 것이다. 어찌 인생의 즐거움이나 취미를 누릴 수 있겠는가!

이 때문에 각 주에서는 너나없이 농아·맹인학교를 설립하고 있다. 그리하여 게으름과 어리석음을 면하게 할 수 있는 일은 빠짐없이 단속하여 가르치고, 기술을 익혀 자립하게 할 수 있는 일은 무엇이든지 가르친다. 비단 관에서만 장려하고 진력할 뿐 아니라 각 주의 자선가들도 즐겁게 돕지 않는 사람이 없다. 이밖에 풍인원(瘋人院, 정신병자 요양원)이라는 시설도 있는데 단속하고 가르치는 점에 있어서는 [농아·맹인학교와] 대동소이하여 교양을 아울러 가르치는 도리를 잃지 않는다.

이상의 각 학교 중에서는 맹인학교가 가장 많은데, 모두 각 주의 정부가 담당하고 지원한다. 비록 큰 도시에도 민간인이 기부하여 세운 학교가 있지만, 이 역시 공선(公選)에 의해 선출된 동사가 관리하며 국가는 이를 보호하고 유지할 뿐이다.

그 교수법을 상고해 보면, 신체를 단련하고 정신을 수양하는 것 외에도 물건을 만드는 방법을 공부하게 하여 살아갈 방도로 삼게 한다. 빗자루를 만드는 자도 있고, 방석을 짜는 자도 있고, 이부자리를 만드는 자도 있다. 그리하여 맹인이 만든 물건이 자못 고루 사용되어 사방에 이름이 전해지고 있다. 즉 찰판쇄(紮板刷, brush-making) · 천주렴(穿珠簾, bead-work) · 성의(成衣, tailoring) · 주혜(做鞋, shoe-making) · 배자(排字, type-setting) 등의 공예(工藝)도 각각 그 재능에 따라서 가르친다. 맹인(盲人)이 읽는 책은 두꺼운 종이에 글자를 새기되, 각 글자를 모두 볼록형으로 만들어 맹인이 손으로 더듬어서 마음으로 기억하게 한다. 이 역시 지극히 정교한 방법이다.

농아(聾啞)를 가르치는 학교는 맹인학교보다 더 많다. 농아는 비록 귀로 듣지 못하고 입으로 말하지 못하나 눈으로는 볼 수 있어서, 글을 읽고 물건을 만들 수 있는 자가 비교적 많다. 가르치는 교사로서도 힘이 조금은 덜 든다. 그러므로 농아학교의 규례와 지원은 맹인학교와 비슷하나 다만 가르치는 방법은 다소 광범위하다.

[농아학교에서] 읽기를 가르칠 때는 대부분 손이 입을 대신한다. 근래에 어떤 사람이 말을 가르치는 새로운 방식을 개발했는데, 가령 순음(脣音)일 경우에는 입술을 움직이고 치음(齒音)일 경우에는 이를 드러낸다. 단지 입술과 이가 열리고 닫히는 것만 보고도 이미 농아인이 그 뜻을 이해하게 할 수 있다. 마치 자기 입으로 말하는 것 같을 뿐만 아니라 배우는 것도 점점 명확해졌다.

미국의 수도에는 농아대서원(聾啞大書院, a college for deaf-mutes)이

있는데 국가에서 특별히 세운 것으로 그 안에는 모든 학과가 다 갖춰져 있다. 그곳에 있는 농아 학생들은 비단 학문을 깊이 연구했을 뿐만 아니라 공명(功名)을 얻은 사람도 있다. 이것은 국민으로서 잊을 수 없는 일이다. 항상 사람들은 농아들에 관한 일을 의논할 때 비록 [농아들이] 인재로 성장하더라도 세상에서 쓰이지 못할 것이라고 걱정했다. 학원을 설립한 이래로 이미 성공하여 명성을 얻은 자가 여러 명이나 나올 줄 어찌 상상이나 했겠는가! 어떤 이는 농아인의 교사가 되었고, 또 어떤 이는 별도의 사업을 일으켰으니, 참으로 예상을 벗어난 일이다. 이 학원의 설립을 위해 민주적인 상하양원의 의원으로부터 미국 수도의 여러 저명인사에 이르기까지 서로 협조했기 때문에, 큰 노력을 들여 쉽게 성공할 수 있었다.

미국에서 교육을 시행한 이래 여성 교육은 본래 남성 교육과 병행되었고 처음부터 끝까지 편견도 존재하지 않았다. 도리를 존중하는 나라에서는 가정 교육이 성품을 돈독히 하고 품행을 장려하는 바탕이자 어린아이를 가르치고 규율하는 출발점으로 여겨졌다. 이러한 선량한 가정에서는 남녀와 형제와 자매를 막론하고 어릴 때는 모두 부모에게 가르침을 받지만 [그중에서도] 어머니의 가르침이 더욱 중요하다. 실제로도 아버지의 가르침과 비교해서 영향력이 더 크다.

무릇 품행과 윤상(倫常)과 도덕은 모두 가정 교육에서 가장 중요한 출발점이다. 남녀 어린이는 어려서부터 보는 대로 익히고 듣는 대로 익혀서 털끝만큼도 지체하는 때가 없다. 또 예배일이 되면 교회(教會)에서 주일학교(主日學校)를 여는데 부모는 으레 자기 자녀를 데리고 함께 가서 신앙교육을 한다.

[어린이가] 나이 6~7세가 되면 처음으로 학교에 들어가 집밖에서 교사의 훈육을 받게 된다. 또한 아들과 딸을 구별해 남녀를 나누어 가르치는 학당

으로 보내기도 한다. 그러나 대개 남녀공학이 많다. 초등교육은 한 명의 선생 밑에서 시키려는 것이 사람[부모]의 공통된 심정이다. 대저 남녀공학에 관련된 사안은 처음 신대륙을 개척한 이래 지금까지 변함이 없다. 생각건대 배움이란 사람이 반드시 진력해야 할 직분이며 [거기에는] 남녀의 구별도 없다. 사람이 배우지 않으면 반드시 총명하지 못하고, 총명하지 못하면 성현의 글을 읽어 참된 도리를 깨우치지 못하게 된다. 그러면 아마도 그 폐단은 우둔해지는 데서 그치는 것이 아니라 장차 거리낌 없이 나쁜 짓을 하는 데 이를 것이다.

옛날에 여자들을 가르친 것은 그 공부를 깊이 하여 법률가나 물리를 전파하는 이름있는 사람이 되기를 바란 것이 아니다. 다만 문리(文理)에 밝고, 베끼고 셈하는 것을 대략 깨우쳐 집안을 지키고 자녀를 가르치는 계책을 세울 수 있기를 바랐을 따름이다. 그러므로 남자의 교육은 대서원 이상에까지 이르렀으나 여자의 교육은 겨우 초등이나 중등교육으로 그쳤다. 진실로 여자는 반드시 시집을 가야 하고 모든 바깥일은 남자가 주관해야 하며 모름지기 여자에게는 큰 재주가 필요하지 않다는 것이었다.

50년 전부터 형세가 크게 변하여 국내에 여학교가 많이 생겼다. 남자 학교와 비교해 숫자도 많아졌고 정교함도 나아졌다. 또 전문 분야를 다루는 여학교도 생겨나 남자가 배우는 모든 학문을 여자들도 다 배우게 되었다. 뉴욕의 가백공예원(哥伯工藝院, Cooper Institute)의 경우에는 여자에게 회화(繪畫)와 전보(電報) 등의 일을 가르치고 있는데, 실로 천하의 좋은 제도이다.

무릇 대서원에서는 여자가 학문을 성취하면 시험을 보아 공명(功名)을 얻을 수 있다. 이는 비단 특별히 세운 여서원(女書院)에만 있는 것이 아니라 여자로서 남서원(男書院)에서 수학한 사람도 똑같이 시험을 쳐서 공명을 얻을 수 있다. 그러므로 오늘날 미국 내에서 저술(著述)의 명가(名家)나 신문의 주필을 맡은 사람들을 보면, 으레 여자들이 그 가운데 끼어 있다. 이는 여성 교육의 커다란 성과라 하겠다.

33. 1901년 세계 여러 나라의 인구

한국: 18,000,000명 추산. 80,000제곱마일

스위스: 6,800,000명

스페인: 18,000,000명

미국: 76,000,000명. 3,600,000제곱마일

필리핀: 7,000,000명

쿠바: 150,000명

튀르키예: 33,000,000명. (유럽과 아시아) 1,700,000제곱마일

덴마크: 2,250,000명. 14,780제곱마일

캐나다: 5,338,833명 (서기 1891년: 4,833,239명)

스웨덴: 5,062,918명. 라플란드족 6,846명과 핀족 19,505명 172,876제곱마일. 국토의 3/4이 경작지. 남북 1,000마일과 동서 300마일

남미: 38,500,000명. 해안지역은 유럽인 및 혼혈 인디언 6,000,000명. 내륙지역은 토착 원주민

기아나: 26,000명. 남미에서 개신교 선교사가 없는 유일한 나라. 프랑스-카옌족. 프랑스에 의해 유형지로 사용됨

영국령 기아나: 300,000명. 한 부족 이상이 조지타운에 거주함. 20,000명은 인디언과 여러 다른 부족임. 해안지역은 혼혈 및 흑인

네덜란드령 기아나: 일명 루리만 65,000명(인디언과 흑인)

브라질: 15,000,000명. 38퍼센트 유럽인, 20퍼센트 흑인, 4퍼센트 미국인, 38퍼센트 혼혈 미국인. 내륙지역에는 800,000명의 인디언. 서기 1822년에 포르투갈로부터 독립

서기 1899년에 독립공화국이 됨. 그들의 피부색은 구릿빛

파라과이: 665,000명

우루과이: 900,600명. 매우 번영하며 진보적인 나라. 인구 260,000명의 수도 몬테비데오는 북·남미 통틀어서 가장 멋진 도시임.

아르헨티나: 4,573,600명. 정치제도는 자유주의적. 정책은 진보적. 남미 최초의 자유국가. 이 나라의 공립학교, 단과대학 및 종합대학은 영어권에서 최상급

칠레: 3,170,000명. 영토의 길이 2,700마일, 폭 200마일. 수도 산티아고는 320,000명의 인구를 가지고 있음. 인디언의 피가 섞인 스페인계

페루: 4,700,000명. 콜럼버스의 [아메리카 대륙] 발견 이전에는 에콰도르, 페루, 볼리비아, 칠레, 콜롬비아 및 아르헨티나 일부를 포괄하는 번성한 나라였음. 이 나라는 스페인에 의해 발견되고 정복되었을 때 부유하고 인구가 많은 나라였음. 1821년에 독립을 선언하고 공화국이 되었음. 잉글랜드와 웨일스보다 8배 정도 큼. 563,364제곱마일. 해안선은 1,523마일

콜롬비아: 4,000,000명

베네수엘라: 2,444,800명(236,000명의 인디언 포함). 주민은 대단히 코스모폴리탄적임

Ⅰ. 갈색의 인디언들은 중국인을 닮았음

Ⅱ. 스페인 후예들이 원주민임

Ⅲ. 서인도 출신의 순수 흑인들[이 살고 있음]

Ⅳ. 북미, 영국, 독일, 프랑스, 스위스, 스칸디나비아, 이태리 출신의 외국인과 소수의 중국인 및 시리아인들

Ⅴ. 소위 베네수엘라인. 각 민족의 최악의 특성만을 유전 받은 혼

합족임. 보편적으로 쓰이는 언어와 피부색은 (내용 없음). 국민성은 대체로 탐욕적이고 나태하고 근검을 모르고 방탕함

볼리비아: 1,300,000명

에콰도르: 1,272,000명. 1896년에 공화국이 되고 새로운 헌법을 만듦

일본: 124,794제곱마일

영국: 400,000,000명(이집트를 제외하면 11,773,000명, 이집트를 포함하면 13,000,000명)

프로이센: 120,000명

인도: 11,500,000명. 24,000제곱마일. 델리의 무굴제국은 1제곱마일당 480명이 사는 인구 밀도가 [인도에서] 가장 높은 지역임. 1866년에 영국에 병합됨

일본은 기해년(己亥, 1899) 7월을 기해 대외주권을 누리게 되었다.

34. 세계 각국의 세입과 세출

미국

	세입	세출
1901년 7월 2일	$ 585,548,309	$ 509,947,206
1900년 7월 2일	$ 567,240,840	$ 487,714,840

1년 총수출액: $170,000,000

일본

1877년	수출	¥ 23,348,521
	수입	¥ 27,420,902
1887년	수출	¥ 22,407,681
	수입	¥ 44,304,251
1899년	수출	¥ 214,929,894
	수입	¥ 224,401,925

35. 위인들의 이름

로즈베리 경: 영국 토리당 당수

스테유: 자유 오렌지 공화국 트란스발의 대통령

레이츠: 트란스발의 국무장관. 레이츠 장관에게는 11명의 아들이 있는데 4명은 장관과 함께 전장에 나가 있다.

장 드 블락 씨: 차르(Czar)의 고문관으로서 전쟁에 관한 최고 권위자

소할크 버거: 남아프리카공화국 대통령 서리 크루거가 부인과 함께 영국으로 망명한 후 대통령직 계승

윌리엄 H. 태프트: 미국의 초대 필리핀 총독. 오하이오에서 출생

물라이 압둘 아지즈: 모로코의 술탄(Sultan)

오스카: 스웨덴 국왕. 스웨덴 및 노르웨이의 국왕으로 알려져 있음

폰 리히트호펜 남작: 현 독일 외무장관

카츠라 자작: 일본 총리

우츠미 남작: 일본 내무대신

이타가키 다이스케(板垣退助): 일본의 유명한 자유당 지도자 · 정치인

다카야마 쇼지(高山實芝): 길바닥에서 울다가 죽은 한 일본인

히라타(平田): 일본 농무성 대신

요시카와(吉川): 일본 체신성 대신

기요우라(淸浦): 일본 법무성 대신

알파로: 에콰도르 대통령

존 헤이: 미 국무장관

게이지: 미 재무장관

대통령직 승계(承繼) 순위는 국무장관, 재무장관, 전쟁장관, 연방법무장관, 우정장관, 해군장관, 내무장관. 비상의회를 소집하기 위해서는 20일 전에 통보해야 한다.

아포우스 13세: 스페인 국왕

레오폴드: 벨기에 국왕

자와델리: 이탈리아의 수상

세뇨르 라구스타: 스페인 수상

쭐랄롱꼰: 시암(태국)의 왕. 동양의 군주 중 가장 똑똑하고 진보적인 군주의 하나로 알려져 있음

와치라웃 왕자: 쭐랄롱꼰 왕의 후계자. 1902년에 미국 방문

36. 세계 저명인사들의 이름

루베: 프랑스 대통령

델카세 씨: 외무장관

드 라네쌍 씨: 해양부 장관

안드레 장군: 전쟁부 장관

제노아 공작: 이태리 함대 총사령관

빅토르 엠마누엘 왕: 이태리 국왕

카불 백작: 엠마누엘 왕의 수상. 가장 유능한 정치가

에드워드 7세: 영국 국왕 겸 인도 황제

니콜라스 황제: 러시아의 차르

반노브스키 장군: 러시아의 산업부 장관

프란시스 페르디난드 대공: 오스트리아 왕위 계승자

무라드 황제: 튀르키예의 술탄

디아즈: 멕시코 공화국 대통령

쿠로포트킨 장군: 러시아 전쟁부 장관

몰트케: 지난 보불(普佛)전쟁에서 명성을 얻은 독일의 장군. 가장 유능한 전략가. 프랑스가 프로이센에 알자스-로렌 지역과 함께 지급한 전쟁 배상금은 5,000,000,000프랑

카스트로: 베네수엘라 대통령

젤라야: 니카라과 대통령

밸푸어: 영국 여당의 지도자

로버츠 경: 고(故) 넬슨 제독 등과 비견되는 유명한 장군

말보로: 영국의 고 웰링턴 장군과 비견되는 유명한 장군

헨리 캠벨 배너맨 경: 영국 자유당 지도자

애스퀴스: 영국 자유당의 유력한 지도자. 하원에서 가장 유능한 토론자

윌리엄 하코트: 전 영국 자유당 대표

사. 기타

37. 한글 역 『중동{청일}전기』 인쇄비

대주자(大鑄字) 유선획(有線畵) 매질(每帙) 2권
5백 질(帙) 388원(元)
1천 질 491원 50전(戔)
2천 질 740원
소주자(小鑄字) 무선획(無線畵)
5백 질 236원
1천 질 312원
2천 질 500원

총합은 지폐의 가격으로 정함.

38. [평리원 훈령]

광무(光武) 4년(1900) 6월 2일에 평리원(平理院)에서 감옥서장(監獄署長) 김영선(金英善) 씨의 보고를 검토하고 훈령(訓令)한다.

법부(法部)의 훈령 내에 감옥서 교도관의 무리가 근래에 들어 제멋대로 행패를 부려 그 폐단이 한둘이 아니며, 죄수(罪囚)의 위생상(衛生上)에도 해로운 점이 많이 있으며, 또 반드시 말로 타이르고 깨우쳐서는 금지하기 어려울듯하여 태형(笞刑)을 실시하도록 이미 허락했으니, 앞으로는 교도관의 무리가 (이 아래 한 줄 판독 불능) 폐단이 있거든 그 가볍고 무거움에 따라 태형을 실시할 (이 아래 10여 자 판독 불능) 것.

39. 경부관제

칙령(勅令) 제20호 [광무(光武) 4년(1900)] 6월 8일[1]

제1조 경부(警部)에서 국내의 모든 경찰 사무를 관리하며 한성(漢城)과 각 지방 개항시장(開港市場)의 경무(警務)와 감옥서(監獄署)를 통할하고 경찰 관리를 감독할 일.

제2조 경부에 아래와 같은 직원을 둘 일.

대신(大臣) 1인 칙임(勅任) 1등

협판(協辦) 1인 칙임 2등(二等) 혹 3등(或 三等)

국장(局長) 2인 칙임(勅任) 혹 주임(奏任)

경무관(警務官) 15인 주임

주사(主事) 8인 판임(判任)

총순(總巡) 40인 판임

감옥서장(監獄署長) 1인 주임

간수장(看守長) 2인 판임

주사 3인 판임

제3조 경부대신(警部大臣)은 각 부의 관제통칙(官制通則)에 실린 바에 따라서 각 부 대신과 같은 직권이 있으며 의정부(議政府) 찬정(贊政)을 예겸(例兼)할 일.

제4조 대신은 소속 관리를 통솔하고 감독하며 경찰 사무를 지휘할 일.

제5조 협판은 대신을 도와서 부중(部中)의 사무를 정리하고 각 국(局)과

---

1) 전문이 46조인 이 관제의 봉칙(奉勅) 일자는 광무 4년(1900) 6월 12일이며 동년 6월 13일 자 관보(官報) 호외(號外)에 게재되었음.

과(課)의 사무를 감독할 일.

제6조 대신이 사고(事故)가 있을 때는 협판이 그 사무를 서리하며 타부(他部)의 대신이 임시로 서리할 수도 있는 일.

제7조 국장은 대신과 협판의 명을 받들어 주무(主務)를 맡아 처리하고 국내(局內) 각 과(課)의 사무를 통솔하고 감독하니 그 주임 사무(主任事務)에 대해서는 그 책임을 맡을 일.

제8조 경무관은 상관의 명을 받들어 경찰의 위생 사무와 죄인의 체포에 종사하며 또 사법관의 명을 받들어 영장(令狀) 집행과 증거 수집을 보조하며 순검과 간수, 그 밖의 임시 직원 등을 지휘할 일.

제9조 주사는 상관의 명을 받들어 각기 서무에 종사할 일.

제10조 총순은 상관의 명을 받들어 경찰 사무에 종사하며 순검 등의 근면과 태만의 시찰에 주의할 일.

제11조 감옥서장은 대신 또는 사법관의 명을 받들어 한성감옥(漢城監獄)에 갇혀있는 범인을 감수(監囚)하며 소속 관리를 감독할 일.

제12조 감옥서 간수장은 서장의 감독을 받아 갇혀있는 범인을 감금(監禁)하고 순찰하는 데 복무할 일.

제13조 감옥서 주사는 서장의 지휘를 따라 감옥서의 사무에 종사할 일.

미완[2)]

---

2) 경부관제는 46개 조로 구성되어 있다.

40. 우체규칙 개정건

광무(光武) 5년(1901) 10월 1일 시행 우체규칙 개정건

한일간에 교환 · 발송된 우체물 요금

서신 4전쭝(四戔重) 15그램 4전(戔)

통상 엽서 1매 2전

왕복 엽서 1매 4전

신문지 1장 1전 (신문사 발송 1호 1장)

인쇄물 1량 4전쭝 2전 (신문사 밖 발송 신문지 및 기타 인쇄물)

물품식양 및 견양(物品式様及見様) 1량 4전쭝 2전

상업품 서류 7량쭝 10전 (단 중량 초과하면 매 1량 4전[쭝], 또는 50그램씩 증가하는 대로 요금 2전씩 추가 징수)

등기표(登記票) 1매 10전

분전료증(分傳料證) 1개 4전

청국 내 북경(北京) · 상해(上海) · 천진(天津) · 연태(烟台) · 한구(漢口) · 하문(廈門) 등지에 발송하는 우체물 요금

서신 4전쭝 3전

왕복 엽서 1매 2전

신문지 1장 1전 (신문사 발송 1호 1장)

인쇄물 1량 4전쭝 2전 (신문사 밖 발송 신문 및 기타 인쇄물)

물품식양 및 견양 1량 4전쭝 2전

상업품 서류 7량쭝 10전 (단 중량 초과하면 매 1량 4전쭝, 또는 50그램씩 증가하는 대로 요금 2전씩 추가 징수)

등기표 1개 10전

분전료증 1개 4전 (단 통상 엽서는 1전 우표 첨부하고 왕복 엽서는 2전 우표 첨부함)

일본 내지(內地) 및 우장(牛莊)[1] 등 청국 내 6개 지방을 제외한 기타 열국(列國)에 발송하는 우편물은 일체 만국 우편물 요금을 (이하 판독 불능)

1) 우장(牛莊): 요녕성(遼寧省) 남부 요하(遼河)강의 지류인 사하(沙河)강 북안에 있는 하항(河港).

해제

유 영 익
(전 연세대학교 국제학대학원 석좌교수)

Ⅰ. 머리말

우남(雩南) 이승만(李承晩, 1875~1965)은 정치가로서뿐만 아니라 문필가로서 동시대 한국 정치지도자들 가운데 누구에게도 뒤지지 않는 발군의 업적을 남겼다. 그는 일찍이 언론인 내지 개혁운동가로 입신하여 1896년부터 1904년까지 『매일신문』, 『제국신문』 및 『신학월보』 등 신문과 잡지에 많은 논설을 발표했고, 『청일전기』(1900년 탈고, 1917년 출판)와 『독립정신』(1904년 탈고, 1910년 출판)을 역술 내지 저술했다. 그 후 그는 『한국교회 핍박』(1913)이라는 국문 저서 이외에 『미국의 영향을 받은 [국제법상] 중립』(*Neutrality As Influenced by the United States*, 1912)과 『일본의 내막: 오늘의 도전』(*Japan Inside Out: The Challenge of Today*, 1941)이라는 두 권의 영문 저서를 출판했다. 이승만에게 이러한 업적이 가능했던 것은 태생적으로 총명했던 그가 소년기에 도동서당(桃洞書堂) 등 서울의 일류 서당에서 탄탄한 한학(漢學) 교육을 받은 바탕 위에 배재학당(培材學堂)에 입학하여 영어와 신학문을 연마한 후 도미(渡美)하여 조지 워싱턴(George Washington)대(大)·하버드(Harvard)대 및 프린스턴(Princeton)대 등 미국의 명문 대학교들에서 정규(正規) 학사, 석사 및 박사

과정을 이수했기 때문이다.

이승만이 문필가로서 출중한 업적을 남길 수 있었던 배경에는 또 하나의 남다른 요인이 있었다. 그것은 만 24세부터 29세까지의 재기발랄(才氣潑剌)한 청년기에 그가 5년 7개월 동안 감옥에 갇혀 있으면서 집중적으로 학구적(學究的) 활동을 지속했다는 사실이다. 좀 더 구체적으로 말하면, 그는 1899년 1월 10일부터 1904년 8월 7일까지 서울 한가운데 위치한 한성감옥서(漢城監獄署, 이하 '한성감옥'으로 약칭)에 정치범으로 수감되어 있으면서 동료 죄수들과 함께 성경(聖經) 공부를 하고, 옥중학당(獄中學堂)을 개설 · 운영하며, 서적실(書籍室: 도서관)을 설치하여 동서양의 많은 서적과 신문 · 잡지들을 섭렵하고, 또 영한사전(英韓辭典) 편찬을 시도하면서 엄청난 양의 독서(讀書)와 서역(書役: 글쓰기)을 했다. 그러면서 그는 혼자서 혹은 동호인들과 함께 틈틈이 한시(漢詩)를 지었다. 이러한 문필활동의 일환으로 그는 중국 상하이(上海)에서 출판된 『중동전기본말(中東戰紀本末)』이라는 청일전쟁사를 우리말로 초역(抄譯)한 『청일전기(淸日戰紀)』와 그의 경세서(經世書)인 『독립정신』을 탈고했던 것이다. 이렇게 따져볼 때, 한성감옥이야말로 그에게는 '대학 이상의 대학'이요 '연구소 중의 연구소'였다.

《옥중잡기(獄中雜記)》는 이승만이 한성감옥에서 영어(囹圄) 생활을 할 때 자기의 양장(洋裝) 노트북(공책)에 붓이나 펜으로 꼼꼼히 적어놓은 40개의 문건을 통칭(通稱)하는 말이다. 이 자료집은 이화장(梨花莊)에 소장되어 있었던 '우남이승만문서(雩南李承晚文書)'의 일부분으로서 집필 시기순으로 보아 이승만이 남긴 문집(文集)들 가운데 가장 앞선 것이다. 전체 분량이 150여 쪽에 달하는 《옥중잡기》에는 한문(21건), 영문(12건) 및 국한문(7건)으로 작성된 다양한 주제의 육필(肉筆) 원고들이 담겨 있다. 그런데

《옥중잡기》는 붓이나 펜으로 쓴 난삽(難澁)한 한문 자료들이 주종(主宗)을 이루고 있기 때문에 그것들의 해독이 어려워 그 존재가 일찌감치 학계에 알려졌지만 그것을 활용한 연구는 비교적 적은 편이었다.

이 책은《옥중잡기》전체를 현대 한국어로 번역하여 학계에 제공함으로써 청년기 이승만의 사상 형성과정 연구에 이바지하려는 데 목적이 있다. 필자는 이 해제(解題)에서 우선《옥중잡기》전체의 내용을 개관하고, 다음으로 40개 문건을 주제별로 분류한 다음 각 문건의 집필 배경과 내용을 약술함으로써《옥중잡기》에 대한 이해도(理解度)를 높이고자 한다.[1)]

II.《옥중잡기》의 대강

《옥중잡기》는 이승만이 '옥중에서 쓴 잡다한 글들의 모음'으로 그 내용이 한마디로 복잡다단(複雜多端)하다.《옥중잡기》의 내용을 요령 있게 파악하기 위해서는 그 문건들을 주제별로 나누어 살펴보는 것이 바람직하다. 필자가 40개《옥중잡기》문건들의 내용을 검토해 본 결과 그 문건들은, (가) 이승만의 영어 생활에 관련된 자료들, (나) 한문 논설, (다) 한문 역사 에세이(essay) 및 영문 한국사 연표, (라) 열강이 조선과 체결한 조약들, 1896~1902, (마) 조선에 대한 열강의 제국주의적 속성을 드러낸 문헌들, (바) 세계 인문지리에 관한 문건들, (사) 기타 등 일곱 범주로 분류될 수 있다. 이렇게 분류된《옥중잡기》의 문건들을 목차화(目次化)해 보면 아래의 〈표 1〉과

1) 이 해제는 2000년에 연세대학교 출판부에서 발간된 유영익 편,『이승만 연구: 독립운동과 대한민국 건국』에 수록된「이승만의《옥중잡기》백미」와 2002년에 출판한 유영익,『젊은 날의 이승만: 한성감옥생활(1899~1904)과《옥중잡기》연구』의 내용을 확충 · 보완한 글이다.

같다. (괄호 안의 숫자는 해당 문건의 길이이고, [ ] 안의 글자는 필자가 추가한 것이다.)

〈표 1〉《옥중잡기》의 주제별 분류 목차

가. 이승만의 영어(囹圄) 생활에 관련된 문건들

#1. 「읽은 책들의 목록(所覽書錄)」(5쪽)

#2. 「번역하거나 저술한 책들의 목록(譯著名錄)」(1쪽)

#3. 「1902~1903년간 한성감옥서 사망자 기록(Obituary of Kam Ok Su, 1902~1903)」(3쪽)

#4. 「한성감옥서 서장에게 부치는 서한(寄本署長書)」(6쪽)

#5. 「[성낙준이 쓴] 한성감옥서 학당의 내력([成樂駿] 本署學堂序)」(4쪽)

#6. 「[정해상이 쓴 신학문을 권하는 글(鄭海相, 勸新學書)]」(2쪽)

#7. 「가을밤에 잠 못 들다(秋夜不寐)」(2쪽)

#8. 「[북미 선교사들이] 궁내부협판 이봉래(李鳳來)에게 보내는 서한(Letter to Yi Bong Nai, Vice Minister to the Imperial Household)」(2쪽)

#9. 「[신변사건 비망록, 1902.6.11~1903.6.13] (A Memorandum of Important Personal Events, June 11, 1902~June 13, 1903)」(1쪽)

#10. 「[미국에서] 유학생이 생계유지를 위해 할 수 있는 일거리들(Works of Students for Earning Livelihood)」(1쪽)

#11. 「미국 공사에게 보내는 서한(致美公使書)」(2쪽)

나. 한문 논설들

#12. 「큰 신문사 설립을 청원함(請設大報館)」 (12쪽)

#13. 「한국 사람의 전차 타기(韓人之乘電車)」 (6쪽)

#14. 「새로 번역한 『[청일]전기』의 부록(新譯戰記附錄)」 (4쪽)

#15. 「신학문을 힘써 일으킬 것을 논함(務興新學論)」 (10쪽)

#16. 「도움을 구하려면 배움에 능한 사람을 귀하게 여겨야 함(求益貴能學人)」 (7쪽)

#17. 「나라를 세움에 있어 교화를 근본으로 삼아야 함(立國以敎化爲本)」 (7쪽)

#18. 「[야소교 · 신학문 권장론(耶蘇敎 · 新學問 勸奬論)]」 (7쪽)

다. 한문 역사 에세이들과 영문 한국사 연표

#19. 「나라의 기본정책을 세움(國是計定)」 (3쪽)

#20. 「한 · 청간 국경 획정에 관한 기록(韓淸定界誌)」 (2쪽)

#21. 「[한국사 연표(A Chronology of Important Historical Events in Korea)]」 (1쪽)

라. 열강이 조선과 체결한 조약들, 1896~1902

#22. 「조선 협치에 관한 러시아와 일본 간의 조약(俄日協治朝鮮條約)(1896.5.14)」 (2쪽)

#23. 「조선 협치에 관한 러시아와 일본 간의 제2차 조약(俄日協治朝鮮善後條約)」 (1896.6.9) (2쪽)

#24. 「일영협상 전문(日英協商 全文)」(『漢城新報』 號外, [1902.]2.19)

(1쪽)

#25. 「영일동맹 조약(The Alliance Treaty between Britain and Japan)」(2쪽)

#26. 「한국에서의 일본과 영국 간의 협상(在韓日英協商)」(1902.6.19)(2쪽)

#27. 「[조선에 관한] 러시아, 프랑스, 독일 간의 대외비 조약(俄法德內約)」(1902.7.21.) (2쪽)

마. 조선에 대한 열강의 제국주의적 속성을 드러낸 문헌들

#28. 「러시아 피터 대제의 유언장(俄彼得帝 顧命)」(4쪽)

#29. 「주청 프랑스 대리공사 벨로네가 청의 총리아문(總理衙門) 대신(大臣) 공친왕(恭親王)에게 보낸 조회문(M. de Bellonet to Prince Kung)」(2쪽)

#30. 「일본 이민보호법 개정 전말(日本 移民保護法 改正顚末)」(28쪽)

#31. 「안경수와 권형진 교수형 집행 방문(安駉壽 · 權瀅鎭 處絞榜文)」(1쪽)

바. 세계 인문지리에 관한 문건들

#32. 「미국의 학문을 일으킨 새로운 교육제도(美國興學新法)」(22쪽)

#33. 「1901년 세계 여러 나라의 인구(The Populations of the Different Nations, 1901)」(2쪽)

#34. 「세계 각국의 세입과 세출(Revenue and Expenditures of All Nations)」(1쪽)

#35. 「위인들의 이름(Great Names)」 (2쪽)

#36. 「세계 저명인사들의 이름(The Names of Illustrate [*sic*] Persons in the World)」 (1쪽)

사. 기타

#37. 「한글 역 『중동{청일}전기』 인쇄비(諺譯中東戰記 印刷費)」 (1쪽)

#38. 「평리원 훈령(平理院 訓令)(1900.6.2)」 (2쪽)

#39. 「경부관제(警部官制)(1900.6.8)」 (2쪽)

#40. 「우체규칙 개정건(郵遞規則 改正件)(1901.10.1)」 (2쪽)

III. 《옥중잡기》의 내용 분석

가. 이승만의 영어 생활에 관련된 문건들

이승만은 어려서부터 서당에서 과거(科擧) 등과를 목표로 한학(漢學) 연마에 공을 들였는데, 갑오경장(甲午更張, 1894)을 계기로 과거제도가 폐지되자 1895년 4월(만 20세)에 미국 선교사가 설립한 배재학당에 입학하여 영어와 신학문을 배웠다. 그는 영어를 배운 지 2년여 만인 1897년 7월에 방학 예식에서 600여 명의 국내외 명사들 앞에서 「조선의 독립」("The Independence of Korea")이라는 주제로 영어 연설을 함으로써 세상을 놀라게 했다. 그러한 그가 어떠한 이유로 1899년(만 24세) 1월에 한성감옥에 투옥되었던가? 그 이유를 요약하면 아래와 같다.

첫째, 그는 1898년 3월부터 독립협회가 후원하는 만민공동회(萬民公同會)의 총대위원(總代委員)으로서 고종황제(高宗皇帝)를 받드는 친로(親露) 보수정권의 대(對)내 · 외 정책을 맹렬히 비판하는 신문 논설을 쓰고 대중시위를 벌임으로써 고종을 궁지에 몰아넣었다. 둘째, 그는 고종이 자기를 회유하기 위해 1898년 11월 29일에 황제의 정책 자문기관인 중추원(中樞院)의 의관(議官, 현재의 국회의원에 해당하는 관직)으로 임명하자 이 관직을 받아들이고 제1차 중추원회의(12.16)에 참석하여 고종이 사갈시(蛇蝎視)하는 박영효(朴泳孝, 1861~1939)와 서재필(徐載弼, 1863~1951) 등 두 '역적'들을 포함한 11명의 인사들을 정부 요직(대신 직)에 기용하라고 강박함으로써 고종의 분노를 샀다.[2] 셋째, 이 사건을 계기로 고종이 1898년 12월 25일에 독립협회를 해체하고 1899년 1월 2일에 이승만을 중추원 의관직에서 해임하자, 이승만은 고종을 퇴위(退位)시키고 그 대신 미국 대학에서 5년간 유학(留學)을 한 고종의 다섯째 아들 의화군(義和君) 이강(李堈, 1877~1955)을 새 황제로 옹립한 후 일본에 망명 중인 박영효를 영입하여 그로 하여금 내각중심제 정부를 수립 · 운영케 하려는 박영효 추종자 등의

2) 고종이 박영효와 서재필을 특별히 불신하고 경계한 데에는 — 그들이 갑신정변(1884)을 주도한 인물이었다는 사실 이외에— 나름대로 중요한 이유들이 있었다. 박영효의 경우, 그는 갑오 · 을미 개혁 기간에 친일 개혁파 정부의 내부대신으로서 막강한 권력을 행사하면서, 1895년 7월 6일에 고종을 폐위시키고 민비(명성황후)를 시해하려는 이른바 '불궤(不軌)'를 시도했다가 실패하여 일본으로 망명했다. 서재필의 경우, 그는 갑신정변 후 미국에 망명했다가 1896년에 귀국하여 '중추원 고문'직을 맡아 고종으로부터 고액의 봉급을 받으면서 봉사했는데, 1887년 11월 30일 배재학당을 방문하여 200여 명의 학생들 앞에서 강연할 때 "사람은 자기의 권리를 지키기 위해서는 임금이나 지아비를 죽여도 좋다."라는 망언을 했기 때문에 1897년 12월에 중추원 고문직에서 해고당하고 그 다음 해 5월에 미국으로 추방되었다. 유영익, 「갑오 · 을미년간(1894~1895) 박영효의 개혁활동」, 『국사관논총』 36, 12~13쪽; 국사편찬위원회 편, 『(영문) 윤치호 일기』 5 (국사편찬위원회, 1975) 118쪽.

쿠데타 음모 — 이른바 무술년정변(戊戌年政變) — 에 가담했다. 이에 격노한 고종은 이승만을 국사범(國事犯)으로 간주하고 그를 체포하여 엄벌하기로 결심했다. 그 결과 이승만은 1899년 1월 9일 시위제2대대(侍衛第2大隊) 소속 군졸에게 체포되어 경무청(警務廳) 감방으로 끌려가 그곳에서 혹독한 고문을 당한 후 1월 10일 한성감옥에 투옥되었다.[3]

한성감옥에서 재판받을 날을 기다리던 이승만은 1월 30일 옥 안의 두 동료 — 즉, 최정식(崔廷植) 및 서상대(徐相大) — 와 함께 전덕기(全德基, 1875~1914)와 주상호(周相鎬, 일명 周時經, 1876~1914)가 몰래 차입해 준 권총을 휘두르며 탈옥(脫獄)을 시도했다. 불행히도 이 모험이 실패함으로써 그는 한성감옥에 재수감되고 말았다. 재수감된 이승만은 5개월 동안 목에 무거운(10kg) 칼을 쓰고 손과 다리가 수갑과 차꼬에 묶인 상태에서 처형당할 날만을 초조하게 기다렸다. 이 같은 한계상황에서 그는 2월 22일 평생 처음으로 "오 하나님! 저의 영혼을 구해 주시옵소서. 오 하나님 우리나라를 구해 주시옵소서."라는 기도를 간절히 드림으로써 기독교에 귀의했다. 기독교를 받아들인 후 마음의 평강을 누리고 있던 그는 — 아마도 주한(駐韓) 미국 공사(公使) 알렌(Horace N. Allen. 한국명 安連)의[4] 석방 노력이 주효하여[5] — 7월 11일에 열린 평리원(平理院, 고등재판소) 재판에서 사형을

---

3) 이승만이 한성감옥에 투옥된 경위에 관해서는 유영익, 『젊은 날의 이승만』, 12~20쪽 참조.

4) 알렌은 1884년에 미 북 장로교 선교부에서 한국에 파견한 선교사였는데 1887년에 주한 미국 공사로 임명되어 1905년까지 한국에 머물면서 대한제국의 외교와 개화운동에 막중한 영향력을 발휘했다. 한국에서의 그의 다양한 활동에 관해서는 Fred Harvey Harrington, *God, Mammon and the Japanese: Dr. Horace N. Allen and Korean-American Relations, 1884~1905* (Madison, Milwaukee and London: The University of Wisconsin Press, 1966) 참조 바람.

5) 알렌 공사는 1899년 1월 17일에 대한제국 외부대신 박제순(朴齊純)에게 이승만을 조

면하고 그 대신 태일백(笞一百) 종신형(終身刑)에 처해졌다. (이승만의 형기(刑期)는 1899년 12월 두 차례의 감일등(減一等) 특사(特赦)로 인하여 10년으로 단축되었다.)

평리원 재판에서 사형(死刑)을 면한 이승만은 1899년 7월 11일에 자기 목에 걸린 칼과 손, 발을 묶어 놓았던 수갑과 차꼬에서 해방되자마자 — 일반 죄수들과 함께 일정한 노역(勞役)을 하면서— 독서와 서역에 착수했다. 이렇게 비교적 '안정된' 영어생활을 하게 된 이승만에게 1900년 2월 14일 예상치 못한 행운이 다가왔다. 즉, 자기에게 호감을 가진 김영선(金英善)이라는 옥리(獄吏)가 감옥서장(監獄署長)으로 부임하면서 이승만을 물심양면으로 후대(厚待)하고 그의 독서 및 서역을 은근히 격려해 주었다.

1902년 8월에 한성감옥에 콜레라(cholera: 호열자)가 창궐했다. 이때 이승만은 솔선하여 이 무서운 전염병을 퇴치하는 일에 앞장섰다. 그는 자기의 절친한 외국 친구인 (왕립병원) 제중원(濟衆院)의 원장 애비슨(Oliver R. Avison)으로부터 콜레라 퇴치에 필요한 의약품을 지원받아 몸소 환자들을 치료하고 시신을 수습하는 일에 헌신했다. 그 결과 1902년 10월에 이르러 한성감옥의 콜레라는 60여 명의 사망자를 내고 완전히 퇴치되었다. 그 당시 한성감옥에는 350여 명의 죄수가 지극히 열악한 위생 상태에서 밀집 생활을 하고 있었기 때문에 콜레라로 인한 사망자가 하마터면 백여 명에 달할 가능성이 있었는데 이승만의 헌신적 노력으로 60여 명의 사망자를 내고 퇴치되었던 것이다. 《옥중잡기》의 문건#3은 이승만이 자기의 '기적적인' 업적을 애비슨에게 알리기 위해 적어놓은 것이다.

이승만이 투옥되었을 당시 한성감옥은 북창동(현재의 서린동)에 있는 낡

속히 석방할 것을 요청하는 공문을 발송했는데, 이에 대해 박 대신은 1899년 1월 24일에 비교적 긍정적인 회답을 했다. 유영익, 『젊은 날의 이승만』, 15~16쪽 참조.

은 쌀 창고를 개조한 것이었는데, 1902년 4월 20일에 종로 입구에 신축된 벽돌 건물로 이사했다. 이승만은 이 종로감옥에서 콜레라를 퇴치함으로써 그의 인기가 최고조에 달한 시점에 김영선 서장에게 '옥중학당(獄中學堂)'을 개설해달라고 요청했다. 문건#4는 바로 이 요청을 담은 편지이다. 김영선 서장이 이승만의 요청을 흔쾌히 받아들임으로써 1902년 10월 초에 새 건물 안에 전대미문(前代未聞)의 '옥중학당'이 발족되었다. 이승만은 이 학당의 교장역을 맡아 학당에서 가끔 국어, 영어 혹은 윤리 등을 가르쳤고, 동료 정치범인 신흥우(申興雨, 1883~1959)는 산수와 지리를, 양의종(梁宜宗, 일명 양기탁, 1871~1938)은 한문을, 안경수의 아들 안명선(安明善)은 역사를 그리고 '동경대학을 졸업한' 공원달은 일본말을 각각 가르쳤다.[6)]

성낙준(成樂駿)이 쓴 '한성감옥서 학당의 내력'이란 제목의 문건#5는 '전(前) 추상(樞相: 중추원 의관)' 이승만이 한성감옥 안에 학당을 개설하고 운영한 경위를 약술하면서 그의 비범한 능력과 고매한 인격을 찬탄한 내용의 글이고, 정해상(鄭海相)이 쓴 「신학문을 권하는 글」(문건#6)은 정해상이 자기 자질(子姪)들에게 한학(漢學) 공부를 지양하고 이승만이 역설하는 신학문을 배울 것을 권장하는 내용의 편지이다.

이승만에게 영어 생활은 외롭고 고통스러운 일정의 연속이었다. 이 견디기 어려운 감옥생활을 하루라도 빨리 면하고 싶었던 그는 매일 가족들로부터 황제의 특사 소식을 학수고대(鶴首苦待)했다. 집필 날짜 미상의 「가을

---

6) 김영선 서장이 이승만을 시종일관 우대한 것은—다른 무엇보다도—1885년부터 1896년까지 고종의 측근으로서 정부의 고위직을 차지하고 있던 한규설(韓圭卨)로부터 이승만을 잘 보살펴 줄 것을 부탁하는 밀서(密書)를 여러 번 받았기 때문이다. 유영익, 『젊은 날의 이승만』, 43~45쪽 참조. 옥중학당의 교사진(敎士陣)에 관해서는, 「이승만을 말한다: 신흥우와 올리버의 대담, 1949년 4월 12일」, 이정식, 『이승만의 구한말 개혁운동』(배재대학교 출판부, 2005), 398쪽 참조.

밤에 잠 못 들다(秋夜不寐)」라는 한문 수필)(문건#7)은 옥중에 갇힌 이승만의 외로운 심기와 지사(志士)로서의 우국충정(憂國衷情)을 드러낸 산문(散文)이다. 이 글은 옥중에서 이승만이 지은 196수(首)의 한시(漢詩) 및 한문 논설들과 함께 그의 탁월한 한문 문장력(文章力)을 증명하는 격조 높은 글이다.

이승만이 영어 생활을 시작한 지 약 2년이 지난 1901년 11월 9일에 그를 아끼는 서울 주재 북미 선교사들 5명 — 즉, 아펜젤러(Henry G. Appenzeller), 애비슨, 벙커(Dalziel A. Bunker), 헐버트(Homer B. Hulbert) 및 게일(James S. Gale) — 이 고종황제의 탄신(誕辰)기념일을 계기로 궁내부협판(宮內府協辦[*sic*]) 이봉래(李鳳來)에게 연명(聯名) 탄원서를 제출했다. 이들 선교사는 이 탄원서를 통해 '고종이 얼마 전에 언더우드 선교사에게 언약한 대로' 이승만을 조속히 석방해 줄 것을 촉구했다.[7] 영문 문건#8은 바로 이 탄원서의 부본(副本)이다.

이승만은 선교사들의 석방 노력에도 불구하고 감옥에서 풀려나지 못하고 있다가 드디어 러일전쟁이 발발한 후 반년이 지난 1904년 8월 7일에 출옥했다. 이승만이 출옥하기 약 한 달 전인 1904년 7월 초에 미국 공사 알렌이 대한제국 외부(外部)와 주한(駐韓) 일본공사관에 드나들면서 이승만을 조속히 석방할 것을 촉구하는 로비를 벌이고 있다는 소문이 나돌았다. 이 소문을 들은 이승만은 7월 18일에 미국 공사에게 자기의 석방을 위해 동분서주(東奔西走)하는 것은 사분(私分)으로는 한없이 고마운 일이지만 공적

---

7) 1901년 11월 9일 자 이승만의 석방 탄원서에 서명한 북미 선교사들의 배경에 관해서는, 유영익, 『젊은 날의 이승만』, 46~48쪽 참조. 국사편찬위원회 편, 『고종실록』과 『고종시대사』 등에 의하면, 이봉래는 1901년 11월 9일에 내부협판(內部協辦)으로 임명되어 그 직위를 1904년 3월까지 유지했다. 북미 선교사들이 고종에게 보낸 탄원서에서 그를 '궁내부협판'이라고 지칭한 것은 오류였다고 판단한다.

(公的)으로 볼 때 피차간 떳떳한 일이 아니라고 말하면서, 자기는 "차라리 억울함을 안고 옥중에서 죽을지언정 구차스럽게 외국 공사의 도움으로 출옥하지 않겠다"는 내용의 편지(문건#11)를 썼다. 이 편지는 국한문으로 작성되었다. 이 점으로 미루어 이 글은 이승만이 국내 신문에 투고할 목적으로 쓴 것이 아닐까 싶다. 그러나 8월 7일에 그가 고종황제의 특사로 석방되었기 때문에 이 편지는 공개되지 않은 채 《옥중잡기》에 남게 되었다. 여하튼 이 글은 청년 이승만의 꿋꿋한 자주 · 독립정신을 엿볼 수 있게 해주는 소중한 자료이다.

《옥중잡기》에 포함된 문건들 가운데 가장 중요한 것은 5쪽에 달하는 「소람서록(所覽書錄)」(문건#1)과 「역저명록(譯著名錄)」(문건#2)이다. 「소람서록(읽은 책들의 목록)」의 서두에는 '1899년 6월에 시작함'이라는 주(註)가 달려있고, 「역저명록(번역하거나 저술한 책들의 목록)」의 말미에는 '1902년 6월 18일에 끝냄'이라는 주가 붙어있다. 이로써 미루어 이승만은 평리원 재판에서 자기의 형이 확정된 1899년 7월부터 많은 책과 신문 · 잡지 등을 읽기 시작했고, 1902년 6월 18일까지 거의 열권의 책을 번역 · 출판했음을 알 수 있다.

이 두 목록 중 '소람서록'에 실린 자료들을 필자 나름대로 정리해본 것이 아래 〈표 2〉에 보이는 '동문'(東文, 즉, 국한문과 한문) 자료들과 '서문'(西文, 즉, 영문) 자료들(단행본 서적 및 신문 · 잡지들)이다.[8)]

8) 이광린, 「한역 기독교 서적의 한국 전래와 그 영향」, 『개화기 연구』(일조각, 1994), 1~18쪽 참조.

〈표 2〉 이승만이 1899년 1월부터 1902년 6월까지 옥중에서 읽은 책들과 신문·잡지들

A. 동문(東文) 자료들

1. 『신약(성경)(新約(聖經)』
2. 『덕혜입문(德惠{慧}入門)』
3. 『묘축문답(廟祝問答)』
4. 『로득개교실기(路得改敎實記)』
5. 『자서조동(自西徂東)』
6. 『암실등주(暗室燈註)』
7. 『성화박의(醒華博議)』
8. 『구구신론(九九新論)』
9. 『좌교휘편(左敎彙編)』
10. 『태서신사(泰西新史)』(Robert Mackenzie, *The Nineteenth Century: A History*)
11. 임락지(林樂知. 미국명: Young J. Allen). 채이강(蔡爾康) 공저, 『중동전기본말(中東戰紀本末)』
12. 현채(玄采). 유근(柳瑾) 초역(抄譯), 『국한문중동전기(國漢文中東戰紀)』
13. 유길준(俞吉濬), 『서유견문(西遊見聞)』
14. 『박물신편(博物新編)』
15. 『공법회통(公法會通)』
16. 『약장합편(約章合編)』
17. 적안산인(荻岸山人), 『평산냉연(平山冷燕)』

18. 김만중(金萬重), 『구운몽(九雲夢)』
19. 『척독합벽(尺牘合璧)』
20. 『한문 만국공보(漢文萬國公報)』
21. 『신학월보』

B. 西文(영문) 자료들

- 단행본 서적:

1. *The New Testament* (『新約聖經』)
2. John Bunyan, *Pilgrim's Progress* (『天路歷程』)
3. Peter Parley, *Universal History* (『萬國略史』)
4. William Swinton, *Outline of the World's History* (『萬國史略』)
5. William E. Griffis, *Corea: The Hermit Nation* (『朝鮮史記: 顏處士國』)
6. *Arithmetic* (『(英文) 算學』)
7. *The Junior History of Methodism* (Studied and translated)
8. *English Grammar Material Primer* (Translated, April 9th, 1902)
9. *Over Sea and Land* (Good for young)
10. *The Young Men of India*
11. *Young Men's Christian Association*
12. *Leaves from the Tree of Life*
13. *Love Thy Neighbor as Thyself*
14. *Closer Walk*
15. *The Two Servants*
16. *Pleasant Hours*

17. *On Lookers* [*sic*]

18. *Women's Work for Women*

19. *World Wide Missions* [*sic*]

- 신문:

20. *The Independent* (영문판 『독립신문』)

21. *London Times*

22. *North Chinese Herald*

23. *Japan Tribune/ Times*

24. *Cobe* [*sic*] *Chronicle*

- 잡지:

25. *Gospel in All Lands*

26. *Missionary Review* [*of the World*]

27. *The Epworth Herald*

28. *Our Own Magazine* [*for Young People*]

29. *Northwestern Christian Advocate*

30. *The Christian Advocate*

31. *The Bible Society Monthly Reporter*

32. *Christian Advocate*

33. *The Assembly Herald*

34. *The American Monthly Review of Reviews*

35. *Scribner's Magazine*

36. *The Korea Field* (Published in Chung Dong)

37. 영문월보(英文月報)

38. 영문잡[지](英文雜[誌])[9)]

이승만은 1903년 1월 중순에 성서공회(聖書公會: The Bible Society)로부터 재정적 지원을 받아 옥중에 서적실(書籍室)을 개설했다. 이승만이 출옥한 1904년 8월까지 이 서적실에는 한문 책 223종 338권, 한글 책 52종 165권 및 영문 책 20종 20권 등 총 294종 533권의 책이 비치되어 있었다.[10)] 그런데 〈감옥서도서대출부(監獄署圖書貸出簿)〉를 살펴보면, 이승만은 이 서적실에서 1904년 8월까지—위의 〈표 2〉에 제시된 서적들 이외에—『근대교사열전(近代敎士列傳)』, 『장원양우상론(張袁兩友相論)』, 『삼요록(三要錄)』, 『효경부모(孝敬父母』, 『천지기이지(天地奇異志)』, 『흥화신의(興華新義)』, 『야소실적(耶蘇實蹟)』, 『고교휘삼(古敎彙參)』, 『지구일백명인전(地球一百名人傳)』. 『태서십팔주사남요(泰西十八周史攬要)』 등 한문 서적과 『구신약전서(舊新約全書)』, 『천로역정』, 『찬미가』, 『그리스도신문』 등 국문 자료들을 대출하여 읽었다.[11)]

이상의 정보들을 종합해 보면, 우리는 이승만이 옥중에서 '타(他)의 추종

9) 이정식, 『이승만의 구한말 개혁운동』, 112~22쪽. 그런데, 《옥중잡기》에는 미국인 애보트(Lyman Abbott)가 편집·출판한 *The Outlook*이라는 주간지(週刊誌)가 전혀 논급되지 않고 있다. 그러므로 옥중의 이승만이 애보트의 영향을 가장 많이 받았다는 이정식의 견해는 재고되어야 할 것이다.

10) 옥중 서적실에 비치되었던 52종의 한글 서적과 223종의 한문 서적들에 관해서는, 유영익, 『젊은 날의 이승만』, 85~93쪽 참조.

11) 이 책들이 종로감옥에 수감된 죄수들의 기독교 전도에 끼친 영향 등에 관해서는 이광린, 「구한말 옥중에서의 기독교 신앙」, 『동방학지』 제46, 47, 48합집 (1985.6), 492~498쪽 및 이소연(기자), 「한성감옥 옥중도서관서…구한말 개혁파들, 근대 민주국가 꿈꿨다」, 『동아일보』 2022년 3월 24일, A20쪽 참조.

을 불허하는 수준의' 엄청난 양의 독서를 하고 있었음을 확인할 수 있다. 그런데 그는 한문 내지 국문 서적보다 영문(英文)으로 쓰인 자료들을 더 많이 읽었다고 여겨진다. 왜냐하면 그는 한국 · 영국 · 중국 및 일본에서 발간된 영자(英字) 신문들과 월간 잡지들을 탐독하고 있었기 때문이다. 이로 미루어 우리는 옥에 갇힌 이승만이 옥 밖의 일반 지식인들보다 세계정세를 더 넓고 정확하게 파악하고 있었다고 말할 수 있다.

「소람서록」에 나타난 이승만의 독서 취향을 살펴보면, 그가 관심을 기울인 책들의 우선 순위는, (1) 기독교 전도 관련 서적, (2) 역사 서적, (3) 외교, 국제법 및 시사(時事) 관련 서적, (4) 문학 서적, 그리고 (5) 수학 및 영문법 등 옥중학당에서 학생을 가르치는 데 필요한 교과서들이었다.

이승만은 기독교 관련 서적들 가운데 『신약성경』을 으뜸으로, 그리고 번연(John Bunyan)이 쓴 『천로역정(*Pilgrim's Progress*)』을 그 다음으로 숙독(熟讀)했음을 알 수 있다. 이들 이외에 그는 중국 상하이에서 활동하는 영 · 미 선교사들이 설립 · 운영하는 기독교 전도 출판사인 광학회(廣學會: The Society for the Diffusion of Christian and General Knowledge among the Chinese)에서 발간한 — 한문으로 쓰인 — 기독교 전도서 및 교리서들을 많이 읽었음을 알 수 있다. 이 서적들은 서울에 거주하거나 서울을 방문한 미국 선교사들 — 그중에서도 특히 아펜젤러, 애비슨, 벙커 및 셔우드(Eddy Sherwood) 등 — 이 그를 위해 구매하여 차입(差入)해준 것들이었다고 여겨진다.

이승만은 옥중에서 영문 · 한문 및 국한문으로 쓰인 역사 서적들을 많이 읽었다. 그가 읽은 역사책들의 원(原) 저자명 · 책명 · 출판사명 및 초판 발간 연도 등은 아래와 같다.

〈표 3〉 이승만이 옥중에서 읽은 역사책들

『태서신사남요(泰西新史攬要)』: Robert Mackenzie. *The Nineteenth Century: A History*. London: Henry S. King & Co., 1877.

『만국약사(萬國略史)』: Peter Parley, *Universal History*. Massachusetts: The Heirs of S. G. Goodrich, 1874.

『만국사략(萬國史略)』: William Swinton. *Outline of the World's History, Ancient, Mediaeval, and Modern, with Special Relation to the History of Civilization and the Progress of Mankind*. New York and Chicago: Ivison, Blakeman & Company, 1874.

『조선사기: 안처사국(朝鮮史記: 顔處士國)』: William Elliot Griffis. *Corea: The Hermit Nation*. New York: Charles Scribner's Sons, 1882.[12)]

『중동전기본말(中東戰紀本末)』: 임락지(林樂知) · 채이강(蔡爾康). 上海: 廣學會, 1897.

『국한문중동전기(國漢文中東戰紀)』: 임락지(林樂知) · 채이강(蔡爾康) 編著, 현채(玄采) · 유근(柳瑾) 抄譯, 上·下. 서울: 皇城新聞社, 1899.

---

12) 이 책은 이승만이 읽은 최초의 영문 한국통사(韓國通史)이다. 그런데 1882년에 출판된 초판에서부터 1907년에 출판된 제8판까지 조미조약의 체결 경위만을 다루고 그 내용을 소개하지 않았다. William E. Griffis, *Corea: The Hermit Nation* (New York: Charles Scribner's Sons, 1907) pp. 433~435. 따라서 이승만은 1904년 11월에 도미(渡美)하여 미 국무장관 및 대통령과 면담했을 때 조미조약의 제1조에 명기된 거중조정(居中調停) 의무에 관해서 잘 몰랐을 것 같다. Young Ick Lew (유영익), *The Making of the First Korean President: Syngman Rhee's Quest for Independence, 1875~1948* (Honolulu: University of Hawai'i Press, 2014), p. 310 참조.

이승만은 이들 사서 가운데 『만국사략』과 『중동전기본말』, 그리고 『조선사기』를 1904년 6월 29일에 탈고한 그의 명저 『독립정신』에서 많이 원용했다.

이승만이 읽은 책들 가운데 『공법회통(公法會通)』과 『약장합편(約章合編)』 등 국제법 관련 책들이 포함되어 있었는데 이것은 그가 국제정치와 외교에 깊은 관심을 쏟고 있었음을 증명한다. 또 그의 독서목록에 유길준(兪吉濬)이 지은 『서유견문(西遊見聞)』(東京: 交詢社, 1895)이 포함되어 있었다는 사실은 이승만이 이 무렵에 유길준의 개혁운동에 관심이 많았음을 의미한다. 그리고 이승만의 독서목록에 18세기 초 중국 작가 적안산인(荻岸山人)이 쓴 재자가인(才子佳人: 재주 있는 남자와 아름다운 여자) 소설 『평산냉연(平山冷燕)』과 김만중(金萬重, 1637~1692)이 쓴 『구운몽(九雲夢)』이 포함되어 있었다는 것은 그가 옥중 생활의 무료함을 달래기 위해 시작(詩作) 이외에 소설 읽기를 즐겼다는 증거이다.

이승만은 「소람서록」의 아랫부분에 1902년 6월 18일까지 탈고한 「역저명록(譯著名錄)」을 추가했다. 그런데 이승만이 옥중에서 『중동전기본말』이라는 한문 청일전쟁사(淸日戰爭史)를 『청일전기』라는 제목의 한글 초역본(抄譯本)으로 만드는 작업을 끝낸 날짜가 1900년 7월 20일, 「신영한사전(新英韓辭典: *A New English-Korean Dictionary*)」의 편찬작업에 착수한 때가 1903년 4월 20일, 그리고 『독립정신』 집필에 착수한 날짜가 1904년 2월 19일이었던 점 등으로 미루어, 아래의 〈표 4〉에 보이는 「역저명록」은 이승만이 1900년 초부터 1903년 초반까지 번역하거나 저술한 책들이었다고 말할 수 있다.

〈표 4〉 1900년 초부터 1903년 4월까지 한글로 번역하거나 저술한 책들

- 번역서:

『청일전기(淸日戰紀)』(대본(臺本): 임락지 · 채이강 편저, 『中東戰紀本末』

『만국사략(萬國史略)』(대본: William Swinton, *Outline of the World's History*)

『만국공법요략((萬國公法要略)』(대본: T. G. Laurence, *A Handbook of International Law*)13)

『주복문답(主僕問答)』(대본: 한문으로 쓰인 『주복담도(主僕談道)』

The Junior Methodist History

English Grammar Material Primer (April 9th, 1902)

- 저서:

『체역집(替役集)』

『산술(算術)』

『적주채벽(摘珠採璧)』

---

13) 이승만은 1910년 3월에 문양목(文讓穆)의 명의로 작성된 『독립정신』의 영문 서평(書評)에서 저자(이승만)는 『만국공법』을 우리말로 번역했다고 기술했다. Young Ick Lew, *The Making of the First Korean President*, p. 305. 오영섭도 이승만이 옥중에서 『만국공법』을 번역했다고 주장했다. 그런데 오영섭은 그것이 영국의 공법학자 로렌스(T. G. Laurence)가 1885년에 출판하고, 상하이에서 임락지(林樂知)와 채이강(蔡爾康)이 1903년에 공역 · 출판한 *A Handbook of International Law* 『만국공법요략(萬國公法要略)』를 번역한 것이라고 추단했다. 오영섭, 「개항 후 만국공법 인식의 추이」 『동방학지』 124 (2004), 456, 492쪽 참조.

위의 역·저서들 가운데 현재 입수 가능한 책은 『청일전기』와 자작(自作) 한시(漢詩) 모음인 『체역집』뿐이다. 이들 이외의 책 가운데 『산술』은 이승만의 「소람서록」에 나타난 『(영문)산학』의 번역본이고, 『적주채벽』은 이승만이 옥중에서 애독했던 중국인과 한국인의 한시 모음이었다. 그리고 번역서들 가운데 『만국사략』은 스윈튼(William Swinton)이 1874년에 출판한 *Outline of the World's History*의 한문 번역본을 한글로 번역한 것이고, 『만국공법요략』은 로렌스(T. G. Laurence)가 1885년에 출판한 *A Handbook of International Law*를 1903년에 임락지와 채이강이 공역·출판한 『만국공법요략(萬國公法要略)』을 우리말로 번역한 책이며, 『주복문답』은 상하이에서 한문으로 출판된 『주복담도(主僕談道)』라는 기독교 전도서의 한글 번역본이었을 것으로 추정한다.

나. 한문 논설들

이승만은 옥중에서 『제국신문』과 『신학월보』에 한글 논설들을 무기명 혹은 기명으로 투고했다. 이러한 한글 논설들은 대부분 1904년 6월에 탈고한 그의 『독립정신』에 원용되었다. 이들 이외에 그는 7편의 한문 논설들을 집필했는데, 그 원고들은 신문이나 잡지에 발표되지 못하고 《옥중잡기》에 수록되어 있다. 이것들은 이승만의 문적 가운데 유일하게 한문으로 집필된 논설인데다 이승만이 붓으로 직접 쓴 수필본(手筆本)이라는 점에서 한국 서예사가(書藝史家)들의 주목을 끌 만하다.

《옥중잡기》에 실린 한문 논설들 가운데 「신역전기부록(新譯戰記附錄)」(문건#14)에만 1900년 7월 31일이라는 집필 날짜가 명시되어 있다. 「한인지승전차(韓人之乘電車)」(문건#13)라는 제목의 논설은 1899년 5월 27일한미(韓美) 양국 간의 외교분쟁을 야기시켰던 교통사고에 관련된 논설이기 때문에 그 집필 시기를 1899년 5~6월경으로 볼 수 있다. 나머지 논설들은 이승만이 옥중에서 「신영한사전」의 편찬작업에 착수한 1903년 4월까지의 기간에 집필되었을 것으로 추정한다. 이 글에서는 이승만의 한문 논설 가운데 전문(全文)이 보존된 여섯 가지만을 골라 그 내용을 요약해 보기로 한다.

#12. 「큰 신문사 설립을 청원함 (청설대보관: 請設大報館)」

이것은 '어느 고명(高明)한 인사'의 자문에 응답하는 형식으로 쓰인 논설로서 서울에 신문사를 개설하는 것이 대한제국의 외우내환(外憂內患)을 극복하는 데 일거양득(一擧兩得) 이상의 효과를 거둘 수 있는 양책(良策)임을 주장한 글이다. 이 글에서 이승만은 우선 한국이 당면한 위기를 '사람이 섶을 안고 불 속에 누운 것'보다 더 위험한 상황에 비유하고 그 실체를 외교와 내치의 양면에서 분석한 다음 미증유의 국난(國難)을 극복하기 위해서는 신문사를 개설하는 것이 최선의 방책이라고 역설했다.

이어서 그는 정부 당국이 우려해야 할 '민심의 준동(蠢動)'을 논하는 가운데 갑오년(1894)의 '동도(東徒)/동비(東匪)'(동학농민군)와 을미 · 병신년(1895~1896)의 의병(義兵)을 모두 중국의 의화단(義和團)에 비유하면서 부정적으로 평가했다. 동학농민봉기와 을미의병에 대한 이승만의 부정적 견해는 비단 이 논설에서뿐만 아니라 《옥중잡기》의 「신역전기부록」과 「한인지승전차」 그리고 『청일전기』와 『독립정신』 등 역 · 저서에도 나타나고 있다.[14] 이것은 개화파 계열에 속했던 이승만의 반(反)민중주의 내지 반

---

14) 오영섭 역주 · 김명섭 해제, 우남이승만전집발간위원회 · 연세대학교 이승만연구원 편, 『독립정신』(연세대학교 대학출판문화원, 2019), 267, 372쪽 및 김명섭, 김효선 교감 · 주해, 오영섭 해제, 우남이승만전집발간위원회 · 연세대학교 이승만연구원

(反)폭력주의 사상의 일면을 드러내는 예로서 주목을 요한다.

#13. 「한국 사람의 전차 타기 (한인지승전차: 韓人之乘電車)」

이 논설은 1899년 5월 27일 서울에서 미국인이 경영하는 한성전차회사(漢城電車會社) 소속의 전차(電車)가 한국 어린이를 치사(致死)한 사건이 일어났는데, 이때 사건을 목격한 군중들이 전차를 때려 부수고 이를 소각(燒却)하며 차고(車庫)를 파괴하자 전차회사 측에서 미국공사관을 통해 배상을 요구했다. 이를 계기로 시민들이 전차회사와 미국공사관에 항의하는 소동을 벌이자 도하(都下) 신문들이 지상에 연일 반개화(反開化) 내지 반미(反美)적 성격의 논설을 발표한 것을 배경으로 집필된 글이다.

이 글에서 이승만은 신문사의 주필들이 민심을 격발(激發)시키는 선동적 논필을 휘두르는 데 반대하면서 "나만은 홀로 그렇게 생각하지 않는다."라고 전제한 다음 자기 나름의 주장을 피력하고 있다. 이승만은 한국이 외국과 통상하기로 약정한 다음 그 약속을 제대로 지키지 않았기 때문에 외모(外侮)와 내우(內憂)가 심해졌다고 지적하면서, 한국인이 서양의 문물을 더 이상 배척하지 말고 일본을 본받아 외국과의 수호(修好)와 통상(通商)에 힘쓸 것을 강조하고 있다. 특히 그는 한국이 문호개방정책을 따르면 우리에게 개국을 강요한 열강에게 유익할 뿐만 아니라 우리나라에도 유익한 것이라고 주장하면서, 만약 한국인이 계속해서 외세(外勢)를 배격하면 청(淸)나라가 청일전쟁(1894~1895)에서 패한 후 무술정변(戊戌政變)(1898)에서 실패하고, 급기야 1900년에 이르러 의화단사건이 일어남으로써 외국 군대가 수도를 유린하게 된 전철(前轍)을 밟게 될 것이라고 경고하고 있다.

편, 『청일전기』 (연세대학교 대학출판문화원, 2020), 338~339쪽 참조.

#14. 「새로 번역한 『[청일]전기』의 부록 (신역전기부록: 新譯戰記附錄)」

이 한문 논설은 이승만이 1900년 7월 31일에 한글로 탈고한 『청일전기』의 출판을 앞두고 이 책을 보수층(保守層) 독자들에게 홍보할 목적으로 집필한 글이다. (이 부록은 1917년에 호놀룰루에서 출판된 『청일전기』에는 실려 있지 않다.) 『청일전기』는 중국 상하이에서 활약하던 미국인 선교사 임락지(林樂知)와 중국인 학자 채이강(蔡爾康)이 함께 편술한 『중동전기본말(中東戰紀本末)』(上海: 廣學會, 1897)이라는 청일전쟁사를 이승만이 한글로 초역(抄譯)하고 거기에 자신의 사평(史評)을 곁들인 책이다. 그는 이 책을 집필할 때 우리나라 사학자 현채(玄采, 1856~1925)와 유근(柳瑾, 1861~1921)이 국한문으로 초역한 『중동전기(中東戰紀))』(서울: 황성신문사, 1899) 2권을 참조했다고 밝혔다.[15]

이 부록에서 이승만은 한문에 익숙한 당시 국내의 '뜻있는 군자(君子)들'을 대상으로 신학(新學: 신학문)이 당금(當今)의 급무임을 강조한 다음 네 가지의 국가 개진(改進) 방략, 즉 (1) 학교를 세워 학문을 일으킬 것, (2) 민회(民會)를 열어 토론을 할 것, (3) 신문사를 설립할 것, (4) 도서관을 설립할 것 등을 제시했다. 이승만은 이 논설의 말미를 아래의 '부탁의 말씀'으로 끝을 맺고 있다.

> 화로 같은 감옥에 갇힌 몸으로 더위를 무릅쓰고 땀을 뿌리면서 아침저녁으로 부지런히 힘써 다행히 집필을 마쳤다. 그러나 편집과 인쇄가 성공하기 위해서는 많은 조력이 필요하며 정성만으로 되는 것은 아니다. 마땅히 동지와 군자들의 도움에 힘입어 이 일이 완성된다면 이제까지의 모든 일이

15) 이승만 저, 연세대학교 이승만연구원 편, 『청일전기』, 16쪽.

헛수고로 돌아가지 않을 것이다.

말하자면, 이승만은 자기가 공들여 탈고한 『청일전기』의 인쇄와 출판에 필요한 비용을 '동지와 군자들'이 지원해 줄 것을 부탁하고 있다.

#15. 「신학문을 힘써 일으킬 것을 논함 (무흥신학론: 務興新學論)」

이 논설은 이승만이 자기의 고유한 역사관과 개혁방법론을 드러낸 돋보이는 글이다. 이 논설의 서두에서 이승만은 당시 한국이 처한 상황을 역사상 그 유례를 찾아볼 수 없는 위기(危機)라고 진단하고, 한국이 장차 인도 · 베트남 · 미얀마 및 태국처럼 서구 열강의 식민지로 전락하지 않기 위해서는 이웃 나라 일본을 본떠서 구미(歐美)지향의 제도개혁을 추진하되, 특히 신학문 위주의 교육개혁을 추진해야 한다고 역설하고 있다. 이러한 교육개혁의 구체적 방안으로 그는 외국 유학, 학교 설립, 외국인 고문관 유치 등을 제시하고 있다.

이 글의 말미(末尾)를 주의 깊게 살펴보면, 이승만이 이 논설을 한문으로 집필한 특별한 이유를 간파할 수 있다. 즉, 그는 1894년의 갑오경장을 통해 종래의 과거(科擧)제도가 폐지됨을 계기로 '과문(科文)을 완전히 포기하지 않은 채 한가롭게 나날을 보내는' 선비들 가운데 '책 상자를 짊어지고 고향을 떠나 비류(匪類) 등의 요사스러운 잡술에 빠지는' 경향이 있는데 그들이 이렇게 자포자기(自暴自棄)하지 말고 오히려 눈을 해외로 돌려 — 문벌(門閥)과 신분(身分)에 구애됨이 없이 — 외국으로 유학하여 자신들의 식견과 재지(才智)를 넓힘으로써 장차 동포를 구제하는 일에 '불후(不朽)의 공(功)'을 세워보라고 권하고 있다.

#16. 「도움을 구하려면 배움에 능한 사람을 귀하게 여겨야 함 (구익귀능학인: 求益貴能學人)」

이승만은 지구상에 존재하는 모든 나라는 문명과 야만의 차이가 있으며 이러한 차이는 배움에 달려있다고 전제한 다음, '반문명(半文明)' 상태에 놓인 한국인이 존비와 귀천에 구애받지 말고 유능한 자로부터 배우고 유능하지 못한 자를 가르치면서 서구의 '문명인'들이 먼저 개발한 신학문, 신종교, 신기술 등을 익히면 우리도 문명인이 될 수 있다는 주장을 펴고 있다. 이 글에 보이는 문명 대(對) 야만론은 유길준의 『서유견문』에서 시사받은 것으로 여겨진다. 이 글에서 이승만은 인지 개발의 촉진 방법으로 토론회와 신문사 설립을 강조했다. 그는 "무릇 사람이 만든 것은 사람이라면 누구나 할 수 있다."라는 서양의 격언을 인용했는데 이는 그의 개혁 낙관론을 반영한 것으로도 볼 수 있다.

#17. 「나라를 세움에 있어 교화를 근본으로 삼아야 함 (입국이교화위본: 立國以敎化爲本)」

이 논설은 "인민[백성]은 나라의 근본이다."라는 기본 명제에서 출발하여 "오늘날의 선비가 참으로 나라를 위한 계책을 세우려고 한다면, 반드시 먼저 백성을 위하는 데서 시작해야 한다. 진실로 백성을 위하려고 한다면 반드시 먼저 백성들이 나라를 위하는 마음을 갖게 해야 하며, 진실로 백성들이 나라를 위하는 마음을 갖게 하려면 반드시 교화(敎化)를 우선해야 한다. 이것이 바로 백성을 가르치고 백성을 변화시키는 대도(大道)이자 요무(要務)이다."라는 말로써 끝맺고 있다. 이 글의 결론은 이렇듯 간단하지만, 그것을 도출하는 이승만의 논리는 그렇지 않다.

첫째, 이승만은 이 글에서 한국 백성은 오랫동안 속박과 수탈을 당하여 나무 인형(목우: 木偶)과 풀 인형(초우: 草偶)처럼 정신이 굳어져 느낌이 없고 움직임이 없다. 2천만 국민이 제각각 이기심만을 가지고 사사로운 이익만을 추구하기 때문에 '승냥이와 이리 그리고 뱀과 전갈 같이' 그 수가 많으면 많을수록 해(害)가 더 심하다고 진단하고 있다.

둘째, 이승만은 이렇게 무력하고 타락한 백성들이지만 그중에 "한두 사람의 뜻있는 인사가 나타나서 [백성을] 인도하고 거느려 그들에게 나라는 어떻게 해야 나라답게 되고 백성은 어떻게 해야 백성답게 되는가를 알게 해야 한다. 그렇게 되면, 하루 이틀이 지나 차츰 나라를 위하는 백성이 생겨나고, 한 해 두 해가 지나 점차 백성이 있는 나라를 이룰 것이다. 그리하여 처음에는 2천만의 속박받고 학대받고 부패했던 '늙은 조선(老朝鮮)'이 앞으로 2천만의 활발하고 자유롭고 진흥하는 새로운 대한(新大韓)을 이룩할 것이다."라고 전망하고 있다.

그런데 여기서 이승만이 한국 백성에게 애국심과 활력을 불어넣기 위해 필수적이라고 지적하는 이른바 '교화(敎化)'는 교육(敎育)이라는 개념보다 한 차원 더 높은 종교적 함의(含意)의 개념이다. 아래에 인용하는 구절이 이 점을 드러낸다.

> 무릇 나라에 형법을 두는 것은 사람의 드러난 죄를 다스리기 위한 것이다. 어둠 속의 드러나지 않은 악행과 마음속에 숨어 있는 허물은 인간 세상의 형리(刑吏)와 옥리(獄吏)가 다스릴 수 있는 것이 아니다. 반드시 전지(全知)하고 전능(全能)하신 성신(聖神)을 마음을 다스리는 법관으로 삼고, 지인(至仁)하고 지선(至善)한 교화를 어둠을 비추는 법의 거울(法鑑)로 삼아야 한다. 그리하여 백성에게 상제(上帝)의 치리(治理)가 천상(天上) · 지

하(地下)·수중(水中)의 만물(萬物)·만생(萬生)과 모든 인간이 평생 행하는 바를 하나도 빠짐없이 정확하게 알고 훤히 보고 있다는 것을 알게 해야 한다….

이 구절을 음미해 보면, 이승만은 기독교를 우리나라 정법(政法)의 기초로 삼아 국민의 도덕·문화 수준을 향상시키는 것이 국가발전의 첩경(捷徑)임을 강조했다고 말할 수 있다.

다. 한문 역사 에세이 및 영문 한국사 연표

《옥중잡기》에는 이승만이 한문으로 쓴 두 건의 역사 에세이가 실려 있고, 또 영문으로 작성한 한국사 연표(年表)가 있다. 이것들을 아래에서 다루어 보겠다.

#19. 「나라의 기본정책을 세움 (국시계정: 國是計定)」

이 문건은 갑신정변(1884) 이후 청국의 북양대신(北洋大臣) 이홍장(李鴻章)이 조선인의 반청(反淸) 독립운동을 억제하기 위해 — 1885년 10월에 — 서울에 원세개(袁世凱, 1859~1916)라는 오만방자한 청년을 '주차조선총리교섭통상사의(駐箚朝鮮總理交涉通事宜, 약칭 '총리')'로 임명하여 앉혀 놓고 조선의 내·외정을 철저히 감시하고 통제할 때[16] 조선의 위정자

---

16) 청의 북양대신(北洋大臣) 이홍장(李鴻章)이 조선에 대한 청의 종주권을 강화할 목적으로 1885년 10월에 서울에 파견한 원세개(袁世凱) '총리'의 역할에 관해서는 졸고(Young Ick Lew) "Yüan Shih-k'ai's Residency and the Early Korean Enlightenment Movement (1885~1894)," *The Journal of Korean Studies* 5 (1984), pp. 78~106 참조.

들이 자국의 주권을 수호하기 위해 어떠한 정책을 채택하고 추진했는지를 1888년 고종(高宗)이 미국에 파견한 한국 최초의 특명전권공사(特命全權公使: Envoy Extraordinary and Minister Plenipotentiary) 박정양(朴定陽, 1841~1904)의 경우를 예로 들어 설명하고 있다.

1879년 이후 청국에서 조선 문제를 전담했던 최고 책임자인 북양대신 이홍장은 1882년에 톈진(天津)에서 미국의 전권대표인 슈펠트(Robert W. Shufeldt) 제독(提督)과 조미수호통상조약(朝美修好通商條約)의 체결 협상을 벌였을 때 "조선은 비록 청국의 번국(藩國)이지만 그 내치와 외교는 자주(自主)이다."라고 공언한 바 있다. 그런데 1887년 8월에 조선 국왕 고종(高宗)이 박정양을 주미 특명전권공사로 임명하여 미국에 파견, 워싱턴 D.C.에 상주(常駐) 공사관을 개설케 함으로써 조선이 독립국으로서 미국과 대등하게 외교 · 통상을 전개하려 하자, 이홍장은 조선은 청의 속국(屬國: vassal state)이므로 외국에 전권공사(全權公使)를 파견하는 것이 부당하다고 하면서 고종의 전권공사 파미(派美) 계획에 반대했다. 이에 고종은 자기의 외교 고문인 미국인 데니(Owen N. Denny, 德尼)를 톈진으로 파견하여 이홍장을 만나 설득하도록 조치했다. 10월 4일에 이루어진 '이-데니 회담'에서 데니는 이홍장에게 한청 관계는 주종적(主從的)인 종주국(宗主國)-속방(屬邦) 관계가 아니라 조공(朝貢)을 주고받는 관계이다. 조선은 비록 청의 조공국(朝貢國: tributary state)이지만, 내치와 외교는 자주(自主) · 자행(自行)하는 독립국이다. 그러므로 조선은 국제법상으로 외국에 전권공사를 파견할 권리가 있다고 주장했다.[17)]

17) O. N. Denny, *China and Korea* (Shanghai: Kelly and Walsh, Limited, February 1888), p. 18; 신기석, 「조선국의 미구파사(美歐派使)에 대한 청국의 간섭」, 신기석 저 『한말외교사 연구』(일조각, 1967), 253~255쪽; 김원모, 「박정양의 대미자주외교

데니의 강력한 항의에 부닥친 이홍장은 일보 후퇴하여 데니에게 조선이 미국에 공사를 파견하는 것은 허락하되 전권공사가 아닌 3등 공사, 즉 변리공사(辨理公使: Minister Resident)를 보내라고 권고했다. 그러나 고종은 변리공사를 파미하는 것에 반대하고 끝까지 전권공사를 보내겠다고 고집했다. 이에 청국 정부는 하는 수 없이 11월 11일에 조선이 미국에 파견하는 전권공사가 미국에 도착한 후 아래의 '영약삼단(另約三端)'을 응행(應行)한다는 조건부로 고종의 전권공사 파미 계획을 허락했다.[18)]

영약삼단

1. 조선공사가 미국 수도에 도착하면 맨 먼저 청국공사관(清國公使館)을 방문하여 도착 사실을 알리고 청국 공사에게 청하여 국무성(國務省)에 같이 간다.
2. 조회(朝會)나 공사연회(公私宴會)에 참석하게 되면 조선공사는 청국 공사 다음 자리에 앉는다.
3. 중대한 교섭사건(交涉事件)이 있으면 조선공사는 마땅히 청국 공사와 미리 협의한다.

그런데, 1888년 1월 9일 워싱턴D.C.에 도착한 박정양 전권공사는 — 자기의 대미 외교활동을 돕기 위해 워싱턴D.C.에 와있던 '미국인 참찬관(參贊官)' 알렌(Horace N. Allen)과 긴밀하게 협의한 끝에 — 워싱턴D.C.에 있는 청국 공사를 우선적으로 예방하지 않고, (1) 1월 10일과 13일에 국무성을 방문하여 국무장관 베이야드(Thomas F. Bayard)를 만나 대통령에게 국

와 상주공사관 개설」, 정재각, 『한말 외교사 연구』(고려원, 1894), 367쪽 등 참조.

18) 김원모, 「박정양의 대미자주외교와 상주공사관 개설」, 357~368쪽.

서(國書)를 제정(提呈)할 날짜를 협의하고, (2) 1월 17일에 백악관(白堊館)을 방문하여 클리블랜드(Stephen G. Cleveland) 대통령에게 고종의 신임장을 봉정하며, (3) 1월 18일에 워싱턴D.C. 제15가(街) 1513번지에 소재한 '피셔 하우스(Fisher House)'를 임득(賃得)하여 거기에 상주(常駐) 공사관(公使館)을 개설했다.[19] 이와 같이 박 공사는 청국이 고종에게 강요한 '영약삼단'을 완전히 무시하고 전권공사로서의 임무를 완수했다.

이러한 사실을 주미 청국 공사 장음환(張蔭桓)으로부터 보고받은 이홍장은 장고(長考) 끝에 1888년 11월 서울에 있는 원세개 총리에게 조선 정부를 압박하여 박정양 공사를 소환(召還)시키라고 전칙(電飭)했다. 원세개는 고종을 만나 청나라 정부에서 보내온 자문(咨文)을 보여 주며 박정양 공사의 소환을 강박하자, 조선 정부는 하는 수 없이 11월 하순에 박정양 공사에게 귀국 명령을 내렸고, 박 공사는 11월 19일에 워싱턴D.C.를 떠나 귀국 길에 올랐다.[20] 이로써 조선이 미국에 특명전권공사를 파견하고 워싱턴D.C.에 상주 공사관을 개설·유지하려던 계획은 10개월 만에 무산되고 말았다. 박정양 공사는 1889년 1월 18일에 일본에 도착했으나 원세개가 자기에게 보복성 엄징(嚴懲)을 가할 것을 우려하여 칭병(稱病)하고 도쿄에 있는 주일조선공사관(駐日朝鮮公使館)에 체류하다가 8월 중순에 귀국하여 8월 21일에 고종에게 복명(復命)했다.

문건#19의 모두(冒頭)에 고종과 조정의 신하들이 '청나라 조정에서 보내온 자문 한 통을 읽고' 마음속에 끓어오르는 반청(反淸) 감정을 억누르려고

19) 김원모, 「박정양의 대미자주외교와 상주공사관 개설」, 373~377쪽. 이승만은 그의 『독립정신』에서 박정양 전권공사의 외교적 업적을 대단히 높이 평가했다. 이승만 저, 연세대학교 이승만연구원 편, 『독립정신』, 246쪽.

20) 김원모, 「박정양의 대미자주외교와 상주공사관 개설」, 380쪽.

애썼다는 얘기는 아마도 1888년 11월 19일경 어느 날 고종이 박정양 전권 공사에게 귀국 명령을 내렸을 때 그와 그의 신하들이 함께 겪었던 참담한 심경을 대변한 것이었을 것이다.

워싱턴D.C.에 조선의 전권공사를 상주시킴으로써 미국과 외교·통상을 활발하게 추진하려던 계획이 이같이 무산되자 고종을 받드는 애국적 신하들은 조국의 독립·자주권을 수호할 다른, 새로운 계책(計策)을 마련했다. 문건#19의 후반부 서술에 의하면, 그들은 주한(駐韓) 미국 공사 딘스모어(Hugh A. Dinsmore) 및 조선 정부의 외교 고문 데니와 긴밀히 상의한 끝에 조선을 유럽의 벨기에(Belgium)와 같은 영세중립국(永世中立國)으로 만들 계획을 세우고 이 계획을 고종에게 아뢰었다. 고종이 이 계획을 가납(嘉納)하자 고종과 그의 신하들은 딘스모어 및 데니를 통해서 누차 교섭한 결과 미국 정부로부터 동의(同意)를 얻어냈다. 요컨대, 문건#19에 의하면, 조선의 애국적 군신(君臣)들은 1889년 초에 딘스모어 및 데니와 협력하여 조선을 유럽의 벨기에와 같은 영세중립국으로 만들기로 합의했으며, 그들은 미국 정부로부터 이 계획에 대한 동의를 획득했다는 것이다.

그러나 미국 정부가 1889년 초에 조선을 영세중립국으로 만드는 계획에 동의했다는 문건#19의 내용은 설득력이 없다. 다른 무엇보다도, 1889년 3월에 실시된 미국의 대통령 선거에서 민주당의 클리블랜드가 낙선하고 공화당의 해리슨(Benjamin Harrison)이 대통령이 되었기 때문에 미국의 새 행정부가 조선을 영세중립국으로 대우하는 문제 따위에 관심을 기울일 수 없었을 것이다. 여하튼 1889년 초에 조선 국왕과 그의 신하들이 주한 미국 공사 및 외교 고문 등의 협조를 받아 조선을 영세중립국으로 만들려던 계책은 탁상공론(卓上空論)으로 끝났다.

#20. 「한·청간 국경 획정에 관한 기록 (한청정계지: 韓淸定界誌)」

이 문건은 요동(遼東)의 반쪽인 오라(烏喇: 길림〈吉林〉) 이남은 원래 모두 우리의 땅이었다는 전제하에 (1) 선춘령정계비(先春嶺定界碑), (2) 백두산정계비(白頭山定界碑), 그리고 (3) 1885년부터 1887년까지 조선의 감계사(勘界使) 이중하(李重夏)가 청의 감계위원(勘界委員)들을 상대로 벌인 일련의 감계회담 등을 다루고 있다.

이승만은 문건#20의 서두에서 "요동(遼東)의 반쪽인 오라(烏喇) 이남은 모두 우리의 땅이[었]다."라고 선언했다. 이어서 그는 "[1107년에 흑룡강성 남쪽 끝 영안현(寧安縣)에 위치한] 선춘령의 정계비로 말하자면, 송화강(松花江) 일대(一帶)에서부터 흑룡강(黑龍江)을 따라 허발포(許發浦: 하바로브스크)에 이르기까지의 땅이 모두 고려(高麗)의 옛 경계이다."라고 부언(附言)했다. (선춘령정계비의 비면(碑面)에는 '고려지경(高麗之境)'이라는 글자가 새겨져 있었다.)[21]

이같이 선춘령정계비에 관해 논급한 이승만은 문건#20의 중간 부분을 '백두산정계비'를 다루는 데 할애했다. 백두산정계비와 관련하여 이승만이 주장한 주요 논점은 아래와 같다.

> 1704년에 청국의 오라총관(烏喇總管) 목극등(穆克登, 1664~1735)이 우리나라의 차사(差使: 중요한 임무를 위하여 파견한 임시직〈臨時職〉, 즉 특사) 이희복(李羲復) 등과 더불어 변계(邊界)를 탐사할 때 분수령(分水嶺) 위에 정계비(定界碑)를 세웠다. 분수령은 백두산(白頭山) 산등성에 있다.

---

21) 류광열 저, 오세옥 역, 『간도소사』 (태화서관, 2014), 18쪽; 신기석, 「간도귀속문제」 『중앙대학교30주년기념논문집』 (1955), 44쪽.

그런데, 이 인용문에는 세 가지 오류가 있다. 첫째, '백두산정계비'가 건립된 시점(해)은 1704년이 아니라 1712년이었다. 둘째, 청의 오라총독 목극등이 '정계비'를 세우기 위해 백두산을 등반(登攀)했을 때 그를 배종(陪從)한 조선인 관료의 이름은 이희복이 아니라 이의복(李義復)이고 그의 관직은 군관(軍官)이었다. 이의복은 목극등과 함께 변계를 탐사하거나 정계비의 비문(碑文)을 작성하는 데 아무런 공헌을 하지 않은 하급 무관이었다. 셋째, 목극등은 백두산 등성에 있는 분수령에 석비(石碑)를 세우고 비문(碑文)을 각인할 때 조선인 관료와 협의한 흔적이 없으며 비문에 국경(國境) 획정 따위의 문구를 삽입하지 않았다. 따라서 그가 건립한 석비를 '정계비'라고 단정하는 것은 잘못이고 오히려 사계비(査界碑)라고 부르는 것이 옳겠다.[22] 참고로 '백두산정계비'의 비문을 살펴보면 아래와 같다.

> [황제의] 명을 받들어 백두산에 올라 양국의 변경을 조사하여 여기에 이르러 살펴보니 서쪽은 압록[강]이 되고 동쪽은 도문[강]이 된다. 그러므로 강이 나뉘는 분수령 위에 돌을 새겨 기록한다.
> (奉旨査邊 至此審視 西爲鴨綠 東爲土門 故於分水嶺上 勒石爲記)

이승만은 문건#20의 후반부에서 "지난 병술년(1886)에 감계사(勘界使: 국경문제 전담사신) 이중하(李重夏)가 청나라 '사신(使臣)' 가원계(賈元桂)와 함께 국경을 답사했다. [이때] 가원계가 '토문(土門)과 두만(豆滿)은 중국 발음이 서로 비슷하다'라고 말하며, 그것을 근거로 두만강을 국경으로 삼자고 주장했는데 이중하가 이를 묵인하였다. 결과적으로 우리 땅과 우리

22) 유봉영, 「백두산 정계비와 간도문제」, 『백산학보』 13 (1968), 83쪽; 노계현, 『한국외교사론』 (대왕사, 1984), 56쪽 참조.

백성을 타인이 터무니없이 점거하도록 모조리 맡겨버리게 되었다"라는 주장을 폈다.

이 주장은 사실(史實)에 부합하지 않는다. 우선, 1886년에 이중하가 가원계를 단독으로 만나 회담한 일이 없다. 다음으로, 두만강과 압록강 이북의 간도 땅이 청의 영토로 바뀐 것은 1909년 9월 4일에 당시 대한제국을 보호국으로 통치하고 있던 일제(日帝)가 청국과 체결한 '간도에 관한 일청협약(日淸協約)'을 통해 두만강 이북의 간도를 청국에 할양했기 때문이다.[23] 그러므로, 이중하는 두만강 이북의 간도 땅이 청국의 영토로 바뀌는 데 아무런 영향을 끼치지 않았다.

이승만이 위와 같이 이중하의 역할에 관해 오류를 범한 것은 그가 1885년부터 1887년까지 조선과 청이 벌인 두 차례의 감계담판(勘界談判)에 대해서 잘 몰랐기 때문이라고 생각한다. 조·청 간의 감계담판이란 조선과 청국이 역사상 처음으로 국경 획정을 목적으로 국경 후보 지역(토문강과 두만강 유역)에 대해 공동답사를 하고 그 결과에 따라 국경을 획정하는 것을 의미했다.

조·청 감계담판은 — 1886년이 아니라 — 1885년과 1887년에 두 차례에 걸쳐 이루어졌다. 그 첫째 담판은 1885년 9월 30일부터 12월 3일까지 회령(會寧)과 무산(茂山)에서 개최되었는데 역사학계에서는 이를 을유감계담판(乙酉勘界談判, 약칭 을유담판) 이라 칭한다. 두 번째 담판은 1887년 4월 7일부터 5월 18일까지 회령과 장파(長坡)에서 개최되었는데 이를 정유감계담판(丁酉勘界談判, 약칭 정유담판)이라 칭한다.

이 두 차례의 감계담판에서 조선 측은 이중하가 감계사로 참여했고, 청

23) 이선근, 「백두산과 간도문제」, 『역사학보』 17 · 18합집 (1962), 567~568쪽.

측에서는 을유담판에 가원계(賈元桂), 진영(秦煐), 덕옥(德玉) 등 3명이, 그리고 정유담판에 진영, 덕옥, 방랑(方郞) 등 3명이 감계위원(勘界委員)으로 참여했다.

이중하(1846~1917)는 1885년에 안변부사(安邊府使)로서 '토문감계사(土們勘界使)'로 임명되어 을유담판에 임했고, 1887년에는 덕원부사(德源府使) 겸 감리원산상무(監理元山商務)로서 '감계사' 역할을 담당했다.

을유담판에서 이중하의 역할

조선 정부는 을유담판이 개시되기 전 1885년 7월 28일에 이중하에게 '토문감계사(土門勘界使)'라는 직함을 부여했는데, 이 직함은 그가 조 · 청 간의 감계담판에서 백두산에서 발원(發源)하여 송화강(松花江)까지 흐르는 토문강(土門江)을 조 · 청 간의 국경선으로 확정해 보라는 조선 정부의 기대를 반영한 것이었다.

1885년 9월 30일 회령(會寧)에서 열린 최초의 감계담판에서 청의 위원들은 '토문(土門)과 두만(豆滿)은 만주어(滿洲語)로 동어이자(同語異字)'이라고 하면서 두만강을 국경으로 삼자고 주장했다. 그러면서 그들은 조선 내지(內地)에서 발원(發源)하여 두만강에 합류하는 서두수(西豆水)를 공동감계(共同勘界)하자고 제안했다. 이에 대해 이중하는 서두수는 조선 내지를 관통하는 하천이기 때문에 국경이 될 수 없다는 이유를 내세워 서두수 공동탐사를 거부하고, 그 대신 토문강의 발원지인 백두산에 세워진 '정계비'를 살펴보고 그 다음에 토문강을 공동 답사하자고 제안했다. 이렇게 함으로써 그는 토문강과 두만강은 별개의 강들이며 조선 정부는 토문강을 국경선으로 삼기 원한다는 사실을 납득시키려 했다.

청의 위원들은 이중하의 이러한 제안에 선뜻 동의하지 않았다. 그러나 이중하의 집요한 요구를 거절하지 못하여 10월 15일에 가원계와 진영은 이중하와 함께 무산(茂山)에서 백두산정계비로 향발하고, 덕옥은 조선 내지를 관통하는 홍단수(紅丹水)를 답사하기 위해 백두산 남쪽으로 향발했다. 이중하의 인도하에 백두산정계비를 답사한 가원계와 진영은 정계비의 비석을 탁본한 다음 백두산 분수령에서 하산(下山)하여 — 토문강이 복류(伏流)하는 지구에 쌓아놓은 180여 개의 석퇴(石堆: 돌무더기)와 토퇴(土堆: 흙무더기)를 길잡이로 삼아 — 송화강 하구까지의 조사를 10월 27일경에 완료했다.

이 답사를 통해 청의 감계위원들은 토문강이 두만강과 완전히 다른 강이라는 사실을 확인했다. 그렇다고 해서 그들이 토문강을 국경선으로 삼자는 이중하의 제안을 수용한 것은 아니었다. 그들은 자기들이 탁본한 '백두산정계비'의 비문(碑文)이 청국 정부의 국경 관련 문서철(文書綴)에 실려 있지 않다는 사실을 근거로 비문이 '후인(後人) 위작(僞作)'이라느니, 정계비가 백두산의 분수령이 아닌 딴 곳에서 옮겨놓은 비라는 정계비이설론(定界碑移設論) 등을 들먹이면서 이중하가 제안한 '토문강 국경화 안'을 수용하지 않았다. 그 결과 을유담판은 하등의 실질적 성과를 거두지 못한 채 12월 3일에 종료했다.

정유담판에서 이중하의 역할

이상과 같이 을유담판에서 아무런 성과를 거두지 못한 청은 1887년 4월에 진영(秦瑛), 덕옥(德玉) 및 방랑(方郎)으로 구성된 새 감계 팀을 조선에 파견하여 조선의 감계사 이중하와 재협상을 벌였다. 두만강을 청·조간의 국경으로 확정할 것을 내정(內定)하고 조선에 도착한 청의 감계위원들은 1887년 4월 7일부터 5월 19일까지 무산(茂山) 서쪽의 두만강 강원(江源)을 탐사하면서 이중하와 회령, 장파 등지에서 세 차례 회담했다. 양국 대표들의 입장 차이를 요약하면, (1) 청 측은 무산(茂山) 이동(以東)의 두만강은 감계할 필요가 없는 기정(旣定)의 국경으로 보고 그 상류의 하천들을 탐색하는 데 집중한 끝에 '백두산정계비'의 동남쪽에 위치한 — 조선의 내지(內地)에 속한 — 석을수(石乙水)를 골라 이를 두만강에 연계시켜 국경으로 확정하려 했다. (2) 이에 반해, 이중하는 두만강의 원류(源流)는 홍단수나 석을수가 아니라 이 두 하천의 동북쪽에 위치한 — '중국과 조선이 3백 년 이래 저절로 지켜온 옛 경계'인 — 홍토산수(紅土山水, 약칭 홍토수)라고 주장하면서 청 측의 요구를 수용하지 않았다. 이에 당황한 청 측 위원들은 조선이 임오군란(1882)과 갑신정변(1884) 때 청국으로부터 받은 군사적 원조에 보답하는 차원에서 감계담판 협상에서 양보할 것을 강권했다. 이중하는 "석을수와 홍토산수 사이의 거리는 몇 리에 지나지 않습니다. 하지만 국가의 강토는 한 치, 한 자의 땅이라도 몹시 중요한 것이고, 홍토산수는 명명백백하게 옛 경계입니다. 어찌 멋대로 다른 물줄기에 경계를 정할 수 있겠습니까?"라고 대꾸하면서 끝까지 청 측의 요구에 불응했다.[24] 그 결과 정유담판은 — 이중하가 내심(內心) 원했던 대로 — 유산(流産)되었다.

이상과 같이 양차에 걸친 감계담판이 유산되었기 때문에 조선(대한제국)은 1905년에 러일전쟁에서 승리한 일본이 조선을 보호국으로 확보할 때까지 간도에 대해 '사실상의 영유권'을 향유할 수 있었다. 달리 말하자면, 조선은 감계사 이중하의 '성공적인 감계담판' 덕분에 청이 추진하던 두만강 국경화 계획을 좌절시키고 1885년 이전과 같이 법적으로 무국경(無國境) 상

24) 신기석, 「간도귀속문제」, 『중앙대학교 삼십주년 기념 논문집』(1955), 68쪽; 김형종, 『1880년대 조선-청 공동감계와 국경회담의 연구』(서울대학교 출판문화원, 2018), 19쪽 주42 참조.

태에서 조·청 관계를 유지할 수 있었다. 이것은 감계사 이중하의 역할에 대한 이승만의 판단이 옳지 않았음을 의미한다.

문건#20에는 적지 않은 허점이 내포되어 있다. 두뇌가 우수했던 이승만이 왜 이렇게 하자(瑕疵)가 많은 글을 남겼을까? 그 가장 중요한 이유는 이승만이 문건#20을 집필할 무렵(1901년)에는 백두산정계비 내지 간도문제에 관한 역사학자들의 연구가 전무(全無)했기 때문이라고 본다. 필자가 살펴본 바에 의하면, 한국인 학자 내지 언론인이 간도문제에 관해 처음으로 책을 출판한 것은 1933년이었고, 이 주제에 대해 한국 역사학계에서 본격적인 실증주의적 연구가 개시된 것은 해방 후 1955년부터이다.

#21. [한국사 연표(A Chronology of Important Historical Events in Korea)]

이 문건#21은 한국 역사에 대한 이승만의 인식 수준을 보여 주는 중요한 문건이다. 이 문건에서 이승만은 한국의 고대사 및 근대사의 주요 사건들을 선별하여 1쪽의 연표를 만들었는데 이 연표에는 적지 않은 오류가 산견(散見)된다. 우선 그는 단군(檀君)의 건국 신화(神話)를 사실(史實)로 인정하고 한국 역사의 기원(起源)을 단군이 [하늘에서] 묘향산에 내려온 2,332 B.C.로 보았다. 2,332 B.C.는 2,333 B.C.의 오류이다.

다음으로, 그는 기자(箕子)라는 중국의 은(殷)나라 왕족이 1,122 B.C.에 부하 5,000여 명을 거느리고 조선으로 도래(到來)하여 조선(朝鮮)을 세우고 다스렸다는 이른바 기자동래설(箕子東來說)을 무비판적으로 수용했다. (이승만은 1900년에 탈고한 『청일전기』에서 '조선은 기자가 도읍한 옛 나라'라고 기술했지만,[25] 1904년에 탈고한 『독립정신』에서는 기자조선을 전혀 논급하지 않았다.) 남한의 역사학계에서는 1970년대 이후 이병도(李丙燾), 천관우(千寬宇) 등의 주장에 따라 기자조선을 중국계의 식민지가 아니라 조선인의 고유왕조였다고 간주한다. 이승만이 기자동래설을 수용한 것은 1900년대 초 한국의 역사학자들 대부분이 기자동래설을 수용했기 때문이라고 여겨진다. 여기서 이승만이 "기자가 와서 평양을 그의 수도로 삼은" 시점이 "[구약의] 다윗이 왕위에 오른" 1099 B.C.라고 명기한 것도 오류이다. 다윗왕(King David)의 치세는 1010~970 B.C.이다.

이승만은 한국 근대사 부분에서 1894년 7월 15일에 일본이 청일전쟁에서 '승리'했다고 적었다. 이것은 중요한 오류이다. 7월 15일에는 청일전쟁과 관련된 중요한 사건이 하나도 발생하지 않았다. 그 대신 1894년 7월 23일에 일본 육군이 조선의 왕궁인 경복궁(景福宮)을 공격하여 조선 수비대를 물리치고 왕궁을 점령했으며, 또 같은 날에 일본 해군이 풍도(豊島) 앞바다에서 청국 군함 2척 — 제원호(濟遠號)와 광을호(廣乙號) — 을 격침시키는 개가를 올렸다.[26] 따라서 이승만이 청일전쟁 초반에 일본이 승리한 날짜를 골라 지적하려면 7월 15일 대신에 7월 23일을 꼽았어야 마땅하다.

전체적으로 볼 때, 문건#21은 하자(瑕疵)가 많은 글이다. 이것은 이승만이 영·미국사 및 동·서양사 등에 대해서는 깊은 학구적 관심을 기울이며 꼼꼼하게 공부한 반면 한국 역사에 대해서는 그렇지 않았음을 의미한다. "등잔 밑이 어둡다."라는 말은 이승만의 한국사 인식에 적용되는 격언이다.

---

25) 이승만 저, 연세대학교 이승만연구원 편, 『청일전기』, 124쪽.

26) 유영익, 『갑오경장 연구』(일조각, 1900), 212~213쪽; 이광린, 『한국사 강좌 V: 근대편』(일조각, 1981), 305~306쪽.

라. 열강이 조선과 체결한 조약들, 1896~1902

이승만은 청일전쟁 종결 후 1902년까지 일본과 서구 열강(列强)이 조선과 관련하여 체결한 다섯 개의 국제 조약들을 국문 혹은 영문으로 번역하여 《옥중잡기》에 적어 놓았다. 그가 수집・소개한 조약들은 아래와 같다.

#22. 「조선 협치에 관한 러시아와 일본 간의 조약(俄日協治朝鮮條約)」 (1896. 5. 14)

이 조약은 주한 러시아 공사 웨베르(Karl I. Waeber)와 주한 일본 공사 고무라 주타로(小村壽太郎)가 서울에서 체결한 조약이기 때문에 오늘날 한국 외교사에서는 '웨베르-고무라 각서(覺書: The Waeber-Komura Memorandum)'라고 칭하고 있다. 이승만은 이 조약을 그의 『독립정신』에서 한국 외교사(外交史) 연구사상(硏究史上) 처음으로 자세히 다루었다.

#23. 「조선 협치에 관한 러시아와 일본 간의 제2차 조약(俄日協治朝鮮先後條約)」(1896. 6. 9)

이는 러시아의 외상 로바노프(A. B. Lobanov-Rostovsky)와 1896년 6월에 모스크바를 방문한 일본의 특파대사 야마가타 아리토모(山縣有朋)간에 체결된 조약이기 때문에 일반적으로 '로바노프-야먀가타 협정서(協定書: The Lobanov-Yamagata Protocol)'라고 불린다. 이승만은 『청일전기』에서 이 조약을 '모스카우 조약'이라고 칭했고, 이 조약의 내용을 『독립정신』에서 자세히 소개하고 논평했다.

#24. 「일영협상 전문(日英協商 全文)」(『漢城新報』 號外, [1902.] 2.19)

이는 1902년 2월 19일 자 『한성신보(漢城新報)』 호외에 실린 ― 1월 30일에 런던에서 영국 외상 랜스다운(Henry C.K.P. Landsdowne)과 주영 일본 공사 하야시 다다스(林董)가 체결한 ― [제1차] 영일동맹조약(英日同盟條約: The Alliance Treaty between Britain and Japan)의 국문 번역본이다. 이승만은 이 조약의 내용을 그의 『독립정신』에서 자세하게 소개 · 논평했다.

#25. 「영일동맹 조약(The Alliance Treaty between Britain and Japan)」

이는 이승만이 위의 『한성신보』 호외 기사를 읽고 이를 영문으로 번역한 것이다.

#26. 「한국에서의 일본과 영국 간의 협상(在韓日英協商)」 (1902. 6. 19)

이는 1902년 6월 19일경 서울에서 주한 영국 변리공사 조던(J. N. Jordan)과 주한 일본 공사 하야시 곤스케(林權助)간에 체결된 '조선에서의 영일협약(日英協約)'이다.

#27. 「[조선에 관한] 러시아, 프랑스, 독일 간의 대외비 조약(俄法德內約)」 (1902.7.21)

이는 1902년 7월 21일 서울의 러시아 공사관에서 주한 러시아 공사 파블로프(A. I. Pavlov), 주한 프랑스 공사 플랑시(V. C. de Plancey) 및 주한 독일공사 바이페르트(A. Weipert)가 조선에 관해 체결한 대외비 조약이다.

위의 다섯 가지 조약들 가운데 #22, #23 및 #24는 이승만의 『독립정신』과 기왕의 한국 외교사 관련 논저들에서 익히 다루어진 조약들이지만 #26과 #27은 그렇지 않다. 달리 말하자면, 이승만은 그의 《옥중잡기》에서 #26과 #27을 처음으로 소개함으로써 한국 외교사 연구의 지평을 넓히는 데 기여했다.

이승만은 이들 조약문 가운데 #22와 #23은 임락지와 채이강의 『중동전기본말』에서 인용하여 국한문으로 번역, 《옥중잡기》에 수록했다. 그 나머지의 조약문들은 서울에서 발간되는 『한성신보』와 『황성신문』 등 신문에서 읽고 국한문으로 번역했다. 그런데 그는 유독 문건#23의 경우에서만 국문으로 보도된 조약문을 영문으로 번역했다. 그가 그렇게 한 이유는 1902년 1월 30일에서 체결된 영일동맹(The Anglo-Japanese Alliance)이야말로 한반도의 지배권을 둘러싸고 각축하고 있던 일본과 러시아가 조만간 전쟁을 벌일 가능성에 대비하여 일본이 영국과 체결한 '획기적인' 동맹조약이라고 판단했기 때문일 것이다. 여하튼 이승만은 1902년 2월 19일 자 『한성신보』 호외에 실린 「일영협상전문(日英協商全文)」(문건#24)을 읽고 이를 'The Alliance Treaty between Britain and Japan'이라는 제목하에 영문으로 번역하여 《옥중잡기》에 실었다(문건#25).

이승만이 영문으로 번역한 「일영협상전문」은 우리에게 1902년 당시 이승만의 영작문(英作文) 실력을 가늠케 해주는 호재(好材)이다. 이 번역문은 국내에서 한 때 '영어를 제일 잘하는 청년'으로 소문이 나 있던 이승만이 남긴 최초의 영작문 원고이기 때문에 더욱 그렇다.

아래에서 「일영협상전문(全文)」에 나타난 전문(前文: preamble)과 이승만이 영문으로 번역한 영일동맹조약의 전문(前文)을 영국과 일본이 공식적으로 체결·공포한 영일동맹조약 원본(原本)의 전문(前文)과 나란히 제시함으로써 이승만의 영작문 실력이 과연 어느 정도의 수준에 도달해 있었는지 살펴보겠다.

(가) 1902년 2월 19일자 『한성신보』 호외에 실린 「일영협상전문(全文)」의 전문(前文):

일본국 정부와 대불렬전국(大不列顚國, 대브리튼국) 정부는 극동에서 현상(現狀)과 전국(全局)의 평화유지를 희망하며 또한 청제국(淸帝國) 및 한제국(韓帝國)의 독립과 영토보전을 유지함과 해당 2국에서 각국 상공업으로 하여금 균등한 기회를 얻는 데 관하여 이익 관계를 특유(特有)한 고로 이에 아래와 같이 약정한다.

(나) 이승만이 영문으로 번역한 The Alliance Treaty between Britain and Japan의 전문:

The Governments of Great Britain and Japan hereby agree to enter into a treaty *in regard to* the fact that these both Powers mutually desire to maintain the present state of peace in the Far East and to retain the independence and territorial integrity of Korea and China. *And in the meantime*, among the treaty Powers that hold reciprocal right of *industrious* and commercial advantage in the two said nations, especially the common interest of Britain and Japan is *the most greater*. *On account of* the above mentioned state of affairs the treaty is agreed as follows. (이탤릭체는 필자가 판단하기에 틀렸거나 불필요하다고 여겨지는 문구를 지적하는 것임)

(다) 1902년 1월 30일에 체결된 영일동맹 조약의 공식 전문:

The Governments of Great Britain and Japan, actuated solely by a desire to maintain the "status quo" and general peace in the Extreme East, being, moreover, specially interested in maintaining the independence and territorial integrity of the Empire of China and the Empire of Corea, and in securing equal opportunities in those countries for the commerce and industry of all nations, hereby agree as follows:

위의 (나)와 (다)를 자세히 비교해 보면, 이승만의 영문 번역문은 영국과 일본의 전권대사들이 작성한 공식 조약문의 내용과 현격한 차이가 있다. 이승만의 번역문은 자기 자신의 영작문 실력을 한껏 발휘하여 작성한 것으로서 얼핏 보아 썩 잘 된 번역문 같이 보인다. 그러나 그것은 ― (나)의 중앙에 위치한 문장(sentence) 안에 드러나듯이 ― (1) 두 개의 오자(誤字) (industrious ⇨ industrial; the most greater ⇨ greatest)가 간취(看取)될 정도로 허술한 것이었다. (2) 문장 구성상 주어(主語)의 위치가 그릇 설정되어 있다.

필자의 견해로는, 이것은 만 20세에 배재학당에 입학하여 2년간 처음으로 영어 공부를 하고, 한성감옥에서 2년 이상 영문자료들을 섭렵했던 한 청년이 시도한 작품으로서 국내에서 영어를 활용했던 한국 지식인들 가운데 ― 윤치호(尹致昊, 1864~1946)[27] 를 제외하고 ― 단연 최고 수준에 달

27) 윤치호는 만 16세에 일본으로 건너가 도쿄(東京)에 있는 영학(英學) 전문 대학인 도오진샤((同人社)에 입학하여 2년차(1881~1883) 영어 공부를 하던 중 초대 주한미국 공사로 임명되어 한국으로 향하여 가던 푸트(Lucius H. Foote) 공사의 통역관으로 발탁되어 서울로 돌아갔다. 그런데 그는 미국공사관에서 근무하던 중 1884년 12월에 갑신정변이 발발하자 세간에서 그를 친일파로 몰면서 냉대하자 상하이(上海)로 망명하여 그곳에 있는 ― 미국 감리교 선교사들이 설립한 ― 중서학원(中西學院: Anglo-Chinese College)에 입학하여 3년간(1885~1888) 영어와 수학을 전공했다. 그 후 그는 미국으로 건너가 테네시(Tennessee)주에 있는 밴더빌트 대학(Vanderbilt

한 것이었다고 판단된다. 그렇지만, 그의 영작문 실력은 그가 미국의 일류 대학 대학원에 입학하여 인문 · 사회과학 분야에서 만족할 만한 석사 및 박사학위 논문을 작성하기에는 미흡(未洽)한 것이었다고 여겨진다.[28)]

마. 조선에 대한 열강의 제국주의적 속성을 드러낸 문헌(文獻)들

#28. 「러시아 피터 대제의 유언장(俄彼得大帝 顧命)」

이 문헌은 '피터 대제(彼得大帝: Peter I the Great)'라고 알려진 러시아의 표트르 1세 (Pyotr I, 1672~1725)가 임종 전에 자기 자손들에게 남긴 부탁의 말(고명: 顧命), 즉 유언장(遺言狀)이다. 이승만은 이 문건의 모두(冒頭)에서 1857년에 주(駐)러시아 프랑스 '두등공사(頭等公使) 특의항(特意恒)'이 이 자료를 처음 입수했다가 소실(燒失)했는데, 1896년에 미국의 '대례상보관인(大禮相報館人: 아마도 현재의 국가정보국(DNI) 국장에 해당하는 관직)'이 그 진고(眞稿)를 입수하여 공개한 것이라고 설명하고 있다. 이승만은 이 한문 문헌을 1897년에 상하이에서 출판된 임락지 · 채이강의 『중동

College)과 조지아(Georgia)주에 있는 에모리 대학(Emory College)에서 5년간(1888~1893) 영문학과 기독교 신학을 전공한 끝에 에모리 대학에서 학사학위(B.A.)를 취득했다. 학위 취득 후 그는 곧바로 귀국하지 않고 상하이로 돌아가 모교의 영문학과 교수로 활약하던 중 조선에서 청일전쟁이 발발하여 친일 개화파 세력이 득세하자 1895년 2월에 귀국하여 정부 요직(학부 협판)에 임명되었다. 요컨대, 윤치호는 19세기 말 한국인 가운데 가장 어린 나이에 영어 공부를 시작하고 도쿄, 상하이 및 미국 등 외국 대학들에서 체계적으로 영어 교육을 받았기 때문에 1895년 이후 조선에서 영어의 대가(大家)로 알려졌다. 김영희, 『좌옹 윤치호 선생 약전』(기독교조선감리회 총리원, 1934), 10~71쪽 참조.

28) 유영익, 『이승만의 삶과 꿈』(중앙일보사, 1996), 19쪽 및 61쪽에 제시된 이승만의 조지 워싱턴 대학교 및 하버드 대학교 대학원 성적표 참조.

전기본말』에서 옮겨 적었다.

이 문건은 러시아의 대외정책의 특징인 '무한한 영토욕'을 증명하는 자료이다. 다시 말하자면, 이 글은 이승만을 비롯한 공로(恐露)주의자들로 하여금 러시아를 경계하게 만든 자료이다. 이승만은 한문으로 번역된 이 문건을 1910년에 한글로 출판한 『독립정신』의 '아라사(俄羅斯) 정치 내력'이라는 장(章)에서 아래와 같이 약술했다.

아라사[는]…자초로 풍기가 열리지 못하여 지금껏 야만스러운 풍속이 많이 덜리지 않았으나 이전 역사책을 보면 더욱 괴악한 사적이 많은지라. 1672년에 대피득(피터)이라 하는 인군이 나서 정사를 그 매씨에게 맡기고 미복(微服)으로 각국을 유람할새 남의 문명 진보함을 보고 자기 나라의 열리지 못함과 곤궁 잔약함을 탄식하여 크게 변혁함을 맹서하고…이 인군이 평생에 각국을 병탄할 욕심이 있어 사방으로 토지를 널리 확장하고 마츰내 장생(長生)할 계책이 없어 욕심을 채우지 못하고 세상을 떠날 줄 먼저 생각한지라. 미리 열네 조목 유언(遺言)을 지어 깊이 간수하고 그 후 자손으로 하여금 대대로 유전하며 비밀히 감추고 형편을 따라 본떠 행하라 하였나니 그 중 대지가 강한 나라와 먼저 합하여 작은 나라를 나누어 없이하고 그 후에는 틈을 타서 그 나라를 마저 쳐 없이하며 자유하는 나라에는 혼인을 통하거나 달리 결련(結連)하여 먼저 내정을 간섭하여 권리를 주장하라 하며 모든 이런 궤휼(詭譎)·간교(奸巧)한 계책의 뜻이 가장 음험한지라. 그 후로 누대(累代) 인군되는 이들이 다 준행하여 효험이 많더니 근래에 이르러 그 글이 발각되어 세상에 드러남에 그 무한한 욕심을 알고 각국이 크게 두려[워]하여 사람마다 전파하여 하나도 모르는 자 없도록 만들매 구라파주에 모든 나라[들]이 아라사의 세력을 막기로 제일 긴급한 문제를 삼지 않는 자가 없는지라…[29]

이 인용문은 구미(歐美) 여러 나라와 일본인들 간에 널리 퍼진 러시아에 대한 부정적 인식 — 즉, 공로증(恐露症, Russo-phobia) — 을 요약한 것인데, 이승만의 공로증은 1945년 이후 반공(反共)사상으로 바뀌었다. 이 점에서《옥중잡기》에 수록된 '러시아 피터 대제의 유언장'은 이승만의 정치사상을 이해함에 있어 각별히 중요한 의의가 있다.

#29.「주청 프랑스 대리공사 벨로네가 청의 총리아문 대신 공친왕에게 보낸 조회문(M. de Bellonet to Prince Kung)」

이 문건은 1866년 7월 13일에 주(駐)베이징 프랑스 대리공사(代理公使) 벨로네(Henri de Bellonet)가 청(淸)의 총리아문(總理衙門) 대신(大臣) 공친왕(恭親王)에게 보낸 조회문(照會文)이다. 이승만은 이를 그리피스(William E. Griffis, 1843~1928)가 1882년에 영문으로 저술한 *Corea: the Hermit Nation*(『조선사기: 안처사국』)에서 발견하고 영문 그대로《옥중잡기》에 베껴 놓았다.

이 조회문은 조선에서 흥선대원군(興宣大院君)이 집권(1864)한 다음 가톨릭교도들에 대해 박해를 가할 때 다수의 프랑스 선교사들이 희생당하자 주(駐)베이징 프랑스 대리공사가 조만간 프랑스 황제가 조선 왕국에 대해 응징(膺懲) 조치를 취할 예정인데 청국은 이에 대해 간섭하지 말 것을 기대한다고 그 당시 조선의 종주국(宗主國)이었던 청의 외교 총괄부서인 총리아문의 최고 책임자 공친왕에게 통고한 외교문서이다.

이승만은 이 조회문을 그의『독립정신』에 아래와 같이 한글로 번역하여

29) 리승만,『독립정신』(미국 로신즐리쓰, 대동신셔관, 1910), 135~136쪽; 이승만 저, 연세대학교 이승만연구원 편,『독립정신』(2019), 203~205쪽 참조.

실었다.

> 삼가 말씀드릴 일은, 이전에 귀국의 속국이 된 조선이 야만스러운 포악(暴惡)을 행하였다, 지난 4월에 프랑스 신부들이 조선에서 전도를 하다가 마침내 잡힌 바 되어 선교사 9명과 조선 신부 7명과 그밖에 무수한 교인들이 남녀노소를 막론하고 조선의 왕명으로 모조리 살해되었다. 이러한 행위는 결단코 그냥 두지 못할 일이다.
>
> 며칠 후에 우리 군사(軍士)가 조선에 들어가 쳐서 이길 것이다. 우리 대황제(대통령이 되기 전)께서 조선의 임금에 대하여 어떻게 하시든지 뜻대로 하실 것이다.
>
> 귀 정부에서 본 공사에게 여러 번 설명하기를, "우리는 조선에 대하여 아무런 간섭권이 없다"고 하였으며, 조선에 가는 우리나라 교인을 보호하기 위하여 귀 정부에 빙표(憑標: 여행 허가증)를 청구하자 귀 정부는 또한 "조선과는 상관이 없다"고 하며 빙표를 내주지 않았다. 본 공사가 지금 선언하는 바는, 귀국이 조선에 대해 아무 권리도 없는 줄로 안다는 것이다.[30]

이승만이 이 오만하고 무례하기 짝이 없는 내용의 조회문을 자기의 노트북에 베낄 때와 한글로 번역할 때 그의 마음속에는 프랑스에 대한 적개심이 치솟았을 것이다. 그러나 그는 『독립정신』에서 조선에 대한 프랑스의 '제국주의적' 행태를 비판하지 않았다. 그가 그렇게 한 것은 1866년 9월~11월에 벌어진 조·불 간의 군사적 충돌 — 즉, 병인양요(丙寅洋擾) — 이 일어난 원인은 조선왕조의 집권자들이 시대착오적으로 배외주의(排外主義)를

30) 리승만, 『독립정신』, 142쪽; 이승만 저, 연세대학교 이승만연구원 편, 『독립정신』, 212~213쪽 참조. 이 인용문의 영어 원문은 William E. Griffis, *Corea*, pp. 377~378에 실려 있다.

고집한 데서 비롯되었다고 판단했기 때문이었을 것이다.

#30. 「일본 이민보호법 개정 전말(日本 移民保護法 改正顚末)」

이 문건은 일문(日文)으로 작성된 아래의 다섯 가지 일본 외무성(外務省) 문서들을 이승만이 우리말로 번역한 것이다. 이승만이 어떠한 계기로 이들 일본 외무성 문서를 입수하여 그것들의 번역을 시도했는지는 미지수(未知數)이다. 아무튼 그는 이 문서들을 통해 일본 정부가 1901년 11월 16일에 인천에서 모인 '일본인 상업회의소 연합회'에서 작성 · 제출한 '이민보호법 개정에 관한 건의서(建議書) 및 진정서(陳情書)'를 수용(受容)하여 1902년 2월 13일부터는 1896년의 '여권규칙'과 1901년의 '외국여행권 발급규정'을 한국으로 진출하려는 일본인 상인(商人), 노동자(勞動者) 및 추업부(醜業婦)들에게 적용하지 않기로 결정함으로써 그들이 여권 없이 마음대로 한국에 드나들 수 있게 되었다는 사실을 밝히고 있다. 이승만은 한성감옥에 투옥되기 전에 일본어를 정식으로 배운 적이 없다. 그는 옥중에서 일본어를 독학(獨學)하면서 아래의 문서들을 번역했다고 여겨진다.

(1) 1896년 4월 7일에 일본 법률 제70호로 발포된 이민보호법(移民保護法)
(2) [위와 동일한 날짜의] 여권규칙(旅券規則)
(3) 1901년 9월 20일 일본 외무성이 훈령(訓令)으로 발포한 '외국여행권(外國旅行券) 발급규정(發給規程)'
(4) 1901년 11월 16일에 재한(在韓) 일본거류민단체인 '일본인상업회의소연합회(日本人商業會議所聯合會)에서 본국 외무성 및 의회에 제출한 '이민보호법 개정에 관한 진정서(陳情書)'
(5) '주한공사(駐韓公使) 각하(閣下)'

이상의 문서들 가운데 (4)는 러일전쟁의 발발(1904.2.6) 이전에 이미 일본에는 한국으로 진출하려는 상인들과 노동자 및 추업부들이 많았으며, 그들은 본국 정부가 한국으로 진출하려는 도항자들의 여권 취득 절차를 최대한 간소화하되 가능하면 여권 없이 한국으로 도항할 수 있게끔 법률을 개정해 줄 것을 요구하고 있었음을 보여 준다.

이승만은 이 문서들을 번역하면서 한국에 대한 일본인들의 침략적 야욕에 경악하고 또 일본 정부가 한국을 얕보는 태도에 분노를 느꼈을 것이다. 그 결과 그는 1901년까지 메이지 유신 이후의 일본 정부에 대해 품었던 호감을 떨쳐버리고 일본을 잠재적인 제국주의적 침략 국가로 간주하면서 일본을 경계하고 적대시하게 되었다고 여겨진다. 달리 말하자면, 이상의 문서들은 이승만을 철저한 반일(反日)주의자로 탈바꿈하게 만든 중요한 자료들이다.

#31. 「안경수와 권형진의 교수형 집행 방문 (안경수 · 권형진 처교방문: 安駉壽 · 權瀅鎭 處絞榜文)」

이 문건은 갑오경장 당시 경무사(警務使)와 군부대신(軍部大臣) 등 요직을 맡아 제도개혁에 앞장섰고 그 후 독립협회의 초대 회장직을 역임했던 안경수(安駉壽, 1853~1900)[31]와 그의 동지로서 경무사직을 역임했던 권형진(權瀅鎭, 1857~1900)이 명성황후 시해(明成皇后弑害)와 고종황제 폐위음모에 연루되어 1896년에 일본으로 망명했다가 1900년에 주한(駐韓)일본공사 하야시 곤스케의 권유로 귀국한 다음 한성감옥에 투옥되어 재판을 기

31) 안경수의 배경에 관해서는, 송경원(宋京垣), 「한말 안경수의 정치활동과 대외인식」, 『한국사상사학』 8 (1997), 256~259쪽 참조.

다리던 중 재판을 받지 못한 채 1900년 5월 1일에 경무사 이유인(李裕寅)의 지시하에 처형되었는데, 이 글은 이날 한성감옥의 게시판에 올라 있던 처형 관련 방문(榜文: 광고문)을 이승만이 읽고 베껴 놓은 것이다. 독립협회의 멤버였던 이승만은 평소에 안경수와 권형진에 대하여 호감 내지 존경심을 가졌을 것이다. 그러나 그들이 국모(國母) 시해에 가담했다는 혐의로 만인(萬人)의 규탄 대상이 되었기 때문에 그들을 공개적으로 두둔할 수 없었을 것이다. 따라서 그가 옥중에서 이 방문을 자신의 노트북에 베꼈을 때 그의 심정은 그들에 대한 연민과 명성황후 시해에 대한 유감이 얽혀 착잡했을 것이다. 여하튼 이 자료는 안경수와 권형진의 처단에 관련된 자료로서 다른 자료집에서 찾아볼 수 없는 희귀 사료(史料)이다.

바. 세계 인문지리에 관한 글

#32. 「미국의 학문을 일으킨 새로운 교육제도 (미국흥학신법: 美國興學新法)」

이 문건은 1871년부터 1873년까지 미국 워싱턴D.C.에 주찰(駐紮)했던 일본 대리공사 모리 아리노리(森有禮, 1847~1889)가 1872년 2월에 미 연방정부 내무성(The Department of the Interior) 산하의 교육위원부(The United States Commission on Education) 위원장(Commissioner) 이튼(John Eaton)으로부터 입수한 「미국의 교육제도」(“On Education in the United States”)라는 논문을 1896년에 상하이의 임락지(林樂知)와 채이강(蔡爾康)이 한문으로 번역하여 『문학흥국책(文學興國策)』이라는 책에 「미국흥학성법(美國興學成法)」이라는 제목으로 게재한 글이다.[32] 이승만은 옥중에서 이 한문 자료를 읽고 그것을 우리말로 번역하지 않은 채 붓글씨로 베꼈다. 이승만이 이 장문(長文)의 번역문을 공들여 베낀 동기는 미국의 교육제도와 미국의 부강(富强) 간의 인과관계를 파악함과 동시에 장차 자기가 미국에 유학하는 경우 어느 대학(교)에 입학하는 것이 바람직한가를 미리 살펴보는 데 있었을 것이다.

이승만은 이 문건의 내용에 관해 아무런 논평을 가하지 않았다. 그렇지만 필자는 이승만이 이 문건을 통해 미국의 교육제도에 관해 아래와 같이 중요한 사실들을 깨달았을 것이라고 생각한다.

첫째, 미국에서는 연방정부(聯邦政府)가 아니라 주정부(州政府)들이 자주적·경쟁적으로 주민(州民)의 교육 진흥을 도모하며, 연방정부는 이를 후원하는 역할을 담당한다. 연방정부에는 교육을 전담하는 — 국무성, 재무성, 국방성 등과 같은 — 성(省)이 없고 그 대신 내무성 산하에 교육위원부가 있을 뿐이다. 그렇지만 연방정부는 육군사관학교(武備院: military academy)와 해군사관학교(水師學堂: naval academy)를 직접 설립·운영한다.

둘째, 미국에서는 각 주의 주민(州民)들이 자주적, 자발적으로 교육 문제를 처리한다. 즉, 학교를 세우고 운영하는 경비를 인민이 출연(出捐)하며 자율적으로 교육사업을 감독하고 관리한다.

셋째, 미국에서는 미합중국이 독립하기 이전부터 주민이 50가구 이상인 곳에는 반드시 하나의 초등학교 — 계몽공학(啓蒙公學: common school) — 를 세웠다. 이러한 전통을 유지하기 위해 마련된 기초적 행정구역을 학

---

32) 임락지 역, 채이강 수교, 『문학흥국책』(상하이: 광학회, 1896), 21~29쪽. 이 논문의 영어 원문은 大久保利謙 編, 『森有禮全集』(東京: 宣文堂書店) 제3권, 423~465쪽에 실려 있다.

구(學區: school districts)라고 하는데, 1872년에 미국에는 통틀어 121,440개의 학구가 있었다. 미국의 어린이는 6~7세가 되면 남녀를 불문하고 자기가 속한 학구에 설립된 계몽공학에 입학하여 6년간 독서(reading), 작문(writing), 영문법(English grammar), 지리(geography), 산학(arithmetic) 및 미국의 법률 등을 의무적으로 배워야 한다. 그렇기 때문에 미국에는 초등교육을 받지 않은 사람이 없다.

넷째, 미국에는 계목공학에서 초등교육을 받은 젊은이들이 진학할 수 있는 여러 종류의 고등학교들이 있다. 예컨대, 고등학당(high schools), 중등서원(academies), 사범학교(teacher's institutes) 및 보학원(普學院: colleges) 등이 그것들이다. 이들 고등학교 이외에 각 주(州)에는 주에서 설립 · 운영하는 대서원(大書院: universities)이 있다. 대서원에서는 의학(醫學: medicine), 천문학(天文學: astronomy). 법률학(法律學: law) 등과 서부 개척에 도움이 되는 아래와 같은 '실용적인' 교과목들을 가르친다.

> 농학(農學: agriculture) · 원예학(園藝學: horticulture) · 중학(重學: mechanics) · 기계학(engineering) · 측량학(測量學: civil engineering) · 화학(chemistry) · 식물학(botany) · 동물학: zoology) · 지학(地學, geology) · 산학(算學: mathematics) · 무예(武藝: military tactics) · 상무(商務: commercial interests) · 사감(史鑑: history) · 부국책(富國策: social sciences), 그리고 영국 · 프랑스 · 독일 · 라틴 · 희랍의 각종 언어와 고금의 방언(方言)

미국인이 새로운 영토를 개척한 날로부터 16년이 지난 1636년에 미국 동부에는 이미 하나의 사립대학이 세워졌다. 동부의 주민들은 영국 화폐로 4백만 파운드의 의연금을 모금하여 그 학교에 공급하고, 이름하여 합화덕원

(哈華德院, 하버드 대학교: Harvard University)이라고 했다. 이 학교는 지금까지도 남아있는데 모두가 일컫기를 '합중국에서 가장 오래된(最古) 대학'이라고 한다. 이는 합중국 내에서 가장 큰 대학이다.

다섯째, 건국 초에 미국 여성들은 겨우 초등학교나 중등학교에 들어가 배울 수 있었다. 그러다가 국인(國人)들이 끈질기게 주장한 끝에 50년 전부터 비로소 여자들만이 다니는 고등교육기관에 입학하여 그들의 수요(需要)에 맞는 교육을 받을 수 있게 되었다. 대서원에 입학하는 여자들의 수가 늘자 여자대학교가 신설된 결과 1871년에 전국에 여성만을 교육시키는 대서원의 수가 68개소에 달했다.

오늘날 미국에서 고등교육을 받은 여자들은 학교 교사(教師)가 되거나 사자직(寫字職: clerks), 각 관(館)의 방사(訪事: reporters), 전보사(電報社)의 전보 전달자(telegram reporter) 혹은 신문사의 주필(主筆: the editors in chief)이 된다. 현재 미국에는 저술(著述)의 명가(名家)나 신문의 주필직을 맡은 여자들이 꽤 많이 있었는데 이들은 여학(女學)의 커다란 성과이다.

마지막으로, 이승만은 이 글을 통해 기독교 교회(教會)의 주일학교(主日學校)와 농아(聾啞) 및 맹아(盲啞)를 위한 특수학교, 그리고 정신질환자를 위한 요양원 등에 관해서도 많이 알게 되었다.

이승만은 이 문건을 옥중에서 필사(筆寫)하면서 여러모로 배우고 느낀 점이 많았을 터인데, 그중에서도 특히 그는 (1) 미국의 주 정부와 연방정부가 6세 이상의 남녀 아동들에게 실시하는 의무교육제도가 미국을 전 세계에서 가장 '문명(文明)한' 나라로 만든 요인이라고 판단하고, (2) 미국의 고등교육기관에서 가르치는 각종 '실용적인' 교과목들이 미국 국민들로 하여금 서부(西部)를 개척하는 데 필요한 전문지식을 획득하게 함으로써 미국을 세계에서 가장 부유한 나라로 만드는 데 기여했다고 판단하며, (3) 미국이 인구의 반이 되는 여성들에게 고등교육을 받을 기회를 제공함으로써 미국의 국력(國力)이 배가(倍加)되었을 것이라고 생각했을 것이다. 이 밖에 이승만은 미국에서 가장 오래되고 유명한 대학은 하버드 대학교라는 사실을 이때 처음으로 알았을 것이다. 총괄적으로, 이승만은 이 논문을 숙독함으로써 미국이 부강(富强)하게 된 원인은 미국 국민이 발전시킨 우수한 교육제도 때문이라는 결론에 도달했을 것이다. 이러한 결론은 그로 하여금 앞으로 하버드 대학교에 유학하여 자기의 능력을 향상시킨 다음 자기의 전 생애를 한국인의 교육에 바치려는 생각을 하게 만들었을 것이다.

옥중의 이승만이 「미국흥학신법」의 한문 번역본을 언제 입수했는지는 정확히 알 수 없다. 이 논문이 한문으로 번역되어 상하이에서 출판된 해가 1897년이었던 만큼 그는 이 논문을 옥중학당을 개설한 1902년 10월 이전에 어느 북미 선교사로부터 제공받아 읽고서 1902년 10월에 옥중학당을 개설함으로써 교육자가 되려는 그의 꿈을 실천에 옮기기 시작했을 가능성이 있다. 그는 1904년 8월 7일에 한성감옥에서 석방되었는데, 석방된 지 약 2주일 후 10월 15일에 그의 옛 동지인 전덕기 전도사(목사)가 창립한 상동청년학원(尙洞青年學院)의 교장직을 맡아 청년교육에 투신했다. 그러나 뜻밖에도 그는 교장직을 맡은 지 20일이 지난 11월 4일에 — 러일전쟁 발발 후 대한제국 정부의 최고위직에 임명된 — 고종의 측근이며 개혁파 관료들인 민영환(閔泳換)과 한규설(韓圭卨)의 요청에 따라 미국으로 건너가 미국 대통령과 국무장관을 상대로 러일전쟁 종결 후 미국이 한국의 독립을 보장해 줄 것을 요청하는 외교적 사명을 띠고 서울을 떠나게 됨으로써 부득이 상동청년학원의 교장직을 사퇴했다.[33]

이승만은 1904년 말에 워싱턴D.C.에 도착하여 존 헤이(John M. Hay)

국무장관과 시어도어 루스벨트(Theodore Roosevelt) 대통령을 만나 미국이 러일전쟁 종결 후 한국의 독립을 보존하는 데 앞장서 줄 것을 요청했다. 그러나 아쉽게도 그는 이 외교활동에서 기대한 효과를 거두지 못했다. 그 후 그는 조지 워싱턴대학교(1905~1907.6), 하버드 대학교 대학원(1907.9~1908.6) 및 프린스턴 대학교 대학원(1908.9~1910.7)에 입학하여 외교사 및 국제법 등을 공부한 끝에 1910년에 프린스턴 대학교에서 국제정치학 박사학위를 취득했다. 1910년에 미국 유학을 마무리한 이승만은 곧바로 귀국하여 서울YMCA의 학감(學監) 직을 맡아 기독교 교육에 헌신했다. 그런데 그의 기독교 교육활동을 일종의 독립운동으로 간주한 일제(日帝) 총독부가 그를 '105인 사건'에 연루시켜 체포 · 구금하려고 하자 그는 1912년 3월에 미국으로 망명, 우여곡절 끝에 1913년 3월에 하와이의 호놀룰루에 도착하여 그곳에서 교포들의 교육에 전념한 결과 1918년 9월에 남녀공학의 '한인기독학원'을 발족시켰다. 그는 1939년 11월에 하와이를 떠났는데 그때(64세)까지 그는 한인기독학원의 교장직을 유지하고 있었다. 해방 후 1945년 10월 18일에 서울에 도착했을 때 그가 지참한 여권(旅券)의 직업란에 자기의 직업을 '교육자'라고 명기했다. 1948년 8월에 대한민국 초대 대통령이 된 그는 6년제 의무교육 제도를 도입하고 고등교육기관을 많이 설립함으로써 이른바 '교육 기적'을 이룩했다.[34]

33) 유영익, 『이승만의 삶과 꿈』, 44쪽.

34) 유영익, 『건국대통령 이승만: 생애, 사상, 업적의 새로운 조명』 (일조각, 2013), 195~202쪽 참조.

#33. 「1901년 세계 여러 나라의 인구(The Populations of the Different Nations, 1901)」

이승만은 세계 인문지리에 유달리 관심이 컸다. 문건#33은 이러한 그의 관심을 반영하는 문건이다.

문건 #33에서 이승만은 전 세계의 100여 개 나라들 가운데 34개 나라의 인구를 조사하여 제시했다. 그가 조사대상으로 삼은 34개국 가운데 15개국은 남아메리카 대륙의 나라들이고 나머지 나라들 가운데 6개국은 서유럽의 국가들이다. 북미주의 국가로는 미국과 캐나다를, 그리고 아시아의 국가들로는 한국, 필리핀, 일본 및 인도를 다루었다. 이승만은 그의 인구조사 대상국에서 중국과 러시아 등 한국에 인접한 대륙 국가들을 제외했는데, 그가 그렇게 한 것은 이 두 나라는 앞으로 장기간 한국의 개화(開化)와 국익(國益) 신장에 도움을 주지 못할 나라들이라고 판단했기 때문이 아니었나 싶다. 즉, 그는 미래의 한국이 문물교류를 활발하게 추진할 나라들을 선정 대상으로 삼았다고 말할 수 있다.

문건#33의 제목은 '세계 여러 나라의 인구'이지만 내용상으로는 대상 국가의 인구뿐만 아니라 그 나라들의 면적, 인종적 구성 및 정치제도 등을 요약 · 제시하고 있어 인문 지리학적으로 매우 유용하다. 이 자료에서 이승만은 1901년 당시 한국의 인구를 '약' 18,000,000이라고 계수(計數)했다.

#34. 「세계 각국의 세입과 세출(Revenue and Expenditures of All Nations)」

이 문건은 이승만이 세계 각국의 재정 형편을 통계적으로 비교해 보려는 야심찬 동기에서 착수한 작업이었는데 시간과 자료 부족 등 이유로 미완성

(未完成)으로 끝난 것이라고 생각한다.

#35. 「위인들의 이름(Great Names)」

#36. 「세계 저명인사들의 이름(The Names of Illustrate [*sic*] Persons in the World)」

문건#35와 문건#36은 제목은 다르나 내용은 동일하다. 이 문건들에서 이승만이 다룬 위인(偉人)들의 총 수는 49명이다. 그들은 모두 이승만의 청년기에 세계적으로 명망이 높았던 정상급 정치가들(국왕/황제, 차르, 술탄 및 대통령), 내각 각료들(총리대신과 각부 장관) 그리고 전쟁에서 공을 세운 장군들이었다. 이들은 대체로 이승만이 사숙(私淑)한 인물들 내지 롤 모델(role model)들이었다. 이승만이 선정한 49명을 국적별을 살펴보면, 영국인(8명), 일본인(7명), 프랑스인(4명), 미국인(3명), 러시아인(3명) 등 순으로 영국인과 일본인이 가장 많다. 이것은 1900년대 초에 옥중의 이승만이 한국을 영국 내지 일본과 같은 입헌군주제 국가로 만드는 데 관심이 컸다는 사실과 관련이 있다고 본다.

세계 여러 나라들 가운데 이승만이 가장 부강한 나라라고 간주하며 선망했던 미국의 위인들을 거론함에 있어 그는 당시의 (제25대)대통령(재임기간: 1901~1909)이었던 시어도어 루스벨트를 제쳐놓고, 그 대신 '필리핀 초대 총독'이었던 전쟁부장관 태프트(William H. Taft), 국무장관 헤이(John M. Hay) 그리고 재무장관 게이지(Lyman J. Gage) 등 3명을 지목한 것은 이승만이 T. 루스벨트 대통령을 높이 평가하지 않았음을 의미한다. 그 대신 '과거에 필리핀 초대 총독'이었던 태프트를 우선적으로 거명한 것은 선견지명(先見之明)이 있는 선택이었다고 여겨진다. 왜냐하면 태프트는 1904년

2월 1일에 루스벨트 대통령에 의해 전쟁부장관(Secretary of War)으로 기용된 다음 다른 정부 요직을 거친 후 1909년에 27대 대통령으로 당선된 인물이었다. 그런데 그는 1905년 7월 27일에 도쿄에 들러 일본 수상 가츠라 타로오(桂太郞)를 만나 악명 높은 '태프트-가츠라 밀약'을 맺음으로써 러일전쟁 종결 후 일본이 — 필리핀을 공격하지 않는다는 조건하에 — 한국을 일본의 보호국으로 만들 것을 종용했다.[35)]

이승만은 49명의 세계적 위인들의 명단에 일본인 7명을 포함시켰는데 그들 중 5명은 제1차 가츠라 내각(1901~1906)의 각료들이었다. 이로써 우리는 이승만이 20세기 초에 일본을 영국과 비등한 선진국으로 인식하고 있었다고 말할 수 있다. 그런데 그는 문건#36에서 일본의 위인들을 거명함에 있어 두 사람의 영문 이름 표기에서 실수를 범했다. Idagakidai tsuke(板垣退助)는 Itagaki Taisuke의 오기(誤記)이고, Da Ka Yama Shoji(高山實芝)는 Takayama Shoji의 오기이다. 이승만이 일본인의 이름을 제대로 표기하지 못한 이유는 그가 일본어를 독학하면서 보통 단어는 제대로 배웠지만, 인명과 같은 고유명사는 잘 익히지 못했기 때문이라고 생각한다. 그리고 그가 일본어의 고유명사들을 제대로 익히지 못한 근본 이유는 일본어로 쓰인 책과 신문들을 다독(多讀)하지 않았기 때문이라고 생각한다.

사. 기타

#37. 「한글 역 『중동{청일}전기』의 인쇄비」

이것은 이승만이 한글로 초역(抄譯)한 『중동전기』 — 즉, 『청일전기』 —

35) 유영익, 『이승만의 삶과 꿈』, 44쪽 참조.

의 출판 비용을 미리 따져본 계산서이다. '대주자(大鑄字)로 인쇄했을 경우와 소주자(小鑄字)로 인쇄했을 경우 인쇄비가 얼마나 다른 지를 미리 계산해 본 것이다. 이승만은 『청일전기』를 출판하는 데 소요되는 비용을 독지가(篤志家)들로부터 받아낼 생각을 했기 때문에 이런 계산을 했다.

#38. 「평리원 훈령」

이 문건은 한성감옥서장 김영선이 1900년 6월 2일에 평리원(平理院)에 제출한 건의서를 검토한 결과 평리원에서 한성감옥의 교도관들의 기강을 바로잡기 위해 필요하면 그들에게 태형(笞刑)을 가하라고 지시한 훈령(訓令)이다.

#39. 「경부관제」

이는 1900년 6월 8일에 제정된 칙령(勅令)으로서, 한성감옥 서장은 주임관(奏任官)으로서 경부(警部大臣)의 지휘하에 한성감옥의 죄수들과 소속 관리들을 감독하는 책임이 있음을 규정하고 있다.

#40. 「우체규칙 개정건」

이 문건은 이승만이 자기가 역술 내지 저술한 『청일전기』 및 『독립정신』 등을 해외에 있는 동포들에게 우편으로 보낼 경우 그 우송료가 얼마나 되는 지를 알아보기 위해 수집한 자료라고 여겨진다.

IV. 맺음말

이승만은 1904년 8월 7일 한성감옥에 투옥된 지 5년 7개월 만에 석방되었다. 이 소식을 전해들은 전(前) 독립협회 회장 윤치호(尹致昊)가 8월 8일 이승만을 심방하여 축하 인사를 하고 이승만의 옥중 생활에 관한 얘기를 들었다. 그 결과 윤치호는 이승만의 옥중 활동에 관해 아래와 같은 사실을 알아내고 이를 자기의 영문 일기(日記)에 적어두었다.

> 오후 4시에 거의 6년 동안 감옥에 갇혔다가 어제 석방된 이승만을 찾아가 만났다. 그는 비범한 청년(a remarkable young man)이다. 감옥에 있는 동안 그의 영어 실력이 크게 향상되어 이제 그는 영어로 말하고 멋있게 작문을 할 수 있다. 그는 옥중학교를 개설하여 많은 죄수를 가르쳤다. 그는 선교사들의 도움으로 감옥 안에 도서실을 개설했다. 의심의 여지 없이, 이상재(李商在), 이원긍(李源兢), 홍재기(洪在箕), 김정식(金貞植) 등이 [기독교로] 개종한 것은 그의 [전도] 덕분이다.[36)]

이로써 미루어 우리는 이승만이 감옥에서 (1) 영어 공부를 열심히 하고, (2) 옥중학당을 개설・운영하며, (3) 서적실을 설치하고, (4) 동료 정치범들에게 기독교를 전도한 사실을 자랑스럽게 여겼음을 알 수 있다. 이승만은 윤치호에게 《옥중잡기》를 통째로 보여 주지 않고 옥중잡기 가운데 영문으로 작성된 문건#25만을 읽어보게 했던 것 같다. 결과적으로 우리는 아쉽게도 《옥중잡기》에 대한 윤치호의 평을 들을 수 없다.

《옥중잡기》는 어떠한 성격의 자료인가? 필자는 이 글의 모두에서 《옥중

---

36) 윤치호 저, 국사편찬위원회 편, 『윤치호 일기』 6 (1973), 51~52쪽 (1904년 8월 9일조).

잡기》는 (가) 이승만의 영어 생활에 관련된 문건들, (나) 한문 논설, (다) 한문 역사 에세이와 영문 한국사 연표, (라) 열강이 조선과 체결한 조약들, 1896~1902, (마) 조선에 대한 열강의 제국주의적 속성을 드러낸 문헌들, (바) 세계 인문지리에 관한 문건들, (사) 기타 등 7가지 범주로 분류될 수 있는 40개 문건의 집합체라고 밝혔다. 그렇다고 해서 《옥중잡기》가 특정한 주제가 결여된 잡동사니냐 하면 그렇지는 않다. 왜냐하면 《옥중잡기》의 (다), (라), (마) 범주에는 19세기 후반 한국의 외교사(外交史)에 관한 자료 및 논설이 많이 실려 있기 때문이다. 문건 수로 말하자면, 전체 문건 40개 가운데 16개가 한국 외교사에 직접 혹은 간접으로 관련되어 있다. 그러므로 조금 과장해서 말하자면, 《옥중잡기》는 19세기 후반 한국 외교사 관련 자료집이라고 말할 수 있다.

그렇다면 옥중 이승만은 왜 한국 외교사에 대해 이같이 깊은 관심을 기울였던 것일까? 이에 대한 답은 구구하겠지만, 이승만이 옥중에서 쓴 아래에 인용하는 「백허의 팔조시에 화답하다」(화백허팔조시: 和白虛八條詩)라는 한시(漢詩)에 드러나듯이 그는 조선의 존립을 위해서는 무엇보다도 이웃 나라와의 외교를 잘해야 한다고 믿었기 때문이다.

정치의 급무는 외교(外交)에 있고	圖治先在篤交隣
일일랑 능한 분께 물어 보오서.	臨事當問達變人
외로우면 나라가 위태롭다오	憂國戒存孤立勢
자유로써 백성을 인도합세다.	導民務作自由身
그릇된 옛 법은 선뜻 고치고	法僞恐後無泥舊
신식도 좋으면 받아들이소.	從善爭前莫厭新
오늘엔 교육(教育)이 가장 중요해	教育俊英今最急
양병은 전쟁을 막을 뿐이고….	養兵唯止壓邊塵[37]

《옥중잡기》는 이승만의 영어 생활을 조명해줄 뿐만 아니라 청년 이승만의 사상 형성과정을 밝혀준다는 점에서 이승만 연구에 더없이 소중하다. 이 자료의 분석과 검토를 통해서 우리는 이승만의 옥중 생활에 관해서 다음과 같은 사실들을 확인했다.

첫째, 이승만은 5년 7개월간 한성감옥에서 영어 생활을 하면서 엄청난 양의 독서(讀書)와 서역(書役)을 했다. 한성감옥에서 벌인 치열한 학구적(學究的) 활동을 통해 그는 미국의 일류 대학 대학원에서 석사과정을 이수한 것에 비견되는 교육적 효과를 거두었다.

둘째, 이승만은 영어 기간에 한문, 영문, 국문 및 일문 등으로써 작성된 자료들을 섭렵함으로써 문필가(저술가 · 번역가)로서의 역량을 배양했다. 그 결과 그는 옥중에서 역사상 처음으로 한글로 쓰인 『독립정신』이라는 명저를 저술할 수 있었다.

셋째, 한성감옥에 갇힌 이승만의 지적 관심 분야는 대단히 넓었다. 그의 독서 경향을 중심으로 그의 사상적 탐색 범위를 살펴보건대, 그는 우선 기독교에 관심이 컸고, 다음으로 세계사에 비상한 관심이 있었으며, 세 번째로 외교와 국제법에 관심이 컸으며, 네 번째로 미국의 교육제도에 관심이 많았다.

외교에 대한 이승만의 관심은 특히 청일전쟁(1894~1895) 이후 한국을 둘러싼 열강이 조선과 체결한 조약들에 집중되었다. 이로써 미루어 그는 1904년 이후 대미(對美) 외교전문가로 등장하는 데 필요한 기초 지식을 잘 갖추었다고 말할 수 있다.

넷째, 우리는 《옥중잡기》를 통해 그가 개화파 계열의 사상가로서 동학

---

37) 이승만 저, 辛鎬烈 역, 『체역집(替役集)』 동서출판사, 1961, 乾, 56~57쪽.

농민봉기와 을미의병운동 등 폭력적 민중운동에 냉담했던 반면 기독교를 바탕으로 한 외교독립노선을 따랐던 인물이었음을 확인한다. 영어 기간에 그는 미국을 전 세계에서 가장 개명하고 부강한 나라로 인식하고, 일본에 대해서는 동아시아에서 처음으로 서양화에 성공한 나라임을 인정하면서 일본인들이 조선에 대해 침략주의적 야욕을 갖고 있음을 경계했고, 러시아에 대해서는 공로(恐露)의식(Russo-phobia)이 무척 강했다.

이상을 종합하여 평가해 보건데, 약년(若年)의 이승만은 한성감옥에 갇혀있을 때 이미 개화기 최고의 사상가 내지 정략가들의 반열(班列)에 끼어 있었다고 말할 수 있다.

역자 후기

감옥에 갇힌 신세를 영어(囹圄)의 몸이라고 한다. 징역형이나 금고형을 받아 신체의 자유를 구속당했다는 뜻이다. 영어의 상태에선 몸이 자유롭지 않으니 생각도 갇히기 마련이다. 생각이 갇혀있는데 하물며 창의적인 기록을 남긴다는 것은 더더욱 상상하기 어렵다.

그러나 자유가 제한된 상태에서 정열적으로 붓을 휘두른 사람들도 있다. 1929~35년 사이에 『옥중수고(Quaderni del carcere)』를 집필한 그람시(Antonio Gramsci, 1891~1937)가 그랬고, 1909~10년 사이에 뤼순(旅順) 감옥에서 『안응칠 역사(安應七歷史)』를 쓴 안중근(安重根, 1879~1910)도 그랬다. 두 사람 모두 죽음이 임박한 극한 상황에서 자신의 치열한 삶과 철학을 기록으로 남겼다. 이승만도 1899년 1월부터 1904년 8월까지 5년 7개월간 '한성감옥서(漢城監獄署)' 수감 시절의 활동을 기록으로 남겼으니, 그들의 명실상부한 선구(先驅)였다.

이승만의 옥중 활동 기록 중 가장 대표적인 것은 40개의 문서로 구성된 『옥중잡기(獄中雜記)』다. 원래 이화장(梨花莊)에서는 이 문서 모음을 〈감옥잡기〉로 불렀다. 그 후 1998년 연세대학교 현대한국학연구소가 《이화장 소장 우남 이승만 문서: 동문편》을 출간할 때 《옥중잡기》로 개칭해 영인(影印)했고, 2002년에는 유영익이 『젊은 날의 이승만』을 출간하며 같은 제목의 번역문과 정서(淨書)된 원문을 부록으로 실었다. 이번에 출간하는《옥중잡기》는 기존의 출판 성과를 집약하여 역주본(譯註本)과 원문 교감본(校勘本)에 영인본(影印本)까지 포함한 전정판(全訂版)이다.

《옥중잡기》의 역주와 교감은 『젊은 날의 이승만』에 실린 유영익과 이명래의 공동 작업을 참고했다. 이들의 노력이 없었다면《옥중잡기》의 새로운 번역은 엄두조차 내지 못했을 것이다. 다만 이들의 초역(初譯)에도 한계가 없지는 않았다. 특히 난해한 문체가 독서의 흐름을 방해했고, 오역도 다수 발견되었다. 이번 번역에서는 되도록 쉬운 문체를 구사해 누구나 쉽게 읽을 수 있도록 했다. 오역은 발견되는 대로 바로잡았고, 어려운 단어나 용어를 그대로 사용해야 할 때는 상세한 역주를 달아 독자의 이해를 도왔다.

역주본 뒤에는 유영익의 해제를 붙였다. 유영익은 이승만의《옥중잡기》에 관한 두 편의 논문을 이미 출간한 바 있다. 이번 해제는 그 두 편의 논문을 종합하고 확충·보완한 것이다. 이번 역주본을 새로운 편제로 다듬을 수 있었던 것은 유영익의 해제 덕분이다.

이탈리아 격언에 '번역자는 반역자(Traduttore, traditore)'라는 말이 있다. 최선을 다해 번역했지만, 오역은 번역자의 피할 수 없는 숙명이다. 그래서 이번 역주본에는 오역을 보완할 안전장치로 교감본을 덧붙였다. 교감 대상이 된《옥중잡기》의 문건 중에는 이승만이 직접 집필한 글도 있지만, 다른 사람의 글을 옮겨 적거나 역사적 사료를 필사(筆寫)한 것도 있다. 기억에 의존한 기록에는 이승만의 의도하지 않은 오기(誤記)도 있었고, 필사하는 과정에서 생긴 착오도 있었다. 교감본은 이러한 오기와 오류를 바로잡기 위해 세 가지 원칙을 세웠다. 첫째, 필사 과정에서 빠진 문구는 '[ ]'에 삽입해 보충했다. 둘째, 명백한 오기 뒤에는 '{ }'를 덧붙이고 수정된 글자나 문구를 그 안에 추기(追記)했다. 셋째, 삭제해야 할 글자나 문구는 '〈 〉'에 넣어 표시했다.

영인본은 감식안(鑑識眼)을 가진 정교한 독자가 번역의 오류를 이중으로 확인할 수 있도록 제공한 것이다. 1998년의 영인본은 40개의 문서가 제대로 편차(編次)되지 않았을 뿐만 아니라 영인 자체에도 많은 오류가 있었다. 예컨대 편차 작업 과정에서 14번 문건인 '신역전기부록(新譯戰記附錄)'은 필체가 다른 복본(複本)이 있다는 사실을 발견했고, 그 결과 두 개의 문건을 합쳐야 하나의 완전한 문서가 된다는 점도 확인했다. 이 외에도 영인본을 일별(一瞥)하며 다음과 같은 중요한 사실도 알아낼 수 있었다. 첫째, 《옥중잡기》의 문서들에는 여러 사람의 필체가 섞여 있다. 요컨대 《옥중잡기》는 유례없는 옥중 협업(協業)의 산물이다. 둘째, 《옥중잡기》에는 한국이나 중국에 없는 '〻'와 같은 반복 부호(おどりじ)가 사용되었다. 이로 미루어 이승만은 일본에 관한 정보를 취득하기 위해 일본어도 배웠음을 짐작할 수 있다. 셋째, 이승만은 옥중에서 집필하면서도 기억과 상상에만 의존하지 않고 수많은 자료를 첨부하여 글의 정확성과 신뢰성을 높였다. 그의 학자적 소양은 이때부터 다져지고 있었다.

《옥중잡기》의 출간 작업에는 연세대학교 이승만연구원 소속 연구자들이 공동으로 참여했다. 김정민은 OCR(Optical Character Reader) 작업 및 영인본 편차 작업에 없어서는 안 될 귀중한 힘을 보탰다. 김주희와 한서영은 번역문을 쉬운 우리말로 다듬는 작업에 자신들의 지혜를 기꺼이 빌려주었다. 그리고 연구원 살림을 맡은 유지윤은 번역, 교감 및 영인 등 출판의 전 과정에서 궂은일을 마다하지 않았다. 이들의 노고가 없었다면 이 두 권의 책이 이처럼 단아한 모습을 갖추지 못했을 것이다. 그리고 출판 실무 진행을 도운 연세대학교 출판문화원 관계자 여러분께도 감사드린다.

지금까지 《우남 이승만 전집》은 1~5권 및 10권이 출간되었다. 이제 《옥중잡기》 역주본과 교감 · 영인본이 6권과 7권으로 출간되어《우남 이승만 전집》의 공백을 채워나갈 이정표를 세우게 되었다.《우남 이승만 전집》의 발간과 속간을 염원한 수많은 단체와 인사들의 후원 덕분이다. 이들 단체와 인사들의 후원은『우남 이승만 전집 발간 휘보』를 별도로 발행해 소개하려 한다.

이승만의《옥중잡기》는 고독한 분투(奮鬪)의 기록이다. 그러나 그의 분투는 개인의 영달을 위한 분투가 아니라 조국의 독립과 문명의 진보를 향한 분투였다. 나는 이 책의 독자들이 청년 시절의 이승만을 진보의 아이콘으로 기억하기를 기대한다.

2022년 9월 부암동 우남관에서

역자를 대표하여 최연식 씀

색인

(기타)

역주 · 해제

■ **유영익(柳永益, Young Ick Lew)**

미국 휴스턴대 역사학과 조교수-부교수

고려대 문과대 사학과 교수

한림대 인문대 사학과 교수

연세대학교 국제학대학원 석좌교수

국사편찬위원회 위원장

주요 저서: 『갑오경장 연구』, 『이승만의 삶과 꿈』, 『젊은 날의 이승만』, 『건국대통령 이승만』, 『이승만의 생애와 건국비전』, *The Making of the First Korean President*

역주

■ **이명래(李明來, Myoung Rae Lee)**

전) 국사편찬위원회 연구위원

주요 역서: 『국역 국조인물고』, 『국역 비변사등록』, 『이승만 동문 서한집』(상·중·하)

■ **최연식(崔然植, Yeon Sik Choi)**

연세대학교 정치외교학과 교수

이승만연구원장

주요 저서: 『창업과 수성의 정치사상』, 『조선의 지식계보학』, 『조선 지식인의 국가경영법』